DIE KOSMOS REITLEHRE

Krämer · Schumacher

DIE KOSMOS
REITLEHRE

KOSMOS

Impressum

Umschlaggestaltung von eStudio Calamar unter Verwendung von sieben Farbfotos von Jacques Toffi (Hauptmotiv), Lothar Lenz / Kosmos (kleine Motive U1), Lothar Lenz, Naturfoto Kuczka, Klaus-Jürgen Guni (U4).
Mit 320 Farbfotos und 30 Farbillustrationen.

BILDNACHWEIS

Farbfotos: Jean Christen / Kosmos (10: S. 84, 123, 143,150, 205, 213), Panja Czerski / Kosmos (8: S. 52), Werner Ernst (2: S. 19, 21), Fidelak GmbH (2: S. 118), Klaus-Jürgen Guni / Kosmos (18: S. 25, 26, 27, 44, 45, 47, 47, 51, 55, 105, 130, 132), Carmen Kleine-Hegermann (2: S. 17, 152), Monika Krämer (1: S. 227), Lothar Lenz (16: S. 14, 22, 23, 24, 29, 30, 34, 47, 74, 150, 196), Reitsport Krämer (6: S. 49, 82, 83, 137), Reitzentrum Reken (29: S. 65, 71, 91, 97, 100, 102, 109, 110, 137, 140, 141, 144, 145, 152, 154, 162, 165, 170, 181), Ralf Roppelt / Kosmos (1: S. 83), Christof Salata / Kosmos (30: S. 12/13, 14, 15, 19, 38/39, 40, 41, 43, 48, 49, 50, 66, 73, 84, 110, 112, 133, 148, 150, 161, 173, 190, 191, 193, 235), Christiane Slawik (1: S. 196), Christiane Slawik / Kosmos (2: S. 129), Horst Streitferdt / Kosmos (4: S. 15, 42, 50), Sabine Stuewer (1: S. 177), Ute Tietje (1: S. 85). Alle 184 weiteren Fotos sind von Lothar Lenz / Kosmos. Die Illustrationen stammen von Monika Krämer. Die anatomischen Modelle wurden mit Hilfe der Clipcarts von CorelDraw erstellt (30: S. 72, 94, 95, 97, 98, 103, 159, 301, 207, 216, 223, 225, 229, 231, 233).

Der Verlag dankt dem Reitzentrum Reken, der Familie Balkenhol und dem Haupt- und Landgestüt Marbach herzlich für die großzügige Unterstützung der Fotoproduktion mit ihren Pferden und Reitern sowie den Firmen Fidelak GmbH und Reitsport Krämer für die zur Verfügung gestellten Bilder.

> Alle Angaben und Methoden in diesem Buch sind sorgfältig erwogen und geprüft. Sorgfalt bei der Umsetzung ist indes doch geboten. Verlag und Autoren übernehmen keinerlei Haftung für Personen-, Sach- oder Vermögensschäden, die im Zusammenhang mit der Anwendung und Umsetzung entstehen könnten.

Die Deutsche Bibliothek – CIP Einheitsaufnahme
Ein Titelsatz für diese Publikation ist bei der Deutschen Bibliothek erhältlich

Gedruckt auf chlorfrei gebleichtem Papier.

© 2002, Franckh-Kosmos Verlags-GmbH & Co., Stuttgart
Alle Rechte vorbehalten
ISBN 3-440-07705-5
Redaktion: Alexandra Haungs
Gestaltungskonzept & Satz: eStudio Calamar
Produktion: Kirsten Raue, Claudia Kupferer
Reproduktion: Repro Schmid, Stuttgart
Printed in Germany / Imprimé en Allemagne
Druck und Bindung: Appl, Wemding

Informationen senden wir Ihnen gerne zu
Bücher · Kalender · Spiele
Experimentierkästen · CDs · Videos
Natur · Garten & Zimmerpflanzen ·
Heimtiere · Pferde & Reiten ·
Astronomie · Angeln & Jagd ·
Eisenbahn & Nutzfahrzeuge ·
Kinder & Jugend

Postfach 10 60 11
D-70049 Stuttgart
TELEFON +49 (0)711-2191-0
FAX +49 (0)711-2191-422
WEB www.kosmos.de
E-MAIL info@kosmos.de

Inhalt

ZUM GELEIT	8
„NA WUNDERBAR, NOCH EINE REITLEHRE"	10

DIE REITWEISEN

SPIEGLEIN, SPIEGLEIN AN DER WAND...	14
KLASSISCHES COMEBACK	16
VON DER KAVALLERIE ZUM TURNIERSPORT	19
ON TOUR: MIT PFERDEN UNTERWEGS	22
RINDERHIRTEN, FREIHEIT UND DRAGSTER AUF VIER BEINEN	25
VOM HÖLLISCHEN VERGNÜGEN, EINEN TAUSENDFÜSSLER ZU REITEN	28
KÖNNER, KUNST UND EITELKEIT	32
TEST: WELCHE REITWEISE PASST ZU MIR?	35

DIE REITSCHULE

GRUNDAUSBILDUNG IST MEHR ALS REITEN	40
WARUM IST PFERDEHALTUNG SCHON FÜR ANFÄNGER WICHTIG?	44
AUSRÜSTUNG UND PFLEGE	48
WER IST HIER DER BOSS?	54
AN DER BASIS TREFFEN SICH DIE GEISTER	59
ANFÄNGER IST ANFÄNGER	62
DER ZWEIBEINIGE REITLEHRER	64
DER VIERBEINIGE REITLEHRER	68
ASKESE IST NUR ETWAS FÜR KÖNNER	71
REITEN IST TEAMWORK	74
IM BAUKASTENSYSTEM ZUM ERFOLG	76

REITEN, LERNEN, LOGIK

THEORIE GEHÖRT NUN MAL DAZU	80
REITEN, MODE & FUNKTION	82
DER LETZTE CHECK	84
PFERDEFREUNDLICHES AUFSITZEN	86
SICHERES ABSITZEN	90
BALANCE, FORM UND GEFÜHL	92
VOM BAUSTEIN- ZUM ZAHNRADMODELL	93
DER VOLL-, GRUND- ODER DRESSURSITZ	96
DER ENTLASTUNGSSITZ	108
VERZÖGERTE LÖSUNGEN HAFTEN BESSER	116
RHYTHMUS, TEMPO, TAKT	118
MIT ODER OHNE LEINE?	122

ERFOLGREICH IM SATTEL VON ANFANG AN

DIE KOMMUNIKATION MIT DEM PFERD	126
GUT IM GRIFF	132
ANREITEN OHNE STRESS	138
ANHALTEN OHNE ZIEHEN	140
BALANCE & GEFÜHL IM SCHRITT	144
INPUT-OUTPUT	148
KURVENTECHNIK	152
BALANCE & GEFÜHL IM TRAB	160
HERZ IN DER HOSE?	174

BALANCE & GEFÜHL IM GALOPP	176
ONLINE MIT DEM PFERDEMAUL	184
NIX WIE RAUS	190

AUF DEM WEG ZUR HARMONIE

IM DIALOG MIT DEM PFERD	196
HILFEN & LOGIK, TEIL II	198
DER VOLLSITZ IN TRAB UND GALOPP	204
WAS TUN MIT DEM KREUZ	212
SPEED CONTROL	217
PARADEMEISTER	219
GESTELLT WIE GEBOGEN?	221
ANLEHNUNG IM DREI-STUFEN-PLAN	226
ANREITEN, SCHRITT UND HALTEN FÜR FORTGESCHRITTENE	228
TRAB FÜR FORTGESCHRITTENE	230
GALOPP FÜR FORTGESCHRITTENE	232
DAS PFERD ALS PARTNER	234

SERVICE

ZUM WEITERLESEN	236
QUELLEN	236
EMPFEHLENSWERTE VIDEOS	237
NÜTZLICHE ADRESSEN	238
REGISTER	238

ZUM GELEIT

Befehle wie „Kopf hoch" oder „Hacken runter" wurden zum Alptraum für Generationen von Reitschülern, obwohl einfühlsames Reiten in erster Linie Körperbewusstsein verlangt. Wenn sich Fachleute verschiedener Reitweisen und unterschiedlicher Interessen an einen Tisch setzen, um frischen Wind in einen so mühsamen wie überholten Reitunterricht zu bringen, rennen sie oft vor verschlossene Türen. Nicht nur, weil die Kluft zwischen Sport- und Freizeitreitern schwer zu überbrücken ist, sondern weil Spezialisten dazu neigen, alles durch die eigene Brille zu betrachten. Und wenn Erwachsene in den Sattel wollen, ist der Weg oft doppelt schwer. In diesem Schwarz-weiß-Denken ging das Reitzentrum Reken vor über 20 Jahren neue Wege, als es sich auf modernes Bewegungslernen, moderne Erwachsenenbildung und anspruchsvolles Freizeitreiten spezialisierte; eine in Europa wohl einzigartige Institution, die freilich die krasse Trennung zwischen Freizeitreiten und Leistungssport förderte. Dass das Rekener Konzept nicht auf das Freizeitreiten beschränkt blieb ist seinem jetzigen Leiter Jochen Schumacher zu verdanken, der sich unermüdlich um den Dialog zwischen den einzelnen Lagern bemühte. Seine Einladung gab mir Gelegenheit modernen, pferdefreundlichen Dressursport einem durchaus kritischen Publikum vorzustellen und mögliche Vorbehalte abzubauen. Umgekehrt erhielt ich Einblick in eine Basisausbildung, die – obwohl ungewohnt für mich – pferdeentwöhnten Menschen einen durch und durch pferdefreundlichen Einstieg vermittelt und sie von Anfang an darauf vorbereitet, ihr Tier in Eigenregie rund um die Uhr zu betreuen. Also genau so, wie man es sich wünscht: Als verantwortungsvolles Freizeitvergnügen, das über das Reiten hinaus auch sehr viel Wissen über die natürlichen Bedürfnisse des Pferdes in der Haltung vermittelt. Vertieft wurde der Kontakt durch Jochen Schumachers Lebensgefährtin Anna Eschner, die ungeachtet ihrer diversen Lehrbefugnisse ein zusätzliches Praktikum auf unserem, in der Nähe gelegenen Hof absolvierte.

Dieses Buch skizziert erstmals die Basisausbildung des Reiters, wie sie vorbildlich in der Rekener Schule angeboten wird. Aber den vielleicht ungewohnten Mix aus Videoschulung, Holzpferd und Ovalbahn nur auf Freizeitreiter, Anfänger, eine Reitweise oder eine einzelne Reitschule zu beschränken, wäre eine stark vereinfachte Sichtweise. Die Erklärungen zum Sitz und zur Anatomie des Reiters oder das hier vermittelte Bewegungslernen deckt sich uneingeschränkt mit der Auffassung moderner Ausbilder an den Landesreitschulen, und die vielen unkonventionellen Tipps zur Verbesserung der Körperkoordination sprechen auch fortgeschrittene Reiter an. Bemerkenswert am Aufbau der Hilfengebung ist, dass sie nicht mit dem technischen Aspekt beginnt, sondern dass der Schwerpunkt auf die Schulung des „reiterlichen Gefühls" gelegt wird, diesem so schwer zu vermittelnden, undefinierbaren „Etwas", aus dem sich fast beiläufig eine sensible Kommunikation mit dem Pferd entwickelt. Dieses reiterliche Gefühl innerhalb der Hilfengebung ist zwar die wichtigste Forderung jeder Reitweise – aber wie man sie schon als Anfänger erwerben kann, wurde bisher noch nie so plastisch und eingängig beschrieben, dass man schon beim Lesen ahnt, wie es sich in der Praxis auf dem Pferderücken anfühlt. Beim Reiter wird buchstäblich nichts vorausgesetzt, er wird Schritt für Schritt, von Lektion zu Lektion in die Zusammensetzung der Hilfengebung eingeführt. Eine Abfolge, die um so interessanter ist, weil Monika Krämer neben klassischer und zeitgenössischer Reitliteratur auch längst nicht mehr aufgelegte Schriften zur Dokumentation heranzog, um zu belegen, dass vieles in der Abfolge gar nicht so neu oder ungewöhnlich ist, wie es zunächst scheint, sondern dass sich dahinter oft zu Unrecht in Vergessenheit geratene Ausbildungstechniken verbergen. Der weit gespannte Bogen zwischen modernem Know-how und bewährter Praxis, das Aufzeigen von Gemeinsamkeiten zwischen klassischer Ausbildung, dem Gebrauchsreiten der Kavallerie und Einblicken in das Western- und Gangpferdereiten heben das Werk von anderen Reitlehren ab, denn bei näherer Betrachtung ist der „roten Faden" in jeder pferdefreundlich umgesetzten Reitweise zu erkennen.

KLAUS BALKENHOL
Mehrfacher Olympiasieger in der Dressur, Welt- und Europameister, ehemaliger Bundestrainer der deutschen Dressurequipe und amtierender Nationaltrainer der amerikanischen Dressurreiter.

KLAUS BALKENHOL

DAS BABEL-SYNDROM ODER „NA WUNDERBAR, NOCH EINE REITLEHRE"

MONIKA KRÄMER
*Die Freizeitreiterin und heute freiberufliche Autorin war fast zwei Jahrzehnte mit der Erstellung von Unterrichtsmaterialien beschäftigt, ehe sie ihr Wissen über Pädagogik und Motivationspsychologie auf das Pferd transferierte und mit „Pferde erfolgreich motivieren" ihr analytisches Talent unter Beweis stellte.
Sie ist für Text und Grafiken des Buches verantwortlich.*

„Na wunderbar", sagen Sie, „noch eine Reitlehre". Richtig, antworten wir, noch eine Reitlehre – und das einzig aus dem Grund, um Sie vor einem vorzeitigem Absteigen zu bewahren. Zwar wusste bereits Horst Stern in seinem amüsanten Hippo-Klassiker „So verdient man sich die Sporen", dass das Reiterleben nicht mit dem Kauf derselben, sondern mit einer Schnüffeltour durch erreichbare Reitställe beginnt, bloß hat sich inzwischen einiges geändert. Weniger in Bezug auf den Sporenkauf – aber noch nie war das Angebot an alten und neuen Reitweisen aus aller Welt so groß, noch nie fühlten sich so viele Pferderassen in Europa zuhause, und noch nie gab es so viele unterschiedliche Ausbildungsmethoden. Vor dieser Überflutung gehen selbst gestandene Reitlehrer in die Knie. Schließlich wurde im Gefolge des multikulturellen Austausches nicht nur die der Reitweise entsprechende Ausrüstung importiert, sondern oft auch deren Terminologie. Ein Sprachwirrwarr wie beim Turmbau zu Babel und Sie, als Einsteiger, mittendrin. Spätestens hier wird's schwierig: Denn überall, wo die Kommunikation nicht stimmt oder das Verständnis für eine fremde Kultur fehlt, wuchern Dogmen und Vorurteile, was zu Lasten des gesamten Reitsports geht. Kein Wunder, dass sich die Fachleute aller großen Verbände gemeinsam den Kopf zerbrechen, wie man das am besten in den Griff kriegt. Dazu kommt, dass sich ein moderner Reitunterricht Lichtjahre von dem berüchtigten Kasernendrill früherer Tage unterscheidet.

An dem Punkt trat der Kosmos Verlag mit der Bitte an Jochen Schumacher heran, eine neue Basis-Reitlehre zu schreiben. Immerhin wuchs der heutige Leiter des Reitzentrums Reken und Nachfolger der Gründerin Ursula Bruns mit dem pädagogischen Konzept der Bruns-Behr-Methode auf, die Mitte der 70er Jahre entwickelt wurde und den modernen Reitunterricht entscheidend prägte. Auch war er nicht nur an der Entwicklung aller Kurse beteiligt und beschäftigt sich seit Jahrzehnten mit moderner Basisschulung, sondern er gehört zu den spärlich gesäten renommierten Ausbildern, die eine reitweiseübergreifende Grundausbildung vertreten. Jochen Schumacher wiederum zog mich als Co-Autorin hinzu, ahnend, dass das Projekt mehr Zeit verschlingen könnte, als ihm zur Verfügung stand; außerdem liegt ihm die Praxis näher als journalistische Akribie. Leider stellte sich heraus, dass seine Zeit noch knapper war als gedacht, und er sich auf eine beratende Funktion zurückziehen musste. So wurde die Co-Autorin kurzerhand zur Autorin „befördert", trotz heftiger Proteste, denn neben der groben Struktur der Kurse gab es nur Textfragmente, und es fehlte die Argumentation. Damit stand ich vor dem Problem ein unglaublich komplexes Ausbildungssystem zu begründen, das seine Praxistauglichkeit schon lange mit Bravour bestanden hatte, in dem ich selbst aber nie tätig war, ungeachtet der langjährigen Kontakte zu den „Rekenern" und vielen ihrer Referenten. Andererseits hatte diese externe Position den Vorteil Themen aufgreifen zu können, die sonst untergegangen wären: Die Entwicklung einer Reitweisenanalyse als Einstiegshilfe, zum Beispiel, eine möglichst komprimierte Darstellung physiotherapeutischer Erkenntnisse im Kontext zum Reiten, das Aufdröseln vorhandener Widersprüche im leichten Sitz oder auch wenig bekannte Querverbindungen zwischen den einzelnen Reitweisen und besonders in der Hilfengebung aufzuzeigen. Meine Nase ließ mich nur selten im Stich, hatte aber den Nachteil, dass die Recherchen immer umfangreicher wurden.

Vielleicht war es gerade diese Dickköpfigkeit, auch scheinbar Nebensächlichem auf den Grund zu gehen, die nun die Vielschichtigkeit der vorliegenden Reitlehre ausmacht. Ich weiß es nicht, und inwieweit der Leser davon profitiert bleibt seiner Beurteilung überlassen. Mein Dank gilt Jochen Schumacher und Anna Eschner, die immer weiterhalfen, wenn mir der Praxisbezug zur Basisschulung partout nicht einleuchtete, für zusätzliche Fotos Zeit abknapsten und die Schlusslesung kommentierten. Ihren guten Kontakten zu Familie Balkenhol sind auch die Dressursequenzen zu verdanken, obwohl dieses sehr früh entstandene, umfangreiche Fotomaterial nur bedingt zum Einsatz kam. Leider, da auch in der Hilfengebung fortgeschrittener Dressurlektionen unglaublich interessante Verbindungen zwischen den einzelnen Reitweisen bestehen und sich viele Widersprüche aufklären ließen; zum Beispiel beim Schulterherein. Aber vor der Spezialisierung steht die so schwer unterschätzte Grundausbildung.

Viel Spaß beim Lesen und viel Spaß mit den Pferden

MONIKA KRÄMER

JOCHEN SCHUMACHER
Der heutige Leiter des FS-Reitzentrums gilt als Koryphäe auf dem Gebiet moderner Basisschulung. Er ist Mitglied zahlreicher Ausschüsse und Verbände, Ausbilder der Reken-Lehrer, IGV-Ausbilder und -Richter, IPZV-Trainer B, VFD-Ausbilder und -Prüfer, TT.E.A.M.- Practitioner III und Chiron-Lehrer, besitzt das silberne Fahrabzeichen, wurde in klassischer Reitkunst in Portugal bei Luis Valenza, ausgebildet und lernte dort noch Nuno Oliveira persönlich kennen. Außerdem absolvierte er als Distanzreiter erfolgreich mehrere 100 Meiler und war im A-Kader der Deutschen Mannschaft bei der WM in Rom 1986 aufgestellt.

ANNA ESCHNER
Die langjährige Reken-Lehrerin sammelt Lehrbefugnisse wie andere Leute Briefmarken, hat den FN-Reitwart Trainer B bei Michael Putz abgelegt, ist IGV-Trainer A, IPZV-Tranier C, VFD-Übungsleiter C und –prüferin, TT.E.A.M.- Practitioner II und Chiron-Lehrerin, besitzt das bronzene Fahrabzeichen, absolvierte ein Praktikum bei Klaus Balkenhol und fühlt sich der Arbeit von Richard Hinrichs verbunden. Daneben reitet sie erfolgreich auf Gangpferdeturnieren und gewann diverse Meisterschaften.

... und noch ein Dankeschön

an Richard Hinrichs, den Vielbeschäftigten, der bei heiklen Fragen weiter half; Alexandra Haungs und Claudia Kupferer vom Kosmos-Verlag für ihre Kompetenz im Hintergrund und die geradezu unglaubliche Geduld; Herrn Steinen für die grafische Konzeption; Gudrun Braun und allen bei den aufwendigen Fotoaufnahmen beteiligten Reitern und Pferden und nicht zuletzt dem Fotografen Lothar Lenz; allen bekannten wie unbekannten Autoren, auf deren Arbeiten ich zurückgriff und last, but not least, Helen Schreiner, die mich vor allzu komplizierten Sätzen bewahrte und, wann immer sie es schaffte, vom PC weg aufs Pferd lockte.
Es war viel zu selten.

„Das Pferd gibt dem Menschen die Gelegenheit, sich selbst zu finden. Möge der Mensch dem Pferd die Chance geben, sich zu entfalten."

ROLF BECHER, AUS
„ROLF BECHERS SPRINGSCHULE"

DIE REITWEISEN

- 14 SPIEGLEIN, SPIEGLEIN AN DER WAND...
- 16 KLASSISCHES COMEBACK
- 19 VON DER KAVALLERIE ZUM TURNIERSPORT
- 22 ON TOUR: MIT PFERDEN UNTERWEGS
- 25 RINDERHIRTEN, FREIHEIT UND DRAGSTER AUF VIER BEINEN
- 28 VOM HÖLLISCHEN VERGNÜGEN, EINEN TAUSENDFÜSSLER ZU REITEN
- 32 KÖNNER, KUNST UND EITELKEIT
- 35 TEST: WELCHE REITWEISE PASST ZU MIR?

SPIEGLEIN, SPIEGLEIN AN DER WAND...

INFORMATION SCHÜTZT VOR ENTTÄUSCHUNG

DIE QUAL DER WAHL

Kennen Sie den? Kommt ein Mann – oder eine Frau selbstredend – in eine wildfremde Stadt und spricht den erstbesten Passanten an: „Entschuldigen Sie, ich bin hier fremd; können Sie mir sagen, wo ich hinwill?"

Falls Sie sich fragen, was der Klamauk in einer Reitlehre verloren hat, so abwegig ist das nicht. Getrieben von Pferdeliebe, Neugier oder strategisch geschickter Beeinflussung meldet man sich frohgemut, ansonsten aber ahnungslos in Sachen Pferd zum Unterricht an, in der Hoffnung, das Defizit schnellstmöglich zu beheben. Zweierlei kann bei dieser Praxis passieren:

Wie es Euch gefällt: Freude am Reiten setzt voraus, dass man „seine" Reitweise findet.

Entweder hat man geradezu unverschämtes Glück und ist begeistert, anderenfalls stellt man über kurz oder lang fest: Außer Spesen nichts gewesen! Eine Ernüchterung, die um so teurer wird, je später die Erkenntnis dämmert, dass man sich das mit der Reiterei so nicht vorgestellt hat.

Das kann, muss aber nicht Schuld der Reitschule sein. Möglicherweise sind Sie nur im falschen Film gelandet. Dumm gelaufen.

RICHTIG ist, dass Reiten zu den vielseitigsten Freizeitbeschäftigungen der Welt zählt. Richtig ist ferner, dass es ein echter Lifetime-Sport ist – also von Kindesbeinen bis ins hohe Alter möglich und erlernbar – und selbst kranken oder behinderten Menschen ein breites Betätigungsfeld bietet.

FALSCH ist, dass jeder Mensch auf jedem Pferd glücklich wird. Oder in jeder Reitweise. Oder gar in jeder Reitschule.

Der Grund dafür ist, dass Pferd eben nicht gleich Pferd ist, auch wenn sie de facto einer Spezies angehören. Je nach Größe, Rasse, Ausbildung und Temperament bewegen sie sich vollkommen unterschiedlich und stellen entsprechend unterschiedliche Anforderungen an die motorischen Fähigkeiten des Reiters. Auch ist die Zielsetzung in den einzelnen Reitweisen beileibe

---

Immer wieder

„Wir erleben das immer wieder: Wenn die Leute erst die Pferde gefunden haben, die ihnen liegen, und die Reitweise oder Sparte, die ihnen Spaß macht, dann bleiben sie dabei – auch, wenn etwas nicht auf Anhieb klappt."

JOCHEN SCHUMACHER

nicht gleich, ebenso wenig wie das Ambiente – und wenn man das nicht berücksichtigt, weil man es nicht weiß (woher auch?), ähnelt der Einstieg nicht selten verdächtig der eingangs geschilderten Situation.

Um systematisch und damit erfolgreich Reiten zu lernen, gehört zunächst eine Bestandsaufnahme, die klärt,

- welche Reitweisen einen persönlich ansprechen,
- welche Zielsetzung innerhalb dieses Rahmens realisierbar wäre und
- wie sich das Ziel verwirklichen lässt.

Speziell als Erwachsener sollten Sie für die Beantwortung der Fragen etwas Geduld aufwenden, denn genau hier liegen die Fußangeln, die allzu oft dazu führen, dass die Stiefel vorzeitig an den Nagel gehängt werden. Das Faszinierende am Reitsport ist nämlich nicht allein die Betätigung mit und auf einem

Lebewesen, sondern die Möglichkeit, das Hobby Reiten als nahezu perfekte Ergänzung seiner sonstigen individuellen Neigungen und Vorlieben auszuleben! Einen Funken Pferdeliebe vorausgesetzt, findet sich für fast jede sportliche oder kulturelle Ambition die passende Reitweise und obendrein in landestypischer Koloration hinsichtlich Pferderasse und Outfit, falls gewünscht. Bloß mit dem Unterschied, dass ein Vierbeiner die erste Geige spielt.

Über Geschmack lässt sich nun mal nicht streiten.

Auch beim Reiten nicht.

Ehe wir also tiefer ins Eingemachte greifen, erst ein kurzer (und keineswegs vollständiger) Streifzug durch die multikulturelle Welt der Pferde hierzulande. Es sind nur fünf Szenen, die vorgestellt werden – aber sie enthalten die wichtigsten Angaben, um sich zu orientieren. Genießen Sie es als Hors-d'oeuvre. Sei es, um herauszufinden, wonach Sie selbst suchen oder um zu verstehen, welche Pferdestärke denn den anderen treibt. Was auch nicht schlecht ist, im Hinblick auf zwischenmenschliche Beziehungen. Den Muskelkater, bzw. Anregungen, wie Sie das ungeliebte Tier vermeiden können, kriegen Sie noch früh genug.

LIFETIME

Ob sportlich oder gemütlich ist nicht nur Ansichtssache, sondern auch eine Frage der Konstitution. Sportmediziner zählen Reiten zu den „Life-time-Sportarten" und befürworten es ausdrücklich auch für ältere Jahrgänge oder zur gezielten Behandlung körperlicher Beschwerden, wie beim therapeutischen Reiten. Aus orthopädischer Sicht wird selbst bei Rückenschäden ein generelles Reitverbot für unbegründet erachtet. Im Gegenteil: Wenn der Reiter seinem Gesundheitszustand durch zeitliche Begrenzung und der Wahl geeigneter Pferde Rechnung trägt, kann Reiten sogar zur Besserung chronischer Wirbelsäulenbeschwerden führen.

Die Reitweisen

KLASSISCHES COMEBACK

AKADEMISCHES REITEN ODER KLASSISCHE REITKUNST: PFERDE, KUNST UND KULTUR

Beginnen wir mit den Klassikern: Wer kennt sie nicht, die weltberühmten weißen Hengste aus Wien? Die schwarzen Reiter Frankreichs oder das Ballett der tanzenden Pferde Spaniens und Portugals? Lange Zeit eher als werbewirksamer Anachronismus bestaunt denn als Quintessenz einer Reitkultur auf höchstem Niveau gewürdigt, feiert die Klassische Reitkunst oder das Akademische Reiten, das als Wiege jeder gehobenen Reitkunst weltweit gilt, ein glanzvolles Comeback. Hier kommen alle musischen Geister auf ihre Kosten. Nicht allein wegen der Vielseitigkeit der klassischen Ausbildung, sondern wegen ihrer hinreißenden Mischung aus Pferd, Kunst und Kultur; Anklang an eine Epoche, in der der elegante Sitz zu Pferde ebenso Bestandteil einer guten Erziehung war wie Unterricht in Literatur, Tanz und (halbwegs) gesitteten Tischmanieren. Eine Atmosphäre, auf die bis heute großer Wert gelegt wird.

Die Reitvorstellungen erinnern mehr an ein Ballett oder Konzert als an Sport. Erwartungsvolles Schweigen herrscht, wenn bilderbuchmäßig sitzende Reiter in üppigem Brokat oder puristisch strengem Schwarz zu Klängen klassischer Musik einreiten und ihre Pferde einzeln, im Pas de deux, Pas de trois oder den verschlungenen Figuren einer Quadrille präsentieren. Sie werden abgelöst durch Schaubilder im Damensattel und ungerittenen Pferden am kurzen oder langen Zügel oder zwischen Pilaren, zwei in der Reitbahn aufgestellten Pfeilern, zwischen denen das Tier ausgebunden wird.

Damenhaft: Das Reiten im Seitensitz entwickelt sich nicht nur bei Schaubildern zum heimlichen Renner.

Höhepunkte jeder Vorführung sind die „Schulen über der Erde": Wie die Levade, bei der sich das Pferd auf die Hinterbeine erhebt und diese Bewegung sekundenlang tief über dem Boden einfriert; die Courbette, das Aneinanderreihen mehrerer Sprünge auf den Hinterbeinen, ohne dass die Vorderbeine den Boden berühren; oder das explosive Abschnellen in die Kapriole mit ihrem wuchtigen Auskeilen. Beeindruckende Bilder und Lektionen mit dem ursprünglichen Zweck, das Pferd als Schutzschild und Waffe im Nahkampf zu nutzen, ehe sie als höfischer Zeitvertreib entdeckt wurden.

Nahezu waagerechter Rücken und tief gebeugte Hinterbeine sind die Merkmale einer perfekten Levade, ein gewaltiger Kraft- und Balanceakt für das Pferd.

Doch Klassische Reitkunst ist mehr als detailgetreue Verliebtheit in historische Keilereien, Kostüme oder den Manierismus einer europäischen Hocharistokratie, die sich den kunstvollen Touren und Sprüngen mit einer Begeisterung widmete, die heute kaum noch vorstellbar ist. Von den öffentlichen Auftritten abgesehen, ist es ein unverändert aktueller und bis auf den Punkt durchdachter Ausbildungsweg, der – wie jede andere klassische Ausbildung – jahrelange Disziplin und die Bereitschaft fordert, tief in die Materie einzudringen. So zollt der Kenner auch weniger dem prächtigen Ambiente als der vollendeten Ausführung Beifall – wohl wissend, wie viel geduldige Gymnastizierung dem Ineinanderfließen der Lektionen vorausgeht und dass die scheinbare Reglosigkeit der Reiter keine Passivität, sondern Ausdruck höchster Körperbeherrschung ist. Immerhin vermittelt schon das kaum sichtbare Heben und Senken einer Schulter, ein Zudrücken der Hand oder Vibrieren des Knies dem Pferd eine präzise Information.

Klassisch Reiten heißt, sich nicht nur mit dem „Wie", sondern auch dem „Warum" einer Lektion auseinander zu setzen und ihren Ursprüngen.

Bezeichnend für diese Einstellung ist, dass die wirklich guten klassischen Reiter allesamt sehr belesen und in der Reitliteratur bewandert sind. Und obwohl Pferde mit mächtig geschwungenen Hälsen und properen Rundungen die Szene dominieren, die geradewegs alten Stichen und Gemälden entstiegen zu sein scheinen, ist es keine Domäne barocker Rassen, deren erlauchte Ahnengalerie bis zu den spanischen Genetten zurückreicht – seinerzeit die teuersten und begehrtesten Pferde der Welt. Klassisch schön gehen kann jedes Pferd, und so setzen nicht wenige ihren Ehrgeiz gerade darin zu beweisen, wie selbst vermeintlich wenig prädestinierte Pferde durch diese Ausbildung an Ausstrahlung und Leistungsfähigkeit gewinnen, sofern man Gebäude und Talent des Tieres Rechnung trägt und Zeit keine Rolle spielt. Ein Beispiel hierfür ist die abgebildete Fjordstute.

Weil nicht die Lektion an sich zählt, sondern die Suche nach einer Perfektion im Detail, die Kunst über sportliche Meriten stellt. Ein Desinteresse am Sport, zu dem sich der weltweit renommierte Ecuyer Nuno Oliveira in einem Interview mit Sylvia Loch bekannte: „Kunst ist kein Wettkampf; Kunst ist Liebe. Nun frage ich Sie: Wie viele Menschen erkennen das?"

> **Keine Domäne barocker Formen**
>
> „Klassisch schön gehen kann jedes Pferd, sofern es nur vier gesunde Beine sein eigen nennt."
>
> **EGON V. NEINDORFF**, Gründer des gleichnamigen Instituts für klassische Reitkunst in Karlsruhe

HÖFISCHE REITKULTUR IM TREND

Heutige Stammburg der klassischen Hohen Schule ist die Spanische Reitschule Wien, ehemals Spanische Hofreitschule, die bereits 1572 unter dem Namen „Spanischer Reithstall" erwähnt wurde. Weitere Hochburgen klassischer Ausbildung sind das Cadre Noir in Saumur, die Real Escuela Andaluza del Arte Ecuestre in Jerez, die Alta Escola Portuguesa bei Lissabon oder das Egon v. Neindorff-Institut in Karlsruhe. Jüngstes Beispiel für die Renaissance höfischer Reitkultur ist die königlich-dänische Reitbahn in Schloss Christiansborg (übrigens schloss die Hofreitbahn der Welfenkönige in Deutschland auch erst 1866 ihre Tore). Untereinander sind die Reitweisen der klassischen Schulen durch den seinerzeit regen Austausch der europäischen Höfe eng miteinander verbunden, obwohl sie regionale Unterschiede aufweisen.

Einige bedeutende Klassiker Xenophon (ca. 430–355 v. Chr.)
Antoine de Pluvinel (1555–1620)
William Cavendish, Duke of Newcastle (1592–1676)
Francois Robichon de la Guérinière (1688–1751)
Dom Pedro de Alcantara e Meneses, 4. Marquis von Marialva, auch als Guérinière der iberischen Halbinsel bekannt (1713–1789)
Gustav Steinbrecht (1808–1885)

Die Reitweisen

DIE SCHULEN AUF UND ÜBER DER ERDE

So kunstvoll stilisiert die Touren und Sprünge der Klassischen Hohen Schule wirken, leiten sich alle Lektionen aus dem natürlichen Verhaltensrepertoire des Pferdes oder dem Imponiergehabe der Hengste ab. Sie werden in die „Schulen auf der Erde" und die „Schulen über der Erde" unterteilt. Erstere beginnen bei der Grundausbildung des jungen Pferdes bis zu Lektionen wie Piaffe, Passage oder Pirouette als Vorbereitung für die Schulen über der Erde. Talent und Bereitschaft des Tieres vorausgesetzt, werden die Pferde allmählich an Schulsprünge herangeführt, bei denen sie sich entweder nur mit den Vorderbeinen oder mit allen vier Hufen vom Boden lösen. Entsprechend der jeweiligen Reitkultur können einzelne Schulsprünge in der Ausführung variieren, so bestehen z.B. trotz gleicher Bezeichnung Unterschiede zwischen Wien, Saumur und Jerez, was für beträchtliche Verwirrungen sorgt.
Einige bekannte Lektionen:

Die Piaffe: leichtfüßig elegant wirkt sie nur, wenn sich das Pferd mit schön untergesetzter Hinterhand ausbalanciert.

SCHULEN AUF DER ERDE

- **Passage** kadenzierter Trab mit geringem Raumgewinn und langem Schwebemoment; werden die Vorderbeine gestreckt statt angewinkelt vorgeführt, heißt sie „gestreckte Passage" oder „Spanischer Trab".

- **Pirouette** Wendung auf kleinstem Raum um den inneren Hinterhuf in Schritt, Piaffe oder Galopp.

- **Spanischer Schritt** hohes, wechselseitiges Herausheben der Vorderbeine bei taktmäßigem Vorwärtsschreiten im Schritt.

SCHULEN ÜBER DER ERDE

- **Courbette** mehrere federnde Sprünge hintereinander auf den Hinterbeinen, ohne dass die Vorderbeine den Boden berühren.

- **Kapriole** Aufwärtsschnellen des Pferdes mit allen vier Beinen in die Luft mit Ausstreichen (Ausschlagen) der Hinterbeine im Sprung und einer nahezu gleichzeitigen Landung auf allen vier Füßen. Seltene Talente schaffen es, die Hinterhufe einen Sekundenbruchteil vor den Vorderhufen aufzusetzen.

- **Kruppade** laut Wien ein Sprung mit scharf angewinkelten Vorder- und Hinterbeinen; bei dieser Vorstufe zur Kapriole zieht das Pferd die Hinterbeine unter den Leib oder zeigt lediglich die Eisen (entspricht in Saumur und Jerez in etwa der Ballotade; unter Kruppade wird in Saumur ein extrem hohes Ausstreichen der Hinterhand bei gestreckten Vorderbeinen verstanden).

- **Levade** sekundenlanges Verharren auf tief gebeugten Hinterbeinen, bei fast waagerechtem Rücken und stark gewinkelten Vorderbeinen, ehe das Pferd die Vorhand langsam wieder zu Boden senkt.

- **Pesade** eine Vorstufe der Levade, mit einer höheren Erhebung der Vorhand und weniger stark gewinkelten Hinterbeinen.

VON DER KAVALLERIE ZUM TURNIERSPORT

Keinerlei Berührungsängste zum Sport haben dagegen Turnierreiter. Schließlich wurden auch die olympischen Spiele in der Antike erfunden, und was den „alten Griechen" recht war, ist Sportfreaks der Neuzeit nur billig. Selbst wenn keine olympischen Höhen angestrebt werden und Attribute wie Klassik und Kunst zumindest am Anfang der reiterlichen Laufbahn oft noch völlig schnurz sind, ist für viele erst das wettkampfmäßige Reiten mit seinen Höhen und Tiefen, aber auch seiner Spannung und dem zielgerichteten Ehrgeiz das Tüpfelchen auf dem „i".

Turnierreiten, das verspricht Sport, Spaß, intensives Trainieren, das Treffen alter und Kennenlernen neuer Bekannter bei internen Lehrgängen oder externen Kursen. Das ist der Besuch regionaler und überregionaler Turniere, Luftanhalten und Daumendrücken für Reiter, die es einem besonders angetan haben, mit-den-Augen-klauen bei der Vorbereitung der Profis und die persönliche Herausforderung im sportlichen Vergleich der eigenen Leistungsklasse. Sieg und Niederlage liegen eng beisammen, wobei das eine wie das andere den Ehrgeiz nur selten zu bremsen vermag.

Von den Eingangsprüfungen abgesehen, die auch relativ unerfahrenen oder sportlich nicht übermäßig begabten Reitern und Pferden offen stehen, werden in den höheren Klassen entsprechende Abzeichen vorausgesetzt, die die Qualifikation des Reiters belegen. Und je schwerer das Ganze wird, um so mehr tritt seltsamerweise – oder auch nicht – der klassische Background erneut in den Vordergrund. Was simpel damit zusammenhängt, dass sich der relativ junge Turniersport aus dem Gebrauchsreiten der Kavallerie entwickelt hat, deren Direktiven wiederum auf die klassischen Reitmeister zurückgehen (nicht umsonst beherrschten bis nach dem 2. Weltkrieg fast ausschließlich direkt oder indirekt über Wien ausgebildete Offiziere die Turnierplätze). Damit stehen Dressur, Springen und Vielseitigkeit, technisch gesehen, auf einer grundsoliden Basis, auch wenn in den einzelnen Sparten unterschiedliche Schwerpunkte gesetzt werden.

Das Equipment ist auf nüchtern gestimmt, und geritten werden überwiegend großrahmige, bewegungsstarke Sportpferde mit einer Schulterhöhe ab 1,65 m, deren Wert auf internationalem Parkett ganz schnell in astronomische Höhen klettert, die Nobelsportwagen, Ein- und Zweifamilienhäuser mühelos verschlingen. Da, wie in jedem anderen Hochleistungssport, auch beim Reiten ein möglichst früher Einstieg wünschenswert ist, werden talentierte Youngster mit hohem Aufwand gefördert. Das beginnt mit Führzügelklassen für die Kleinsten und endet, entsprechendes Kleingeld vorausgesetzt, mit Medaillen versprechenden Turnierponys, die im Aussehen wie im Preis ihren großen Vettern nacheifern, bloß in kleinerem Format.

DER TURNIER- UND BREITENSPORT: SPANNUNG, SPASS UND WETTKAMPF

Mit Frack und Zylinder: Geschmeidige Eleganz nach klassischen Richtlinien ist der Prüfstein hochwertiger Dressurprüfungen.

Back to the roots

„Reiten ist nicht nur ein Sport mit dem Pferd, sondern ein Kulturgut, dass es zu bewahren gilt. Die Erfahrungen, die über Jahrhunderte gesammelt wurden, führten letztlich zu der klassischen Lehre."

leicht gekürzt aus „Die Deutsche Reitlehre"

Die Reitweisen

Reitermärsche und historische Uniformen prägen das Bild der Hengstparaden, wenn Landgestüte ihre wertvollen Zuchthengste vorstellen.

Nun ist Reiten nicht ausschließlich eine Frage des Geldes, und so hat sich neben dem „großen Sport" längst eine bunt zusammengewürfelte Breitensportszene etabliert, die ihrem sportlichen Ehrgeiz zwar in gemäßigter Weise, dafür um so vielfältiger frönt: Neben den bereits aufgezählten Disziplinen wird zum Beispiel Voltigieren, das Turnen auf dem Pferd, von vielen Vereinen angeboten; auch Allround-Turniere, eine Art Geschicklichkeitsreiten, werden immer beliebter – ganz abgesehen vom Fahrsport, der regelrecht boomt und nebenbei auch für gemeinsame Familienausflüge praktischen Nutzwert zeigt. Nicht zu vergessen die Aktivitäten eines gut organisierten Vereinslebens, das sich in größeren Verbänden durchaus sehen lassen kann: Besichtigungen der traditionsreichen Landgestüte und Hengstparaden (die übrigens auch in historischen Uniformen vorgeführt werden), Herbstjagden mit und ohne Meute (wobei eine Schleppspur anstelle des Wildes die Hunde auf die Fährte lockt), das Ausrichten des mindestens einmal jährlich stattfindenden Hausturniers, Musik- und Weihnachtsreiten, Reiterbälle, Grillabende und, und, und... Der Fantasie sind wenig Grenzen gesetzt, und alles zusammen bietet soviel Abwechslung, dass die Beschäftigung mit dem Pferd manchmal fast, wenn auch nie ganz, an zweite Stelle tritt.

OLYMPISCHE AMBITIONEN?
Zu den olympischen Disziplinen zählen Dressur, Springen und Vielseitigkeit

▸ **Dressur** Wenn man die Klassische Hohe Schule mit dem Ballett vergleicht, entspricht der moderne Dressursport in etwa dem Turniertanz. Das heißt, dass Ausdruck und korrekte Ausführung der Lektionen von Richtern anhand einer Punkteskala benotet werden. Und obwohl die „Schulen über der Erde" nicht zum Programm des Dressursports gehören, stellen die in den schweren Klassen geforderten Figuren, Fußfolgen und Seitengänge – die allesamt den Eindruck müheloser Leichtigkeit und dynamischer Kraftentfaltung vermitteln sollen – sehr hohe Anforderungen an Pferd und Reiter.

▸ **Springen** Verlangt wird das fehlerfreie Überwinden von Hindernissen in möglichst schöner Manier und/oder möglichst schneller Zeit. Dabei hängt der Schwierigkeitsgrad eines Parcours nicht nur von der Höhe der Sprünge ab, denn wirklich haarig wird er erst durch seinen Aufbau: Hoch- und Weitsprünge, enge oder weite Distanzen, Wendungen und Kombinationen fordern Reaktionsschnelligkeit, Taxiervermögen, Kraft, Kondition und Geschmeidigkeit – sonst gibt's Stangensalat. Was oft genug passiert, wenngleich zum Glück meist ohne Folgen, dank moderner Sicherheitsauflagen.

▸ **Vielseitigkeit** „Busch-", „Vielseitigkeits-" oder in der alten Bezeichnung „Militaryreiten" gilt als Krone des Reitsports, weil es sich aus den Teilprüfungen Dressur, einer Rennbahnprüfung plus Geländestrecke mit festen Hindernissen, dem „Cross", und einem abschließenden Springen im Parcours zusammensetzt – und ist durch spektakuläre Stürze in Verruf geraten. Häufig, weil unzulänglich ausgebildete Reiter aus Übereifer Kraft und Kondition ihrer Pferde überschätzten. Leider. Denn bei korrekter Ausbildung und mit Kalkül geritten ist es ein faszinierender Sport, der Technik, Naturnähe und intensive Bindung zum Pferd vereint.

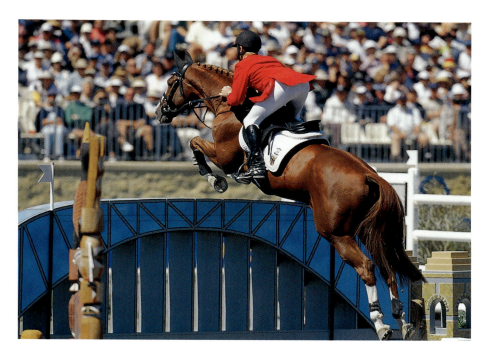

Um die technischen Anforderungen in schweren Springen zu bewältigen, ist sorgfältige Ausbildung, Taxiervermögen und Reaktionsschnelligkeit bei den zwei- und vierbeinigen Stangenfreaks ein „Muss".

Das Fell bleibt dran und Meister Reinecke im Bau. Auch ohne blutige Trophäe zählt für viele Reiter die herbstliche Fuchsjagd zu den Highlights des Jahres.

TURNIERSPORT IM WANDEL

Der Turniersport hat sich aus dem Champagnereiten der Kavallerie entwickelt, das sich Mitte des 18. Jahrhunderts als Schlacht entscheidender Faktor anbahnte. Als Vorläufer des modernen Vielseitigkeitspferdes – und damit auch der Dressur- und Springakrobaten in der Bahn – wurden die langlinigen, schnellen Geländepferde in regional verteilten Zuchtanstalten, den heutigen Landgestüten, gezüchtet und in zahlreichen Militärinstituten für ihren Einsatzzweck ausgebildet.

1864 fand in Dublin die erste Springprüfung für Jagdpferde statt; das erste internationale Turnier 1900 in Paris. Entsprechend der militärischen Prägung waren auch die ersten olympischen Reiterspiele 1912 in Stockholm fast ausschließlich auf die Vielseitigkeit des Kavalleriepferdes zugeschnitten und das Überwinden von Hindernissen Bestandteil jeder Prüfung. In der Dressur entfielen alle stark versammelten Lektionen, die klassische Eleganz und Durchlässigkeit als künstlerischen Ausdruck verlangten, dafür gehörten sechs Gehorsamssprünge dazu – unter anderem ein Wassergraben und ein dem Pferd entgegenrollendes Fass – nach dem heutigen Verständnis modernen Dressursports blanke Anarchie. Piaffe und Passage wurden 1932 aufgenommen, die Pirouette 1936. In der Vielseitigkeit wurde die Dreiteilung der Prüfungen bei den Olympischen Spielen 1924 in Paris eingeführt und 1963 um eine Zwangspause mit tierärztlicher Kontrolle erweitert. Um die Verletzungsgefahr im Gelände zu reduzieren, sind heute leichtere Sprungalternativen üblich, die dem Reiter eine Modifizierung des Schwierigkeitsgrades erlauben, entsprechend der Kondition und Erfahrung seines Pferdes oder aufgrund widriger Bodenverhältnisse.

Auf Länderebene werden Turnierausschreibungen durch die FN (Fédération Equestre National) überwacht, die als Dachverband den Leistungssport des jeweiligen Landes offiziell vertritt und darüber hinaus auch meist für Zuchtprüfungen oder eine einheitliche Ausbildung der Ausbilder und Richter zuständig ist. Das Reglement auf internationalen Wettkämpfen wird durch die FEI (Fédération Equestre International) festgelegt, die 1921 offiziell in Paris gegründet wurde.

ON TOUR: MIT PFERDEN UNTERWEGS

DISTANZ- UND WANDERREITEN: INDIVIDUELL UND NATURNAH

> **Der Reiter ist nur so gut wie sein Pferd**
>
> „Wer einen Hundertmeiler reiten will, muss sein Pferd sehr gut kennen und mit ihm vertraut sein, um rechtzeitig bremsen oder Gas geben zu können."
>
> **JOCHEN SCHUMACHER**

Weitaus weniger vereinsbezogen sind diese Pferde und Outdoor-Spezialisten. Angesprochen sind Langstrecken-Liebhaber, Leute, die von dem unheilbaren Drang besessen sind, nachschauen zu müssen, wie es hinter einer schönen Wegbiegung aussieht, für die es kein schlechtes Wetter, sondern nur unpassende Kleidung gibt, und deren Augen bei Entfernungen aufleuchten, wo andere dieselben schon erschöpft verdrehen. Marathonläufer, Trekker, Wanderer, Pilger, Weltenbummler... die, welch Zufall, ein Pferd dabei haben.

Wer sich davon angesprochen fühlt, der ist hier richtig.

Ob man dieser Passion sportlich oder genüsslich nachgeht, hängt von der persönlichen Einstellung und der Zeit ab, die sich dafür abzwacken lässt.

Die sportliche Version ist das **DISTANZREITEN**, in dem nationale, Europa-, Weltmeisterschaften und Championate ausgetragen werden. Beim Distanzreiten muss der Reiter mit seinem Pferd in vorgeschriebenem oder freiem Tempo eine Strecke von A nach B zurücklegen. Es beginnt harmlos mit Übungsritten bis 30 km, die nach festgelegter Zeit, mit festgelegten Pausen und mehrfacher tierärztlicher Gesundheitskontrolle des Pferdes zu bewältigen sind (die auch in anderen Turnierdisziplinen auf der Tagesordnung stehen) und setzt sich mit Strecken zwischen 30 und 160 Kilometern fort, die in kurze, mittlere oder lange Distanzen eingeteilt sind. Ab 80 Kilometer heißt es dann nicht mehr Distanzreiten, sondern Distanzrennen. Erst hier, jenseits der Schallmauer mit den freien Ritten, beginnt der absolute Kick: wie beim 100-Meiler – also 160 Kilometer, die innerhalb von 24 Stunden zurückzulegen sind – oder noch längeren Strecken, die dann freilich auf mehrere Tage verteilt werden.

Das zwingt den Reiter, das Letzte aus sich herauszuholen (nicht aus dem Pferd, das ist ein Unterschied), denn oft genug läuft ersterer nebenher, um das Tier zu entlasten. Unter diesem Gesichtspunkt steht auch die Frage der Ausrüstung: Atmungsaktiv, leicht und bequem – und sollte sich ein Material aus einer anderen Sportart besser bewähren, wird hemmungslos requiriert. Stil oder Eleganz ist bei den unkonventionellen Individualisten zweitrangig.

Ähnlich locker wird die Frage nach den Pferderassen gesehen. Doch obwohl auf kurzen und mittleren Distanzen auch Ponys und Kleinpferde ihren großen Genossen gern die Hinterhufe zeigen, haben auf langen Strecken meist drahtige, hoch im Blut stehende Renner die Nase vorn. So gelten bestimmte Araberzuchtlinien oder Achal-Tekkiner zum Beispiel als geborene Ausdauerpferde, was das erforderliche langwierige Konditionstraining selbstverständlich nicht ersetzt.

Schräge Vögel und tolle Typen: Distanzreiter sind ein Volk für sich.

On Tour: Mit Pferden unterwegs

Die weniger schweißtreibende, dafür um so genussvollere Variante ist das TREKKING- und WANDERREITEN.

Ob auf eigene Faust mit vollständigem Gepäck oder auf geführten Ritten mit Trossfahrzeugen, als spartanische Selbstversorger oder luxuriöse Schlemmertour – immer ist es eine Möglichkeit, die individuelle Kultur eines Landes abseits des Touristenrummels hautnah und in Muße zu erleben, denn geritten wird überwiegend Schritt. Der Ausgleich dafür sind Sehenswürdigkeiten, die für Autos nicht erreichbar und zu Fuß ausgesprochen beschwerlich sind.

Es gibt nichts Schöneres als einen Ritt durch Island, mit seinen Mooren, heißen Quellen und Geysiren, als im Spätsommer durch die Farbenpracht der Almen zu reiten oder im Frühling durch das Blütenmeer Spaniens, den alten Trailwegen Oregons zu folgen, auf einer Tour die Schlösser der Loire zu entdecken – oder wilde Narzissenwiesen in der Eifel. Kondition für mehrstündige Ritte vorausgesetzt, ist Wanderreiten vor allen Dingen eine fabelhafte Alternative, um seinem Hobby Reiten im Urlaub auch ohne eigenes Pferd höchst intensiv zu frönen.

In Eigenregie erfordert Distanz-, Trekking- und Wanderreiten dagegen weit mehr als Sattelfestigkeit, denn um sich in unvorhergesehenen Klemmen selbst behelfen zu können oder den Vierbeiner nicht ungewollt zu überfordern, ist ein enorm hohes Maß an Fachwissen über und rund um das Pferd gefragt. Genau genommen müssen Streckenreiter Tierarzt, Futtermeister, Schmied und Sattler in Personalunion sein, weil man sich zwar mit Gleichgesinnten auf Vorbereitungskursen trifft, beim Stammtisch oder auf der Strecke, die größte Zeit jedoch allein mit seinem Pferd verbringt. Es allein trainiert, versorgt – und auch allein die Verantwortung trägt. Und obwohl sich das Mitführen eines Handys immer empfiehlt, ist es kein Ersatz für Ausbildung.

Wanderritte sind Touren für Genießer, ohne Zeit- und Leistungsdruck abseits ausgetretener Pfade.

WAS HEISST „GEBRAUCHSREITEN"?

Als Gebrauchsreitweisen werden alle Reitweisen bezeichnet, bei denen das Pferd den Menschen bei einer bestimmten Aufgabe oder Tätigkeit unterstützt bzw. unterstützt hat – im Gegensatz zur zweckentfremdeten Hohen Schule, denn l'art pour l'art, die Kunst um ihrer selbst willen, dient nur sich selbst.
Zu den Pferden der Gebrauchsreitweise zählt folglich das Kavalleriepferd des Militärs ebenso wie das Hütepferd der Cowboys und Rancher, die Pferde der Doma Vaquera in Spanien, die Camarguepferde der französischen Guardians oder das schnelle Distanzpferd früherer Postillione und Meldereiter.
Je pferdefreundlicher eine ursprüngliche Gebrauchsreitweise in Sport und Freizeit umgesetzt wird, um so sensibler und überlegter sind Ausbildung und Nutzung des Pferdes. Das andere Extrem dazu wäre die Ausbeutung des Tieres als Fleischlieferant, Sportgerät oder Motorersatz – ohne Rücksicht auf Gesundheit, Langlebigkeit, physisches und psychisches Wohlbefinden.

MIT KOMPASS UND KARTE AUF KURS

Reiten können ist eine Sache, Streckenritte durchführen eine andere. Das lernt man in keiner Reitstunde und schon gar nicht nebenbei, sondern in Einsteiger- und Aufbaukursen, Seminaren und Lehrritten, die von verschiedenen Verbänden angeboten werden. Auf dem Programm stehen zum Beispiel Rittplanung, Ausrüstung für Reiter und Pferd, der Umgang mit Karte und Kompass, Straßenverkehrsordnung, Landschaftsschutzgesetze, Verhalten im Gelände, Beurteilung des Pferde-Exterieurs, Gangarten, Unterbringung, Pflege, Vor- und Nachsorge des Tieres beim Reiten, Fütterung, Hufe und Hufschutz, Krankheiten und Verletzungen, Erste Hilfe, Giftpflanzen und einiges mehr.

Entsprechend der Zielsetzung wird dem Training ein besonders breiter Raum gewidmet – was beim Distanzreiten verständlicherweise anders aussieht als beim Wanderreiten.

Bei **DISTANZPFERDEN**, die auf Schnelligkeit und Zeit geritten werden, folgt das Aufbautraining im Prinzip dem eines menschlichen Marathonläufers. Kondition, Kraft und Schnelligkeit werden über Jahre hinweg allmählich entwickelt und in langfristigen Trainingsintervallen wellenförmig erhalten. Man fährt zum Beispiel die Leistungsform eines Pferdes über wechselnde Schritt-, Trab- und Galopparbeit sechs bis acht Wochen hoch, lässt sie leicht absacken, fährt sie erneut vier Wochen hoch und so weiter. Mussten früher die Daten von Hand in Tabellen akribisch genau festgehalten werden, um einen optimalen Trainingsplan erstellen zu können, wird dieser heute im Hochleistungssport anhand von Puls- und Laktatwerten individuell per Computer entwickelt. In einem Diagramm zusammengefasst erlauben die Trainingsdaten am Bildschirm eine ähnliche Leistungsanalyse wie die Telemetriedaten im Motorsport. Eine Technik, die mittlerweile so ausgereift ist, dass sie auch in anderen Disziplinen auf dem Vormarsch ist, um die Pferde zu einem bestimmten Zeitpunkt in Höchstform an den Start zu bringen.

Beim **WANDERREITPFERD** dagegen ist eine kräftesparende, raumgreifende Bewegungskoordination im Schritt und eine gute Rückenmuskulatur von Bedeutung. Zwar stehen je nach Gelände, Witterung und Ausrüstung „nur" 30 bis maximal 50 Kilometer auf dem Plan, dafür sind diese täglich zu bewältigen. Neben Gehwillen und Rückentätigkeit des Pferdes wird daher verstärkt die Kondition des Reiters trainiert, denn erfahrungsgemäß sitzen Einsteiger anfangs, sobald sie müde werden, nicht mehr korrekt im Sattel. Mit der Folge, dass sich das Pferd unter dieser Fehlbelastung verspannt und sehr schnell so überempfindlich im Rücken wird, dass der Ritt schlimmstenfalls sogar abgebrochen werden muss.

1 Hufschmiede wachsen nicht auf Bäumen: Ob abnehmbare Hufschuhe, Plastik- oder Eisenbeschlag – im Notfall muss man(n) sich unterwegs zu helfen wissen.

2 Streckenritte erfordern Vorbereitung: Detailliertes Kartenmaterial für die richtige Wegstrecke gehört zur Grundausrüstung eines Wanderreiters.

RINDERHIRTEN, FREIHEIT UND DRAGSTER AUF VIER BEINEN

Ebenfalls eine Gebrauchsreitweise, dafür gleich mit Kultstatus und ab 2008 jüngste olympische Reitsport-Disziplin, ist das Westernreiten, obwohl es seine Beliebtheit weniger den sattsam bekannten Westernhelden als seiner bestechenden Funktionalität verdankt. Die derart raffiniert ist, dass man das Fehlen der „Annäherungsphase" und ihren Wert in der Ausbildung fast nur als lang gedienter Reitlehrer erkennen und würdigen kann.

Für sattelfeste Reiter gibt es erfahrungsgemäß bloß zwei Möglichkeiten: Entweder sitzen sie auf, sagen „das ist es" und steigen nicht mehr ab. Oder sie stellen fest „ganz nett, aber nicht mein Ding" und bleiben ihrer alten Reitweise treu. Was aber so gut wie nie passiert ist, dass Anfänger von gut geschulten Western-Allround-Pferden absitzen, weil sie sich überfordert fühlen – übrigens der Schlüssel für jede erfolgreiche Basisschulung.

Dafür gibt es gleich mehrere Gründe: Die bequemen, sicheren Halt bietenden Sättel. Gut erzogene Pferde, auf die sehr großer Wert gelegt wird; sie respektieren den Menschen, verhalten sich manierlich und bleiben ohne Gezappel so lange ruhig stehen, wie sie stehenbleiben sollen. Dazu kommt eine impulsartige Hilfengebung, das heißt, dass die Pferde bei leicht durchhängendem Zügel mit einem Minimum an Aufwand nahezu selbstständig arbeiten, bis der nächste Befehl kommt. Und last, but not least, die Gänge: Der Jog, ein stark verkürzter und wunderbar weicher Trab, der auch unsichere Reiter sitzen lässt, oder der Lope, ein ebenfalls verkürzter, langsamer Galopp. Und alles zusammen bietet so viele Erfolgserlebnisse, dass der Einsteiger eine Weile braucht, um dahinter zu kommen, dass auch hier von Grund auf lernen muss, wer auf einen grünen Zweig kommen will. Ein Thema, das zu diesem Zeitpunkt aber meist keines mehr ist, weil der Fisch schon angebissen hat.

Kein Wunder also, dass sich das Westernreiten, als es Anfang der 70er Jahre über den großen Teich nach Europa schwappte und zuerst als Rebellion aufmüpfiger Möchtegern-Cowboys belächelt wurde, binnen weniger Jahrzehnte zu einem Staat im Staate entwickelt hat. Der um so attraktiver ist, weil er Zweckmäßigkeit, seriösen Leistungssport, Festival-Charakter und Country-Musik mühelos unter den legendären Stetson zu bringen weiß.

Der Freizeitbereich ist praxisorientiert und leger. Die Aus- und Fortbildung erfolgt zwar in der Reitbahn, aber geritten wird überwiegend im Gelände. Frei nach dem Motto: komfortabel und kontrolliert, aber mit Leichtigkeit und Pep. Wem das nicht reicht, der findet im Western-Breitensport, der für alle Pferderassen offen ist, so viele Turnier-Ausschreibungen, dass vom Anfänger bis zum Könner jeder angesprochen wird. Und zwar unabhängig davon, ob er nun auf einem „typischen" Westernpferd sitzt oder nicht.

WESTERNREITEN: LÄSSIGE ELEGANZ IM SATTEL

Sieht leichter aus, als es ist

„...der Neuling sollte sich darüber im klaren sein: So einfach diese Reitweise von Könnern demonstriert aussieht, sie erfordert sehr viel Übung, denn die sensible, manchmal kaum wahrnehmbare Hilfengebung muss erst erlernt werden."

UTE TIETJE,
Deutsche Meisterin im Westernreiten und Ausbilderin, aus „Westernreiten"

Gute Erziehung: Im Gelände am losen Zügel in aller Ruhe stehen zu bleiben, ist für Westernpferde eine Selbstverständlichkeit.

Die Reitweisen

Das ist die eine Seite der Medaille. Die andere ist der professionelle Turniersport. Sowohl bei Zuchtprüfungen wie beim Run auf das große Geld in internationalen Turnieren sind nur noch Spezialisten gefragt. Das heißt im Klartext Quarter Horses, Paints und Appaloosas – der Westernreiter liebste und nicht ganz preiswerte Kinder. Pferde mit Geschichte und „Cow-Sense", die einfach alles hüten, was zu hüten ist und immer noch für den Ranchgebrauch gezüchtet werden, einen niedrigen Schwerpunkt besitzen und muskelbepackte Hinterteile, die ihnen die rasanten Starts, Manöver und in Staubfahnen gehüllten Stopps erlauben, die in den Meisterschaften Punkte bringen. Hier wird das Ambiente, gemäß dem amerikanischen Vorbild, auch entschieden bunter: Glitter behauptet sich neben Fransenchaps, gesteppten Boots und blitzenden Rädchensporen. Wem´s gefällt, nebst Sternenbanner und Cadillac. Es ist eine schillernde Mischung, die durch den lockeren Umgangston und ihre Herzlichkeit ebenso gewinnt, wie sie durch das ungewohnte Vokabular zunächst verwirrt. Denn Westernreiter, und zwar allesamt, sitzen nicht auf Schimmeln, Rappen oder Braunen, sondern auf Greys, Blacks und Bays. Sie benutzen auch kein Kopfstück, sondern ein Bridle, selbst eine harmlose Gürtelschnalle avanciert zum Buckle… aber daran kann man sich gewöhnen.

1 Die Staubfahne gibt's gratis: Während die Hinterbeine rutschen, laufen beim Sliding Stop die Vorderbeine weiter; um die Pferdebeine zu schonen, werden die Hufe mit speziellen „Sliding-Eisen" beschlagen.

2 Im Hakenschlagen konkurrenzlos gut: Beim „Cutten" wird vom Pferd eine selbständige Kontrolle des Rindes verlangt. Wer dabei nicht perfekt im Gleichgewicht sitzt, fliegt.

3 Kniffeliges Geduldspiel: Trailreiten erfordert punktgenaue Präzision. Obwohl die Parcours nachgestellt sind, ist die Bewältigung solcher Hindernisse auch eine probate Übung für den „Ernstfall" im Gelände.

4 Auf Westernturnieren wird auch das Outfit des Reiters bewertet, insbesondere in Pleasureprüfungen.

NICHT NUR BEQUEMLICHKEIT…

Die Funktionalität beim Westernreiten hat ihren Grund. Schließlich ist das Reiten in unwegsamen, oft menschenleeren Gegenden Nord-, Mittel- und Südamerikas oder im australischen Busch kein Freizeitvergnügen, sondern immer noch schweißtreibende Realität. Und Männer und Frauen, die Stunden und Tage Zäune flicken und Rindviecher so durch die Gegend treiben, dass sie möglichst wenig Gewicht verlieren, haben keine Zeit, neben ihrer Arbeit noch jeden Schritt ihres Pferdes zu kontrollieren. Sie brauchen zuverlässige und mitdenkende Arbeitspartner, die selbst nach Stunden unter dem Sattel nicht schlapp machen. Dafür trifft man dort noch einen Hauch der viel besungenen Abenteuerromantik mit sämtlichen Postkartenattributen. Eine Idylle, die sich zwar nur begrenzt auf europäische Verhältnisse übertragen lässt, in diesem Rahmen aber mit dem Vorteil, dass es vollkommen egal ist, ob man sich das Vergnügen auf einem kostspieligen „Cheval de Luxe" oder einem einfachen Rassemix gönnt. Funktionalität geht vor.

WESTERN-ROTWELSCH FÜR EINSTEIGER
Einige Begriffe aus dem Westernjargon

FARBEN

Grey Schimmel
Blue Roan/Red Roan Grau- und Rotschimmel
Palomino Isabell: goldgelb mit weißem Langhaar
Sorrel Gold- oder Rotfuchs
Chestnut Dunkelfuchs
Dun Falbe: hellgelb mit Aalstrich, dunklen Beinen und schwarzem Langhaar
Grullo Graufalbe
Buckskin Brauner: goldgelb mit hellen Beinen und schwarzem Langhaar
Bay rotbraun mit schwarzem Langhaar
Brown schwarzbraun mit helleren Stellen an Augen, Maul und Bauch
Black Rappe
Pinto Schecke, je nach Zeichnung auch **Tobiano**, **Overo** oder **Leopard**

TRAINING

Back up Rückwärtsrichten
Dry Work Dressurteil in der Disziplin Working Cowhorse
Fencing Wenden des Pferdes gegen eine Bande oder Zaun
Fence Work Arbeit mit dem Rind am Zaun
Ground Tying „Am Boden anbinden"; Stillstehen des Pferdes bei zu Boden hängenden Zügeln, wenn sich der Reiter entfernt
Neckreining einhändige Zügelführung, bei der das Pferd dem Anlegen des äußeren Zügels weicht
Pattern Aufgabenabfolge in einer Prüfung
Rollback schnelle Hinterhandwendung in den Galopp
Speed Control Geschwindigkeitskontrolle in verschiedenen Tempi auf dem Zirkel
Spin gelaufene Drehung um die Hinterhand
Sliding Stop gleitender Stop auf der Hinterhand, während die Vorderbeine weiterlaufen

WESTERNDISZIPLINEN

Barrel Racing rasantes Rennen um drei Tonnen
Cutting Rinderdisziplin, bei der ein einzelnes Rind aus der Herde ausgesondert wird und vom Pferd selbstständig kontrolliert werden muss
Halter Class Vorstellen des Pferdes am Halfter
Horsemanship Reiterwettbewerb mit einfachen Aufgaben
Pleasure Präsentation des Pferdes in den Grundgangarten
Reining rasante Western-Dressur, die hohe Präzision verlangt
Team Penning Rinderarbeit, bei der drei Reiter drei vorher markierte Rinder einpferchen
Trail Geschicklichkeitsreiten in einem Hindernisparcours
Western Riding ruhige Western-Dressur mit verschiedenen Aufgaben
Working Cowhorse Rinderarbeit in der Bahn mit verschiedenen Aufgaben

Westernlektionen für Otto-Normalreiter: Gut erzogene Pferde, die am losen Zügel mit einem Minimum an Hilfen kontrollierbar sind, machen Ausritte zum Vergnügen.

VOM HÖLLISCHEN VERGNÜGEN, EINEN TAUSENDFÜSSLER ZU REITEN

GANGPFERDE-REITEN: SUPER-BEQUEM VON FLOTT BIS SCHÖN

Vergessene Welt

„Zu Anfang war nichts. Wenn ich ehrlich sein soll, war es weniger als nichts: nämlich Verzweiflung. Die Definition der Gangart war unbekannt; sie gedieh zu „vorne Trab, hinten Galopp", was niemanden schlauer machte. Die Isländer selbst wussten es auch nicht so recht. Sie waren mehr dafür, den Tölt zu reiten, statt ihn zu definieren. Es kam schließlich dazu, dass ich den Tölt in anderen Ländern, anderen Erdteilen unter anderen Namen kennen lernte, ihn in charakteristischen Abweichungen ritt und in der amerikanischen Literatur erstmals auch in Ansätzen definiert fand. Heute werden zum Thema Doktorarbeiten und Habilitationsschriften geschrieben. Nachdem einmal die Augen dafür aufgegangen waren, sah man den Tölt überall..."

URSULA BRUNS,
Begründerin der deutschen Freizeitreiterbewegung über die Anfänge der Gangpferdeszene in Deutschland

Und die letzte Szene betrifft weniger eine Reitweise als eine Gangart. Ungeheuer rückenschonend, bereits in der Antike begehrt und so gründlich aus den meisten europäischen Pferderassen eliminiert und damit auch aus dem Bewusstsein, dass man sie gar nicht mehr erkannte, als sie Anfang der 50er Jahre erneut auftauchte, um ihr verlorenes Terrain still und klammheimlich zurückzuerobern. Ein Siegeszug, der ungebremst anhält.

Die Rede ist vom Tölt, Trippel, Rack, Walk, Paso, Marcha, Foxtrott, Singlefoot, Perestrup... sowie einer Fülle anderer Namen mehr. Und der einzige Grund, warum es so viele verschiedene Bezeichnungen dafür gibt, ist eben, dass diese Gangart wegen ihrer Bequemlichkeit in allen Kontinenten der Welt bekannt ist und geschätzt wird – bzw. geschätzt wurde, solange es kein dichtes Netz ausgebauter Straßen gab, die den Einsatz der noch bequemeren, gut gefederten Kutschen erlaubte. Doch weil das in Mitteleuropa früher der Fall war als anderswo, fehlen uns heute rund 200 Jahre „Töltkultur", um es der Einfachheit halber auf einen Begriff zu reduzieren.

Das Gangpferd war der Rolls Royce holpriger Wege und morastiger Pfade. Ein Reisepferd, das ein zwar flottes, aber so komfortables Vorwärtskommen erlaubte, dass der Reiter selbst bei höherem Tempo noch nahezu erschütterungsfrei sitzenblieb, weil sich immer mindestens ein Pferdebein am Boden befand. Der „Zelter" des Mittelalters gehörte zu dieser Komfortklasse, obwohl er, entgegen anders lautender Geschichtsschreibung, durchaus nicht nur den Damen, sondern auch den Herren der Schöpfung dermaßen behagte, dass sie selbst ihre kostbaren Falken vorzugsweise auf ihnen transportierten, um sie weniger zu malträtieren. Ein Interesse, das die sensiblen Popos des Klerus sowie reicher Plantagenbesitzer bei ihren Kontrollritten durchaus teilten, was dazu führte, dass diese Reisepferde seinerzeit nicht nur weltweit gezüchtet, sondern auch um so teurer gehandelt wurden, je unkomplizierter ihre Handhabung war und je eleganter ihr Erscheinungsbild. Entsprechend dem landestypischen Schönheitsideal, versteht sich. Luxusgeschöpfe für Geld und Adel, während sich der Rest der Bevölkerung gefälligst mit zwar ebenso bequemen, aber längst nicht so schmucken Rössern zu begnügen hatte.

Nun, die Zeiten haben sich geändert, schick ist, was gefällt – und seit zunehmend mehr Gangpferderassen aus aller Welt importiert werden, ist für jeden etwas dabei: Western wie konventionell gerittene Tölter, niedrige Kompaktklassen und elegante Großpferde, robuste Kraftpakete, sensible Seelchen, gutmütige Lebensversicherungen oder vor Temperament sprühende Energiebündel, und trotz der verwandten Fußfolge ist Gangpferd nicht gleich Gangpferd. Das Bewegungsgefühl auf ihrem Rücken ist grundverschieden und reicht von sparsamen, fließenden Bewegungen bis zu einem hämmernden

Vom höllischen Vergnügen, einen Tausendfüßler zu reiten

Markenzeichen Lebensversicherung: Tennessee Walker des alten Schlages gelten als nahezu scheufrei und extrem gutmütig.

MILES & MORE IN TÖLT UND PASS

Mit dem Import verschiedener Rassen nach Europa wurde der Name „Gangpferd" als übergeordneter Begriff aus der nordamerikanischen Bezeichnung „Gaited Horse" übersetzt und erfasst alle Rassen, die den Tölt oder eine töltverwandte Fußfolge in ihrem Gangspektrum anbieten – und zwar unabhängig davon, welche oder wie viele Gangarten die einzelnen Tiere tatsächlich beherrschen. Als Naturtölter bezeichnet man Pferde, die ihre Töltvariante auch freilaufend bevorzugen.
Da der Tölt genetisch fixiert sein muss, kann man ihn nicht jedem Pferd antrainieren, andererseits gehen Fachleute davon aus, dass er in mindestens 60 % aller Pferderassen weltweit verankert ist, weil sie im Tölt wie im Pass archaische, also uralte Wirbeltiergangarten vermuten. Was nicht von der Hand zu weisen ist, da selbst in Rassen, in denen das eine wie das andere unerwünscht ist, heute noch Fohlen geboren werden, die nicht daran denken, sich hübsch konform mit ihren hochprämierten Eltern auf Schritt, Trab und Galopp zu beschränken.
Je nach Rasse variiert die Schulterhöhe zwischen 1,30 m bis 1,70 m; geritten werden sie meist ihrem Ursprungsland entsprechend, also western, in mittel- oder südamerikanischer Variante oder konventionell. Wer will und kann, findet auf Gangpferdeturnieren verschiedene Klassen, die entweder für einzelne Rassen, Großtölter, Kleintölter oder offen ausgeschrieben sind.

Stakkato in rasend schneller Fußfolge, was obendrein so aussieht, als ob die Pferde etliche Beine mehr hätten, als ihnen von Natur aus zustünden. Ein Roadrunner auf Hufen, dessen pulsierender Gangrhythmus in dem Wortspiel „Black-and-Decker-Black-and-Decker..." verballhornt wird: Denn schnell genug hintereinander gesagt, hat man nicht nur eine bekannte Werkzeugfirma, sondern auch das Geräusch eines auf hartem Boden im schnellen Tölt, Rack oder wie auch immer gehenden Pferdes im Ohr. Damit nicht genug, zeigen etliche Gangpferde eine starke Passveranlagung, die für Rennen gefördert und von ihren Anhängern heiß geliebt wird, „weil Rennpass süchtig macht", wie die lakonische Begründung lautet.

Ein bisschen Show muss sein: Die extravaganten Saddlebred Horses werden gern stilvoll vorgestellt.

Bleibt die Frage, warum es trotz der unbestreitbaren Vorzüge so lange dauerte, bis sich eine geschlossene Gangpferdeszene bilden konnte – aber das hängt mit der multikulturellen Struktur zusammen, die Zeit brauchte, um zwischen so vielen Gegensätzen ihren gemeinsamen Nenner zu finden. Und ähnlich wie beim Westernreiten gilt: Man wird nicht zum Gangpferdereiter, man ist Gangpferdereiter – und in dem Moment hoffnungslos verloren, wenn man das erstemal auf so einem Pferd sitzt und dieses rhythmische Vibrieren spürt. Wenn alles wippt und federt und der einzig ruhige Pol der Rücken des Pferdes ist. Eine Ruhe, die bei einigen Rassen derart ausgeprägt ist, dass das Ausreiten einer „Copa de Champagne" als delikates Gütesiegel gilt: Wer nach einer Runde im spritzigen Tempo das vollste Glas in der Hand hat, gewinnt. Na, denn Prost... und es lebe der kleine Unterschied!

Alles bewegt sich, nur der Reiter nicht. Kennzeichnend für viele Töltvarianten ist der wellenförmig fließende Schweif.

Nicht immer erwünscht, aber manchmal vorhanden ist eine latente Gangveranlagung, wie bei diesem Lusitano.

GANGPFERDE WORLDWIDE
Einige in Europa beliebte Gangpferderassen

▶ **Aegidienberger,** Herkunft: Deutschland,
jüngste Gangpferderasse, Kreuzung aus Isländer / Paso Peruano
Größe: 1,40 bis 1,47 m; bevorzugte Reitweise: konventionell
Gangarten: Schritt, Trab, Tölt, Galopp, gelegentlich Rennpass

▶ **American Saddlebred**, Herkunft: USA,
sehr elegantes, hochblütiges und temperamentvolles Südstaatenpferd
Größe: 1,50 bis 1,65 m; bevorzugte Reitweise: englisch / konventionell oder western
Gangarten: Schritt (Walk), Trab, Slow Gait, Rack, Galopp

▶ **Islandpferd,** Herkunft: Island,
robustes, kompaktes Kleinpferd, in Europa am stärksten vertreten;
Größe: 1,30 bis 1,47 m; bevorzugte Reitweise: konventionell
Gangarten: Schritt, Trab, Tölt, Galopp, teilweise Rennpass

▶ **Mangalarga Marchador,** Herkunft: Brasilien,
mittelgroßer, eleganter Langtreckentölter
Größe: 1,40 bis 1,57 m; bevorzugte Reitweise: westernähnlich oder konventionell
Gangarten: Schritt, Marcha batida, Marcha picada, Galopp, manchmal Trab

▶ **Missouri Fox Trotter,** Herkunft: USA,
reiner Naturtölter, sehr flacher, ökonomischer Bewegungsablauf
Größe: 1,45 bis 1,60 m; bevorzugte Reitweise: western
Gangarten: Schritt (Flat Foot Walk), Fox Trot, leichter Galopp (Canter)

▶ **Paso Fino,** Herkunft: Mittel- und Südamerika,
zierlicher, sehr menschenbezogener, temperamentvoller Naturtölter
Größe: 1,40 bis 1,57 m; bevorzugte Reitweise: westernähnlich
Gangarten: Schritt, Paso Corto, Paso Largo, Classic Fino, Trocha, Trote, Galopp

▶ **Paso Peruano,** Herkunft: Peru,
sensibler, sehr menschenbezogener Naturtölter; typisch ist der Termino, eine Seitwärtsbewegung
der Vorderbeine, die als zusätzlicher Stoßdämpfer fungiert.
Größe: 1,42 bis 1,55 m; bevorzugte Reitweise: westernähnlich
Gangarten: Schritt, Paso Llano, Paso sobreandando, Galopp im Ursprungsland kaum gewünscht

▶ **Tennessee Walking Horse,** Herkunft: USA,
sehr gutmütiger, ruhiger Naturtölter (Plantation Horse)
Größe: 1,45 bis 1,70 m; bevorzugte Reitweise: western, in den Staaten häufig zusätzlich auf
Stimmkommandos ausgebildet
Gangarten: Schritt, Flatfoot Walk, Running Walk, Schaukelstuhl-Galopp (Canter)

▶ **Töltende Traber,** Herkunft: Deutschland
Trabrennpferde aus amerikanischen Blutlinien zeigen oft eine hohe Töltveranlagung,
sie werden in Deutschland auch als reine Freizeitpferde gezüchtet.
Größe: 1,48 bis 1,70 m; bevorzugte Reitweise: konventionell
Gangarten: Schritt, Trab, Tölt, Galopp, manchmal Rennpassveranlagung

KÖNNER, KUNST & EITELKEIT

DIE REITERLICHEN ZIELE MÜSSEN REALISTISCH SEIN

1 Schweres Kaliber? Stabiles Pferd mal stabiler Reiter und die Rechnung stimmt. Dabei eignen sich zum Gewichtsträger nicht nur Riesenrösser im Gardemaß.

2 Ponys und Kleinpferde im alten „Wirtschaftsschlag", wie der Haflinger im Vordergrund, schleppen aufgrund des kompakten Gebäudes und ihrer Knochenstärke oft genausoviel wie ihre großen, aber leichter gebauten Kollegen.

Alle vorgestellten Reitweisen und -disziplinen sowie etliche Varianten mehr können Sie inzwischen, unabhängig von ihrem Ursprungsland, bequem in heimatlichen Gefilden lernen und ausüben, im Kreise Gleichgesinnter und auf den Ihnen genehmen Pferderassen, sofern die Tiere dafür geeignet sind.

Es wurde und wird auf der ganzen Welt geritten.

Und ob so oder so: Pferde machen süchtig – vorausgesetzt, Sie sitzen zum richtigen Zeitpunkt am richtigen Ort auf dem richtigen Pferd. Der Reitlehrer kann Ihnen ja nur das vermitteln, was er beherrscht. Und es liegt in der Natur der Sache, dass jeder das in den höchsten Tönen lobt, was er bevorzugt. Davon abgesehen ist Reitunterricht jedoch eine Dienstleistung, von der das Renommee des Stalles, der Lebensunterhalt des Ausbilders und der seiner Pferde abhängt – und Klappern gehört zum Handwerk. Unter dieser Prämisse ist ein Quentchen Mutterwitz nicht zu verachten, denn wer macht schon gerne Werbung für die Konkurrenz? Selbst wenn es im Einzelfalle vielleicht eine bessere Alternative gäbe?

Bei der Vorauswahl Ihrer bevorzugten Reitweise können Sie sich noch getrost auf Ihren Instinkt verlassen, da diese Entscheidung weniger aus dem Kopf als aus dem Bauch heraus gefällt wird, und Sie in den meisten Fällen

Könner, Kunst & Eitelkeit

richtig liegen werden, besonders, wenn man den grünen Tisch verlässt und vor Ort recherchiert. In unmittelbarem Kontakt mit der Szene und Aug' in Aug' mit den betreffenden Rössern dürfte Ihre spontane Reaktion entschieden deutlicher ausfallen als beim Vertiefen in jede noch so spannende Lektüre. Für einen solchen Test bieten sich zum Beispiel überregionale Pferdemessen an – je größer, desto besser – selbst wenn Sie einen längeren Anfahrtsweg in Kauf nehmen müssen:

1 haben Sie Gelegenheit zum direkten Vergleich zwischen vielen verschiedenen Reitweisen und Pferderassen,
2 können Sie sich mit entsprechenden Reitern und Fachleuten vor Ort unterhalten und die Lage sondieren,
3 werden Sie bereitwillig mit kostenlosem Informationsmaterial in Hülle und Fülle eingedeckt und
4 kann es am Ende eines solchen Besuches passieren, dass Ihnen der Kopf schwirrt und Sie erst recht nicht wissen, was Sie wollen, bzw., wie Sie Ihr Ziel ohne Umwege erreichen.

Aber das ist erst der übernächste Punkt auf unserer Liste. Bleiben wir zunächst bei der Qual der Wahl, der sich mit Hilfe eines Entscheidungsmodells, wie auf den folgenden Seiten zusammengestellt, am sinnvollsten zu Leibe rücken lässt und das Sie vorsichtshalber auch heranziehen sollten, wenn Sie meinen zu wissen, was Sie wollen. Schließlich bringt selbst der

> **Tipp**
>
> Wer mit seiner Info-Tour nicht auf die nächste Messe warten will: Videos sind eine gute Alternative; eine kleine Auswahl aus dem Kosmos Verlag finden Sie im Serviceteil (S. 237) zusammengestellt. Möglichkeit Nr. zwei ist das Stöbern im Terminteil aktueller Fachzeitschriften nach Veranstaltungen, Turnieren, einem Tag der offenen Tür etc. oder – Möglichkeit Nr. drei – via Internet auf Suche gehen.

SCHAUKELSTUHL CONTRA SCHLEUDERSITZ

Auf einigen Pferden sitzt man (fast) so weich wie auf einem Sofa, andere wecken Assoziationen an einen Presslufthammer, und die dritte Art zeigt deutliche Tendenz, ihre Reiter bei jedem Schritt in die nächste Baumkrone zu katapultieren. Woran liegt es, ob ein Pferd bequem ist oder nicht? Wer jetzt auf Rasse oder Größe tippt irrt, denn obwohl einige Rassen speziell auf Bequemlichkeit gezüchtet werden, wird man innerhalb einer Rasse immer alle drei Vertreter finden, nur mehr oder weniger stark ausgeprägt. Ein bequemer Bewegungsablauf hängt hauptsächlich mit dem Gebäude zusammen: Knochenstellung, Winkelung der Gelenke, Länge der Fesseln, langer oder kurzer Rücken. Aber das sind lediglich Anhaltspunkte, die Rückschlüsse erlauben, denn dazu kommt noch Ausbildung und Trainingszustand des Tieres. Problematisch für Reiteinsteiger und besonders für ältere oder motorisch schlecht koordinierte Reiter sind allerdings immer Pferde mit sehr raumgreifenden Bewegungen. Denn Raumgriff ist verbunden mit Schwung, und dieser Schwung, der sich bei jedem Tritt nicht nur nach vorne, sondern auch nach oben entfaltet, den muss der Reiter in seiner Sitzfläche auffangen. Ein weiterer Haken ist das Temperament: Temperamentvolle Pferde faszinieren, keine Frage. Nur bewegen sie sich halt auch sehr schnell, und wenn der Reiter dann nicht genauso fix reagiert wie sein Pferd, kommt sehr schnell der Moment, wo sich die beiden trennen.

Feuerstühle: Ebenfalls eine Frage der Gene ist das Interieur, d.h. die charakterlichen Eigenschaften. Ausgeprägte Bewegungsfreude, ein verspieltes Temperament, aber auch die weniger beliebte Neigung zum Scheuen oder zu blitzschnellen Seitensprüngen bringt ungeübte Reiter schnell in Sattelnot.

schönste Vorsatz wenig, wenn sich schon im Vorfeld ausrechnen lässt, dass Sie damit nicht glücklich werden. Weil Sie die Pferde, die Sie sich in den Kopf gesetzt haben, zwar vielleicht bezahlen, aber nicht reiten können oder zumindest nicht auf dem angepeilten Niveau. Das kommt häufiger vor, als man glaubt.

Sei es, weil die Reiter zu spät auf den Geschmack gekommen sind und ihnen ihr nachlassendes Reaktionsvermögen einen Streich spielt oder ihre körperliche Konstitution; weil ihre motorischen Fähigkeiten mit der Schwungentfaltung der Pferde überfordert werden; weil die Nerven unter dem Temperament der Pferde das Flattern kriegen; weil es an Zeit fehlt, sich technische Feinheiten über ein intensives Training anzueignen – oder an Geld für einen ständigen Bereiter, der das Ross überreden könnte, seinen Besitzer wenigstens kurzzeitig zu ertragen, ohne ihn unwillig in den Sand zu setzen oder den Dienst zu verweigern. Die Liste lästiger Störfaktoren ist lang, aber hier hilft nur ein nüchternes Abwägen zwischen „Soll" und „Haben". Wobei „Soll" Pferde, Ambiente und Lernziele beinhaltet, die Ihren Geschmack ansprechen, und „Haben" die Faktoren, die für eine bestimmte Disziplin Voraussetzung sind. Zum Beispiel das wünschenswerte Einstiegsalter, erforderliche Fähigkeiten oder die notwendige reiterliche Vorbildung. Denn natürlich kann man sich nicht aufs Dressurreiten spezialisieren, solange man noch nicht fest im Sattel sitzt. Springen erfordert sichere Hilfengebung und dressurreiterliche Grundlagen. Vielseitigkeit erfordert hingegen sichere Hilfengebung sowie Grundlagen in Dressur und Springen und so weiter. Ähnlich tückisch sieht es beim Western- und Gangpferdereiten aus, wenn man den Griff nach den Sternen plant.

Könner, Kunst & Eitelkeit

Und wenn man das alles gründlich Revue passieren lässt und überschlägt, wie lange es dauern könnte, das gesteckte Ziel zu erreichen, kommt man eventuell zu dem Ergebnis, dass es sinnvoller sein könnte, sich neu zu orientieren oder kleinere Brötchen zu backen, weil die Rechnung sonst nicht aufgeht. Und so bedauerlich das wäre, zu ändern ist es nicht. Denn wer sich die Trauben zu hoch hängt, dem werden sie bekanntlich sauer. Soll ja nicht nur beim Reiten so sein.

Außerdem ist es kein Beinbruch, denn wenn das Ambiente stimmt, wenn Ihnen die Leute – nicht unbedingt als Einzelperson, aber von ihrer Art und Denkweise her – zusagen und Ihnen die Pferde nicht nur gefallen, sondern auch soviel Vertrauen einflößen, dass Sie sich auf ihrem Rücken wohlfühlen, werden Sie innerhalb Ihres Rahmens soviel Ehrgeiz entwickeln, dass Sie rundum zufrieden sind. Egal in welcher Reitweise oder Sparte, aber alles zusammen muss Ihnen sitzen wie ein maßgeschneiderter Anzug.

Erneute Voraussetzung allerdings, Ihre Grundausbildung stimmt. Das ist die nächste Klippe, die zu bewältigen ist.

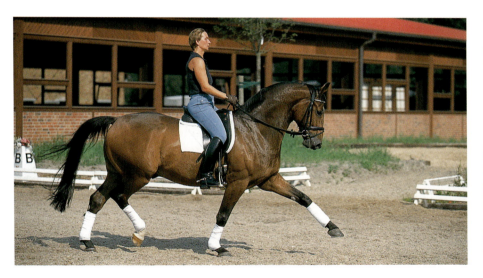

Wolkentreter: Dynamik pur vermitteln ganggewaltige Sportpferde. Aber Dynamik ist Schwung und Schwung schwingt – auch den Reiter.

TEST: WELCHE REITWEISE PASST ZU MIR?

Bewerten Sie auf der folgenden Doppelseite jede Aussage in jeder Reitweise, die für Sie in Frage kommt, nach einer Punkteskala von 1-10. Je weniger sie zutrifft, um so weniger Punkte werden vergeben; umgekehrt können besonders wichtige oder zutreffende Aussagen auch mit der doppelten oder dreifachen Höchstpunktzahl belegt werden. Addiert man zum Schluss die Punkte der jeweiligen Sparten horizontal, wird die Reitweise/Sparte, die Ihrem reiterlichen Persönlichkeitsprofil am ehesten entspricht, die höchste Punktzahl aufweisen. Falls Sie einen bestimmten Punkt aus Unkenntnis nicht bewerten können, müssen erst Informationen eingeholt werden, ehe Sie sich endgültig entscheiden.

Reitweise	Schwerpunkt	Lernziel	Pferde	Ambiente	Reitunterricht
Akademisches Reiten	Klassische Reitkunst	Reiten mit unsichtbaren Hilfen und Ausbildung nach klassischen Grundsätzen vom Boden und im Sattel	Unterschiedlich; Vorliebe für barocke Rassen wie Lipizzaner, Andalusier, Lusitanos, Friesen u.ä.	Meist kleinere Reitgemeinschaften, überdurchschnittliches Interesse an Kunst und Kultur, wenig sportliche Ambitionen	Vorwiegend in der Reitbahn, bei entsprechendem Gelände Ausritte zur Entspannung
	Punkte:				
Turnier- und Breitensport	Breitensport	Sicherer Sitz und Einwirkung auf das Pferd in allen Gangarten, vielseitige Ausbildung ohne Spezialisierung	Ruhige Warmblüter und Kleinpferde diverser Rassen mit den Grundgangarten Schritt, Trab, Galopp	Im Verein, Freude an gemeinsamen Aktivitäten und sportlichen Wettkämpfen	Vorwiegend in der Reitbahn, bei entsprechendem Gelände Ausritte zur Entspannung oder Geländetraining
	Punkte:				
	Dressursport	Abwechslungreiche Ausbildung von Pferd und Reiter in fortgeschrittenen Dressurlektionen	Warm- und Vollblüter mit raumgreifenden Bewegungen mit den Grundgangarten Schritt, Trab, Galopp	Im Verein mit Schwerpunkt Dressur, Freude am Wettkampf	Überwiegend in der Reitbahn, bei entsprechendem Gelände Ausritte zur Entspannung
	Punkte:				
	Springen	Das Überwinden von Hindernissen mit steigendem Schwierigkeitsgrad im Parcours	Springfreudige Pferde mit den Grundgangarten Schritt, Trab, Galopp	Im Verein mit Schwerpunkt Springen, Freude am Wettkampf	Dressur und Springen in Reitbahn und Parcours, bei entsprechendem Gelände Ausritte zur Entspannung
	Punkte:				
	Vielseitigkeit	Dressur, Springen im Parcours, Überwinden fester Hindernisse im Gelände	Harte, schnelle und ausdauernde Pferde im Vollblut-Typ mit den Grundgangarten Schritt, Trab, Galopp	Im Verein mit Schwerpunkt Vielseitigkeit, Freude an abwechslungsreicher Ausbildung und am Wettkampf	Dressur und Springen in Reitbahn und Parcours, Ausdauertraining und feste Hindernisse im Gelände; ggf. Rennbahn
	Punkte:				
Streckenreiten	Distanzreiten	Streckenrittplanung in schnellem Tempo, Wettkampf-Konditionierung, Allgemeinwissen um das Pferd	Verschiedene Rassen, auf langen Distanzen schnelle und ausdauernde Pferde im Vollbluttyp	Sehr individuell, meist in Eigenregie, aber Verband angeschlossen	Ausdauertraining im Gelände, ggf. vorbereitende Ausbildung in der Reitbahn
	Punkte:				
	Trekking und Wanderreiten	Streckenrittplanung in ruhigem Tempo, Allgemeinwissen um das Pferd, pferdeschonendes Streckenreiten	Verschiedene Rassen, im Prinzip für jedes gesunde Pferd in guter körperlicher Kondition geeignet	Individuell in Eigenregie, auf geführten Ritten Teilnehmer aus verschiedenen Reitsparten, kultur- und naturorientiert	Ausdauertraining im Gelände, ggf. vorbereitende Ausbildung in der Reitbahn
	Punkte:				
Westernreiten	Freizeitmäßig	Sicherer Sitz und Einwirkung auf das Pferd am losem Zügel, Ausbildung nach Bedarf	Für alle mittelgroße, wendige Pferde geeignet mit den Grundgangarten Schritt, Trab, Galopp	In Eigenregie, kleineren Reitgemeinschaften, teilweise einem Verband angeschlossen	Verteilt auf Reitbahn, Gelände und Trailparcours, Bodenarbeit im Round Pen
	Punkte:				
	Turniersport	Wettkampfmäßiges Training, der Disziplin entsprechend, Ausbildung des Westernpferdes	Vorwiegend Quarter Horses, Paints und Appaloosas	In Eigenregie, kleineren Reitgemeinschaften oder Westernställen, einem Verband angeschlossen	Vorwiegend in der Reitbahn, Bodenarbeit im Round Pen, bei entsprechendem Gelände Ausritte zur Entspannung
	Punkte:				
Gangpferdereiten	Freizeitmäßig	sicherer Sitz und Einwirkung in den Gangarten Schritt, Tölt, Galopp ggf. Trab und Paß	Unterschiedlich; einzige Bedingung: Tölt oder dem Tölt verwandte Gangart	In Eigenregie, kleineren Reitgemeinschaften, teilweise Interessen- o. Zuchtverband angeschlossen	Verteilt auf Reit-, Ovalbahn und Gelände, ggf. Trailparcours und Bodenarbeit im Round Pen
	Punkte:				
	Turniersport	Wettkampfmäßiges Training, der Disziplin entsrechend	Unterschiedliche Ausschreibung für Groß- und Kleintölter oder spezielle Rassen	In Eigenregie oder kleineren Reitgemeinschaften, Interessen- oder Zuchtverband angeschlossen	Verteilt auf Reit-, Ovalbahn und Gelände, ggf. Bodenarbeit im Round Pen
	Punkte:				

Einstiegsalter in das Reiten	erforderliche Fähigkeiten	Reiterliche Vorbildung	Zeitaufwand / Training	Summe
Möglichst bis zur Pubertät, mit zunehmendem Alter verringern sich die Ausbildungschancen	Sehr hohe Bewegungskoordination, Geduld für langjährige Ausbildung und Freude an Detailarbeit	Vom Ausbilder abhängig; überwiegend werden sicherer Sitz und dressurmäßige Grundlagen erwartet	Mittel bis hoch, möglichst täglich	
Bei entsprechend geschulten Pferden bis ins hohe Alter möglich, aber verlängerte Ausbildungsdauer	Keine Besonderheiten, mittlere Bewegungskoordination	Nicht notwendig; ggf. vorbereitender Spezialkurs für ängstliche oder ältere Einsteiger	Gering bis mittel, möglichst regelmäßig	
Möglichst bis zur Pubertät, mit zunehmendem Alter verringern sich die Ausbildungschancen	Hohe Bewegungskoordination, Freude an präziser Bewegungsausführung und Geduld zur Detailarbeit	Sicherer Sitz und Einwirkung auf das Pferd in allen Gangarten	Mittel bis hoch, möglichst täglich	
Möglichst bis zur Pubertät, mit zunehmendem Alter verringern sich die Ausbildungschancen	Hohe Bewegungskoordination, Mut, gutes Augenmaß für Distanzen, schnelles Reaktionsvermögen	Sicherer Sitz und Einwirkung auf das Pferd in allen Gangarten, dressurmäßige Grundlagen	Mittel bis hoch, möglichst täglich	
Möglichst bis zur Pubertät, mit zunehmendem Alter verringern sich die Ausbildungschancen	Mut, gutes Augenmaß für Distanzen, schnelles Reaktionsvermögen	Sicherer Sitz und Einwirkung auf das Pferd, dressur- und springmäßige Grundlagen	Durch das erforderliche Ausdauer- und Krafttraining extrem hoch	
Keine Vorgabe, bei konditionierten Ausdauersportlern auch Quereinstieg für ältere Jahrgänge möglich	Sehr gute körperliche Kondition, Freude an Ausdauer- und Outdoor-Sportarten	Sicherer Sitz und Einwirkung auf das Pferd in allen Gangarten	Durch das erforderliche Ausdauer- und Krafttraining sehr hoch	
Keine Vorgabe, auch Quereinstieg für ältere Jahrgänge problemlos möglich	Körperliche Kondition für mehrstündige Ritte, Naturverbundenheit	Sicherer Sitz und Einwirkung auf das Pferd in allen Gangarten	Gering bis mittel, regelmäßiges Ausdauertraining	
Keine Vorgabe, auf gut geschulten Allround-Pferden auch für ältere Jahrgänge geeignet	Balance und mittlere Bewegungskoordination, Naturverbundenheit	Nicht erforderlich; ggf. vorbereitender Spezialkurs für ängstliche oder ältere Einsteiger	Gering bis mittel, möglichst regelmäßig	
Möglichst bis zur Pubertät, mit zunehmendem Alter verringern sich die Ausbildungschancen	Hohe Bewegungskoordination, Freude an präziser Bewegungsausführung und Geduld zur Detailarbeit	Sicherer Sitz und Einwirkung auf das Pferd in allen Gangarten, dressurmäßige Ausbildung von Vorteil	Hoch, möglichst täglich	
Keine Vorgabe, bis ins hohe Alter möglich, aber verlängerte Ausbildungszeit	Balance und Taktgefühl, mittlere Bewegungskoordination, Naturverbundenheit	Nicht erforderlich; ggf. vorbereitender Spezialkurs für ängstliche oder ältere Einsteiger	Gering bis mittel, möglichst regelmäßig	
Möglichst bis zur Pubertät, mit zunehmendem Alter verlängert sich die Ausbildungsdauer	Balance und Taktgefühl, hohe Bewegungskoordination, Naturverbundenheit	Sicherer Sitz und Einwirkung auf das Pferd in allen Gangarten, dressurmäßige Ausbildung von Vorteil	Mittel, möglichst regelmäßig	

„Der Mensch wird nicht an der bloßen Tatsache gemessen, dass er das Pferd als Teil der Schöpfung, als ein Stück Natur, als Freizeit-, Arbeits- und Sportpartner erhält, sondern vor allem daran, wie er diese Aufgabe erfüllt."

AUS „DIE ETHISCHEN GRUNDSÄTZE DES PFERDEFREUNDES" DER DEUTSCHEN REITERLICHEN VEREINIGUNG

DIE REITSCHULE

- 40 GRUNDAUSBILDUNG IST MEHR ALS REITEN
- 44 WARUM IST PFERDEHALTUNG SCHON FÜR ANFÄNGER WICHTIG?
- 48 AUSRÜSTUNG UND PFLEGE
- 54 WER IST HIER DER BOSS?
- 59 AN DER BASIS TREFFEN SICH DIE GEISTER
- 62 ANFÄNGER IST ANFÄNGER
- 64 DER ZWEIBEINIGE REITLEHRER
- 68 DER VIERBEINIGE REITLEHRER
- 71 ASKESE IST NUR ETWAS FÜR KÖNNER
- 74 REITEN IST TEAMWORK
- 76 IM BAUKASTENSYSTEM ZUM ERFOLG

Die Reitschule

GRUNDAUSBILDUNG IST MEHR ALS REITEN

PFERDELIEBE ALLEIN GENÜGT NICHT

DER KASUS KNAXUS

Wer meint, dass die Grundausbildung kein Problem sei, weil es genügend Reitschulen gäbe, irrt. Denn Reitweise hin, Maßschneider her – das überwältigende Ausbildungsangebot allein ist kein verlässlicher Index, ob eine Reitschule einsteigertauglich ist oder nicht. Darunter wird nämlich in der modernen Version ein spezieller Unterrichtsaufbau verstanden, der weniger auf eine bestimmte Reitweise als auf eine besonders effiziente Form von Bewegungslernen abzielt. Eine Art Vorschule für Reiter, die sich zwar immer in deutlich besseren und schnelleren Lernfortschritten auszahlt, aber entspre-

> ### Ein unbekanntes Wesen
>
> „Die Anzahl der Menschen, die sich dem Pferd zuwenden, ohne vorher Tierkontakt gehabt zu haben, nimmt ständig zu. So ist es nicht verwunderlich, dass wir immer häufiger die Klage hören, dass die Sensibilisierung für das richtige reiterliche Bewusstsein mehr und mehr verlorengeht.
> Für viele Menschen, die mit dem Pferd umgehen, ist und bleibt es oft ein unbekanntes Lebewesen."
>
> **DIETER GRAF LANDSBERG-VELEN,** ehemaliger Präsident der Deutschen Reiterlichen Vereinigung, aus „Die Ethischen Grundsätze des Pferdefreundes"

chend spezialisierte Lehrer verlangt, wenn sie die versprochene Wirkung zeigen soll. Und diese Spezies finden Sie nicht in jeder Reitschule.

Auch werden Sie entdecken, falls Ihnen eine seltene Pferderasse ins Auge sticht, dass Sie die Tiere zwar kaufen können, aber kaum als Lehrpferde in einer Reitschule finden. Es wäre so gut wie ein Sechser im Lotto, so dass der Ihnen vorschwebende kontinuierliche Reitunterricht, der immer zu empfehlen ist, in dieser Konstellation bedauerlicherweise ins Wasser fällt und Sie auf Lehrpferde ausweichen müssen, die Ihrer Wunschrasse am nächsten stehen.

Auch setzen viele Ausbilder bei ihren Schülern ein Pferd voraus und stellen ihre eigenen edlen Rösser, obwohl theoretisch möglich, bloß in Ausnahmefällen zur Verfügung. Das liegt daran, dass es jahrelange Geduld,

Grundausbildung ist mehr als Reiten

Gymnastizierung und Feinarbeit braucht, um ein Pferd sensibel auszubilden und nur kurze Zeit, es komplett zu ruinieren; der wichtigste Grund, warum Sie mit dem Kauf eines hochkarätigen Vierbeiners noch einige Kapitel warten sollten.

Auch ist Reitunterricht für Fortgeschrittene eine Sache, die Grundausbildung des Reiters eine ganz andere. Denn dazu gehört weitaus mehr als Reiten.

Es dauert leider noch einige Seiten, bis Sie endgültig aufs Pferd kommen. Wir reden schließlich nicht über ein Sportgerät mit Ersatz- und Ausbauteilen, sondern über ein Lebewesen. Und Unwissenheit schützt vor Strafe nicht. Tatsächlich ist der eigentliche Kasus Knaxus bei Problemen mit dem Pferd oft weniger die technische Unzulänglichkeit des Reiters als seine zu einseitige Ausbildung. Eine Vernachlässigung, die am Anfang, unter der Ägide des

Teamarbeit: Je mehr der Reiter weiß und je besser er sich in das Pferd einzufühlen vermag, um so harmonischer ist auch das Reiten.

Reitlehrers in einem gut geführten Stall, auf gut geschulten Lehrpferden noch nicht so stark zu Buche schlägt – im Verlauf der Ausbildung aber schier unüberwindbar wird und selbst weit fortgeschrittene Reiter mit schöner Regelmäßigkeit dazu verführt, schnurstracks von einer Sackgasse in die nächste zu rennen, weil sie Ursache und Auswirkung verwechseln.

Zu einer vollständigen pferdefreundlichen Grundausbildung gehört erheblich mehr als Sattelfestigkeit: Die Entwicklungsgeschichte des Pferdes, Anatomie, Psyche, Körpersprache und Mimik, Haltung, Pflege, Erziehung... also ein ähnlicher Katalog wie beim Streckenreiten. Und zwar nicht nur zum Schutz des Pferdes, sondern auch zum Schutz des Reiters: Fast alle Unfälle passieren aus Fahrlässigkeit und nicht, weil Pferde per se gefährlich wären.

Die Reitschule

Vorbeugen ist besser als Heilen

„Die Analyse von Reitunfällen hat ergeben, dass jeder zweite Unfall bei ausreichender Aufmerksamkeit und Vorsorge vermeidbar gewesen wäre – hier liegt eine wichtige Aufgabe der Vorbeugung, die die Unterstützung der zuständigen Organisationen, Reitlehrer usw. verdient."

Zusammenstellung aus „Reiten, Gesundheitssportliche Betätigung lebenslang"

Es sind ja keine Raub-, sondern Flucht- und Herdentiere und vom Wesen her friedlich. Aber eben auch ängstlich, extrem reaktionsschnell und stark. Wenn ein erschrecktes Pferd auskeilt, weil es mit einem unverhofften Klaps auf den Hintern begrüßt wird, steckt dahinter die Wucht einer Dampframme. Wenn ein Anfänger einzelne Pferde in der Herde füttert und durch den ausgelösten Futterneid zwischen die Fronten gerät, ist das auch nicht unbedingt die Schuld des Tieres. Wenn der Sattel drückt und das Pferd vor Schmerz bockt oder unregulierbar wird – wessen Fehler ist das...?

Auf diesen Teil der Grundausbildung wird hier nicht näher eingegangen. Das mag für eine Basis-Reitlehre seltsam scheinen, aber erstens fehlt der Platz, so dass es notgedrungen auf Kosten von Sitz und Hilfgebung ginge, dem zentralen Thema dieses Buches, und zweitens ist Halbwissen oft gefährlicher als totale Unwissenheit. Denn wer nichts weiß, fragt; wer lediglich meint, alles zu wissen, geht oft unnötige Risiken ein. Andererseits ist die begleitende Ausbildung über das Pferd zu wichtig, um sie vollständig zu übergehen. Statt ins Detail zu gehen, erklären wir Ihnen deshalb anhand weniger Beispiele, warum Sie diese auf gar keinen Fall vernachlässigen sollten. Obwohl sie hier zu kurz kommt. Es gibt genug spannende Bücher, die sich ausschließlich dieser Thematik widmen, und es ist Aufgabe des Reitlehrers, Sie dafür zu sensibilisieren. Aber das kostet Zeit oder besser gesagt Ihr Geld, denn auch das ist Unterricht.

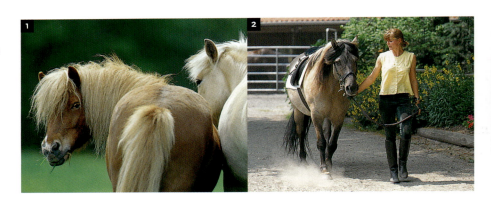

1 Ob auf der Weide oder im Stall: erst ansprechen und auf das Pferd zutreten, wenn es sich dem Menschen zuwendet.

2 Beim Führen mit Zügeln werden zwei Finger zwischen die Zügel geschoben, damit sich die Gebissringe nicht seitlich verkanten können.

DER BASISPASS PFERDEKUNDE IST PFLICHT

Wie wichtig die Themenbereiche rund um das Pferd sind, lässt sich daran erkennen, dass der Pferde-Partner-Pass, offiziell „Basispass Pferdekunde", Grundvoraussetzung für das Ablegen aller weiterer Abzeichen im Leistungssport ist, die unter dem Dachverband der Deutschen Reiterlichen Vereinigung stehen.

Dahinter steht die Erkenntnis, dass jedem Reiter, der nicht über die grundlegenden Kenntnisse und Fertigkeiten im Umgang mit dem Pferd verfügt, auch die notwendige Reife für einen humanen Einsatz des Tieres im Sport fehlt. Und Reiten ist immer Sport, ob im Gelände oder in der Reitbahn – auch ohne Turnierschleife.

DIE 10 GEBOTE IM UMGANG MIT PFERDEN

Auch bei sorgfältiger Anleitung und manierlich erzogenen Tieren werden einige Benimmregeln im Umgang mit Pferden häufig vergessen oder unterschätzt

1. Nie anschleichen; Pferde sind schreckhaft: Immer erst ansprechen und abwarten, bis sie sich dem Menschen zuwenden, ehe man seitlich an die Schulter herantritt. Pferde schätzen ein kurzes Kraulen am Widerrist übrigens mehr als eine fremde Hand im Gesicht.

2. Keine Hektik verbreiten, ruhig und überlegt bewegen. Das gilt auch für die Stimme: dunkle, lang gezogene Töne beruhigen, während helle, scharfe Laute Alarmbereitschaft wecken.

3. Vor dem Füttern fragen, ob es gestattet ist. Kein Pferdebesitzer mag es, wenn sein Tier wahllos oder krank gefüttert wird. Kleine Brocken, wie Zucker, Brot, Apfel- oder Möhrenstückchen auf der flachen Hand unter das Maul schieben, damit das Pferd die Finger nicht aus Versehen erwischt.

4. Nicht unbefugt Weiden oder Ausläufe betreten und grundsätzlich keine einzelnen Pferde in der Herde füttern. Bei der Rangelei um Leckerbissen kann ein Mensch unbeabsichtigt schnell zwischen die Fronten geraten.

5. Sich nicht unmittelbar vor oder hinter dem Pferd aufhalten, um außer Reichweite der Hufe zu bleiben, falls sich das Tier erschrickt. Möglichst vorne herumgehen; beim Herumgehen um die Hinterhand entweder eng am Pferd halten (dazu sollte man es allerdings schon sehr gut kennen und absolut sicher sein, dass es lieb ist) oder einen großen Bogen schlagen.

6. Beim Halten oder Führen eines unbekannten Pferdes sicherheitshalber entweder neben dem Kopf oder neben der Schulter aufhalten. Geht man vor dem Pferd, könnte es einem in die Hacken springen, bleibt man zu weit zurück, verliert man die Kontrolle und wird schnell in eine Richtung gezerrt, in die man gar nicht will.

7. Nie den Halfterstrick um die Hand wickeln, sondern das Ende lose in der Hand halten, damit man im Notfall zwar genügend Leine zum Festhalten hat, aber ohne dass sich die Schlinge zuziehen und Quetschungen verursachen kann.

8. Beim Passieren anderer Pferde auf sich aufmerksam machen und genügend Sicherheitsabstand lassen; wenn man die Situation nicht einschätzen kann, lieber eine zweite Person um Hilfe bitten, als eine Keilerei zu riskieren.

9. Kraft nicht unterschätzen: Pferde nicht an instabilen oder beweglichen Gegenständen anbinden, um das Tier nicht in Panik zu versetzen, falls es sich losreißen sollte. Immer einen Sicherheitsknoten verwenden, der leicht zu lösen ist, sonst auf das Anbinden verzichten und auf Unterstützung warten.

10. Pferde nicht so kurz anbinden, dass sie keine Bewegungsfreiheit mehr haben und Angst bekommen (abhängig von der Größe ca. 0,5 m), nie so lang bzw. tief, dass sie sich im Strick verfangen können, wenn sie vortreten oder mit dem Vorderbein ausschlagen. Und nie an den Zügeln festbinden, damit sich das Tier nicht am Maul verletzt, wenn es den Kopf hochreißt.

Die Länge des Anbindestricks richtet sich nach der Größe des Pferdes: immer einen Sicherheitsknoten benutzen, der sich im Notfall schnell lösen lässt.

WARUM IST PFERDEHALTUNG SCHON FÜR ANFÄNGER WICHTIG?

DEFIZITE IN DER HALTUNG GEHEN AUCH AUF KOSTEN DES REITERS

Es gibt nur wenige Bereiche, die so immens aufwendig sind wie Pferdehaltung und Pflege. Das gilt speziell für Profiställe: Mindestens drei- bis viermal täglich füttern, mehrmals tägliche Säuberung der Boxen, das Aufsammeln von Kotballen in den Paddocks, die Pflege der Weiden, das Putzen der Tiere (in Dressurställen oft zweimal am Tag), alle vier bis sechs Wochen ein neuer Hufbeschlag, regelmäßige Blutuntersuchungen, Impfungen, Entwurmen, die mindestens einmal jährliche Zahnkontrolle und noch vieles mehr.

Das hängt zum einen mit dem Wert der Pferde zusammen, zum anderen mit der Beziehung der Reiter zu ihren Tieren – aber es gibt noch einen dritten, sehr pragmatischen Hintergrund: Nur kerngesunde und psychisch ausgeglichene Tiere bringen Leistung und wollen arbeiten. Und nur so kriegt man die begehrten Medaillen, von denen diese Reiter leben.

In einer normalen Reitschule ist so viel Pflegepersonal natürlich nicht finanzierbar, sonst müssten die Reitstunden doppelt und dreimal so teuer sein, aber auch hier darf der Mindeststandard nicht unterschritten werden, sonst spielt der Energiehaushalt des Pferdes verrückt.

Jedes Lebewesen, ob Mensch oder Pferd, hat ein artspezifisches Verhalten, das von seinen biologischen Bedürfnissen und der Anpassung an seine Umwelt diktiert wird. Das wird bei einem Pflanzenfresser anders aussehen als bei einem Allesfresser, bei einem räuberischen Einzelgänger anders als bei einem herdenbildenden Fluchttier und bei einem Höhlenbewohner anders als bei einem Steppentier. Vereinfacht ausgedrückt: Ein Bär hat andere

Tipp

Zeit hat kaum einer, sollte man sich aber nehmen, um Pferde auf der Weide zu beobachten. Wie sie miteinander umgehen, über Körpersprache verständigen, spielen, schmusen, grasen, sich bewegen oder einander – falls notwendig – kurz und knackig die Meinung geigen. Ein Wissen, das jeder gute Reiter so verinnerlicht hat, dass er gar nicht mehr weiß, dass er es weiß.

Warum ist Pferdehaltung schon für Anfänger wichtig?

Bedürfnisse als ein Pferd und das wiederum andere als ein Mensch. Verstößt man gegen diese artspezifischen Bedürfnisse, wird das Lebewesen krank.

Jeder Organismus verfügt auch nur über ein bestimmtes Grundpotenzial an Energie. Das ist bei dem einen höher, bei dem anderen niedriger – aber mit diesem Potenzial muss er haushalten. Und biologische Bedürfnisse haben immer und absoluten Vorrang!

Ergo: Muss das Pferd durch Fehler in der Haltung einen überproportional großen Anteil seines Energiepotenzials aufwenden, um Defizite auszugleichen, wirkt sich das negativ auf sein Arbeitsverhalten aus – und geht damit zu Lasten des Reiters. Auch noch nicht sichtbare Infektionen, eine harmlose Allergie oder Verhaltensstörungen wie das unruhige Hin- und Herschaukeln im Stehen (Weben) kosten Kraft. Die Pferde werden aggressiv oder apathisch und verlieren nicht nur ihre Lebens-, sondern auch die Arbeitsfreude.

Ein Pferd kann nur das geben, was es hat, und wenn keine oder wenig Reserven vorhanden sind, setzt das selbst dem besten Reiter der Welt Grenzen. Dabei ist es vollkommen schnuppe, ob es sich um einen golddekorierten Sportcrack, ein Freizeitpferd oder ein Lehrpferd im Reitunterricht handelt, denn Arbeitsmotivation und Leistung erwartet jeder Reiter von seinem Pferd.

Also Augen auf im Pferdestall. Sonst verhungern Sie auf Ihrem Ross, wie es in Reiterkreisen so hübsch heißt. Ein Anfänger hat auf einem Pferd, das nicht so will oder kann wie es soll, nicht den Faden einer Chance. Und feines, harmonisches Reiten lernt man auf einer vergewaltigten Kreatur gleich dreimal nicht. Eine erstklassige Pferdehaltung ist die beste Visitenkarte einer Reitschule, denn sie beweist Respekt vor den Pferden. Auch vor solchen, die keine Millionen kosten.

Zimmer mit Service: Auch Boxenhaltung kann artgerecht sein, wenn alle sonstigen Rahmenbedingen stimmen. Aber es kostet unglaublich viel Zeit an Pflege, um die Einschränkung im Bewegungsfreiraum und im Sozialverhalten der Tiere auszugleichen.

Das Bedürfnis nach Streicheleinheiten ist nicht bei jedem Pferd gleich ausgeprägt, aber Pferde festigen die Bindung zu ihren Artgenossen über soziale Berührungskontakte – auch durch spielerische Raufereien. Der meist abwesende Zweibeiner ist für das Herdentier Pferd kein ausreichender Ersatz für Artgenossen.

Profitipp

Horsemanship beginnt im Stall

„Dass man sich als Reiter mit der Physis und Psyche des Pferdes und seinen Bedürfnissen in der Haltung mehr befassen muss, ist in den letzten Jahren vielen bewusst geworden. Beispiel, der Bewegungsbedarf: Obwohl meine Pferde nur 20-30 Minuten pro Tag bewegt werden, kommen sie mindestens 2,5 Stunden täglich ins Freie; sie dürfen entweder in den Paddock oder grasen an der Hand. Haltung, Pflege und Arbeitsfreude des Tieres hängen unmittelbar zusammen. Wo der Platz für genügend Paddocks und Ausläufe fehlt, bieten auch moderne Führanlagen, in denen sich die Pferde frei bewegen können, eine Alternative."

KLAUS BALKENHOL, Olympiasieger in der Dressur, ehemaliger Bundestrainer der deutschen Dressurequipe und amtierender Nationaltrainer der amerikanischen Dressurreiter.

Um gute Reitschulen von schlechten unterscheiden zu können, reicht eine kurze Stippvisite in einem Stall allerdings nicht aus, denn es gibt verschiedene Formen der Pferdehaltung – und unzählige Varianten, sie pferdefreundlich umzusetzen. Oder auch nicht. Ob das Eine oder das Andere zutrifft, wird jedoch nur beurteilen können, wer sich mit der Entwicklungsgeschichte des Pferdes, seinen Bedürfnissen und seinem Verhalten auskennt. Unsere modernen Sport- und Freizeitkameraden wurden zwar größer, kleiner, dicker, dünner und sehr viel farbiger gezüchtet, aber das ist reine Makulatur. Bei einer Entwicklungsgeschichte von rund 50-60 Millionen Jahren wiegen die 6000-8000 Jahre im Dienste des Menschen nur wenig. Und so kann eine schlammverdreckte, aber quietschvergnügte Pferdeherde im Paddock glücklicher sein als ihre blankgeputzten Artgenossen im Stall. Kann, muss aber nicht. Es kommt, wie gesagt, auf die gesamten Umstände an.

AUF EINEN BLICK: DIE PFERDEHALTUNG

Pferde sind von Natur aus Herden- und Fluchttiere, Dauerfresser, durch das vielstündige Grasen im Schritt fast kontinuierlich in Bewegung, und sie haben als ehemalige Steppentiere einen hohen Licht- und Frischluftbedarf. Werden diese Punkte berücksichtigt, ist eine Pferdehaltung artgerecht – ansonsten verdient der Besitzer einen kräftigen Pieks mit der Mistgabel, um ihn an seine Pflichten zu erinnern. Das heißt im Klartext:

- Helle, erstklassig gelüftete Ställe (kein Ammoniakgeruch) mit trockenen, sauberen Liegeplätzen für die über den Tag verteilten Ruhe- und Schlafphasen.

- Eine vielstündige Futteraufnahme in kleinen Portionen; mindestens drei bis vier Rationen pro Tag und ausreichend Raufutter (Heu oder Stroh), an dem die Tiere lange Zeit herumknabbern können.

- Sauberes Wasser in ausreichender Menge, rund 30-50 l pro Tag, das auch im Paddock bzw. im Sommer auf den Weiden zur Verfügung stehen sollte.

- Möglichst viel ruhige Bewegung neben ihrer Arbeit; je regelmäßiger Pferde zum Relaxen in den Paddock oder auf die Weide dürfen – vorzugsweise in vertrauter Pferdegesellschaft, um so wohler fühlen sie sich.

- Fenster mit Aussicht, wenn nicht direkt am Stall ein Paddock angebaut ist. Pferde können sich stundenlang damit beschäftigen, ihre Umgebung zu beobachten. Isoliert gehaltene Pferde, die zwischen hochgezogenen Wänden dahinvegetieren müssen, leiden. Ein Fluchttier wird sich immer sicherer fühlen, wenn es seine Umgebung kontrollieren kann.

- Berührungs-, Sicht-, Geruch- und Hörkontakte zu Artgenossen – bei einzeln in Boxen gehaltenen Pferden müssen fehlende Sozialkontakte durch intensive Pflege ausgeglichen werden, sonst verkümmern die Tiere seelisch.

1 En famille: Pferde sind Herdentiere. Das Ausleben ihres Triebverhaltens in einer Gruppe macht auch Reitpferde ruhiger, gelassener, zufriedener. Eine Ausgeglichenheit, von der der Reiter nur profitiert.

2 Lieblingsbeschäftigung Fressen und vorzugsweise stundenlang: Der Magen des Pferdes fasst nur 15-20 l und ist auf häufige Miniportionen eingerichtet – wie beim natürlichen Grasen. Zu große Mengen, zu gehaltvolles oder stark quellendes Futter löst massive Verdauungsprobleme aus.

AUSRÜSTUNG UND PFLEGE

SCHMERZ UND INNERE VERSPANNUNG LÖSEN WIDERSTAND AUS

Sich in diesem Rahmen über Pferdeausrüstung zu unterhalten, ist an sich müßig, denn sie wird – abhängig von Reitweise, Ursprungsland und Disziplin – verständlicherweise unterschiedlich aussehen und teilweise auch unterschiedlich bezeichnet werden. Das ändert aber nichts daran, dass jede pferdegerechte Ausrüstung, gleich aus welchem Erdteil sie stammt und wie ungewohnt sie aussehen mag, mindestens eine der aufgeführten Funktionen hat. Sie soll

- den Vierbeiner vor Verletzungen, Druck- oder Scheuerstellen schützen,
- ihn davon abhalten, sich und andere zu gefährden,
- ihm die Ausführung der geforderten Aufgabe erleichtern und / oder
- die Kommunikation mit dem Reiter verfeinern.

> **Nervig**
>
> „Ich hatte zwar schon bemerkt, daß Watermill Stream am Widerrist ziemlich empfindlich war, aber nichts unternommen, weil ich dachte: Der Sattel hat letztes Jahr gepaßt und wird schon noch passen. Jetzt weiß ich, daß am Widerrist wichtige Nerven entlanglaufen, die in die Schulter führen..."
>
> **BETTINA OVERESCH,**
> Europameisterin der Vielseitigkeitsreiter, aus „Buschreiten"

Das gilt für Zaumzeug, Sättel, Decken, Halfter, Stricke, Führketten, Bandagen, Gamaschen, Hilfszügel und alles, was sich die pfiffige Reitsportindustrie so einfallen lässt. Wenn diese Kriterien erfüllt sind, wenn die Ausrüstung dem Pferd bequem sitzt, wenn der Reiter weiß, warum und wofür er sie einsetzt und über die notwendige reiterliche Reife und Übung verfügt, ist sie sinnvoll. Wenn nicht, ist im modernen Polit-Deutsch ausgedrückt, eine kurze Grundsatzüberlegung fällig.

Auch ein „nur etwas" zu breites, zu dickes, zu dünnes oder schlecht angepasstes und damit kneifendes oder schlackerndes Gebiss baut beim Pferd von Anfang an Unlustgefühle auf. Auch der „nur etwas" drückende, die Schulter

Ausrüstung und Pflege

einklemmende oder zu weit hinten liegende Sattel verursacht dem Tier unter dem Gewicht des Reiters Unbehagen, das sich zu kontinuierlichem Schmerz steigern kann, den das Pferd dummerweise nicht etwa mit der Ausrüstung, sondern mit dem „Gerittenwerden" in Verbindung bringt, also mit dem Reiter! Obendrein kann ein schlecht sitzender Sattel die Ursache für Rückenprobleme oder Lahmheiten sein. Ähnlich gravierend sind die Auswirkungen bei der „nur etwas" zu scharfen Zäumung, für die die Reiterhand noch nicht feinfühlig genug einwirkt, bei dem Einsatz von Hilfszügeln oder dem unkontrollierten Einsatz von Gerte und Sporen.

Körperlicher Schmerz führt immer zu einer Verkrampfung der Muskulatur und einer inneren Verspannung, während umgekehrt jede innere Verspannung körperliche Auswirkungen zeigt!

Folglich sollte jede Verspannung, ob körperlicher oder seelischer Natur, tunlichst vermieden bzw. im Ansatz behoben werden, denn auf und mit einem verspannten Pferd kann man nicht entspannt reiten. Und Reiten lernen auch nicht!

Auf die Ausrüstung bezogen heißt es für den Einsteiger zu akzeptieren, dass für ihn zunächst alles tabu ist, womit er dem Pferd ungewollt Schmerz

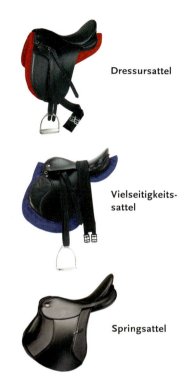

Dressursattel

Vielseitigkeitssattel

Springsattel

zufügen könnte, weil er seinen Körper noch nicht unter Kontrolle hat. Dazu gehört auch die Vorbereitung des Tieres auf die Reitstunde, wie Satteln und Aufzäumen: also den Sattel behutsam auflegen, statt ihn lässig auf den Rücken zu werfen. Darauf achten, dass die Satteldecke keine Falten wirft, dass das Gebiss nicht gegen die Zähne schlägt, dass keine eingeklemmten Hautfalten zwicken... an sich ebenso simple wie einleuchtende Kleinigkeiten, die aber oft missachtet werden, wenn dieser Teil der Ausbildung zwischen Tür und Angel erfolgt. Das Ergebnis ist ein latenter (und völlig überflüssiger) Kriegszustand zwischen Reiter und Pferd, derweil sich die Kooperationsbereitschaft des Rosses bereits in der Stallgasse verabschiedet.

1 Bei konventionell gerittenen Großpferden wird im Anfängerbereich eine einfache oder doppelt gebrochene Wassertrense benutzt, oft kombiniert mit einem englischen Reithalfter. Je nach Ausbildungsstand des Reiters können auch Hilfszügel eingesetzt werden, hier ist es zum Beispiel ein Martingal.

2 Pritschensättel (englische Sportsättel) gibt es in Dressur-, Spring- oder Vielseitigkeitsausführung; für den Anfängerbereich wird meist ein Vielseitigkeitssattel eingesetzt. Pritschensättel sind relativ leicht und niedrig und erlauben dem Reiter einen engen Kontakt mit dem Pferderücken.

3 Bandagen, Gamaschen oder Springglocken, um die Beine des Pferdes zu schützen, sind in der Grundausbildung kaum notwendig.

Ins Maul geschaut

„Ganz wichtig für uns ist, dass die Schüler lernen, wie viele Arten von Gebissen es gibt und wann man welches benutzt. Dass sie sich den Pferdeschädel anschauen, gucken, wo das Gebiss liegt und wie es wirkt. Ich kann natürlich nicht vom Anfänger erwarten, dass er sich alles merken kann, aber bereits das stichwortartige Wissen im Hinterkopf bewirkt, dass die Schüler überlegter mit dem Pferdemaul umgehen."

ANNA ESCHNER

Mehr als eine Putzorgie: Der routinierte Gebrauch der Putzutensilien sollte für das Pferd eine angenehme Einstimmung auf das Reiten sein. Unruhe und Abwehrverhalten weisen auf empfindliche oder kitzelige Bereiche hin, umgekehrt signalisieren Entspannung, Kopfsenken oder eine genüsslich vorgeschobene Oberlippe dem Reiter, was das Tier als angenehm empfindet.

Unter diesem Aspekt gewinnt auch die Pflege des Pferdes eine viel weitreichendere Bedeutung, als nur die notdürftige Säuberung, zu der man als Reiter verdonnert wird. Das Tier kann Ihnen ja nicht sagen: „Au, heut' ziept's aber im Kreuz" oder „Guck dir meine Beine an, mir tun die Füße weh"! Aber es wird Ihnen dies zeigen, wenn Sie das Putzen nicht als lästiges Übel, sondern als Einstimmung zur Kontaktaufnahme mit dem Partner Pferd begreifen, seine seelische und körperliche Tagesform auslotet, vorhandene Wehwehchen lokalisiert und notfalls Abhilfe schafft. Das bewusste Abstreichen des Pferdekörpers mit den Händen und der Einsatz einiger leicht zu erlernender Massagegriffe kann mehr zur Harmonie zwischen Ihnen und Ihrem Pferd beitragen, als Sie es sich wahrscheinlich vorstellen können (es sei denn, Sie besäßen bereits einschlägige Erfahrungen).

Reiten lernen beginnt und endet im Stall. Das Erlernen der Pflege unter fachkundiger Anleitung ist ein Bestandteil der Grundausbildung. Speziell

Ausrüstung und Pflege

was die Ausrüstung betrifft, werden Sie für lange, lange Zeit auf die Hilfe Ihres Reitlehrers angewiesen sein, der nicht nur Ihr Pferd, sondern auch Ihren Ausbildungsstand als Reiter beurteilen kann. Zu dieser Hilfestellung gehört aber auch der allgemeine Umgang mit dem Pferd. Nebenbei eine probate Gelegenheit für Sie, dem Ross Ihre Visitenkarte als Reiter zu überreichen. Und zwar schon vor dem Aufsitzen.

Beim Westernreiten und ähnlichen Gebrauchsreitweisen werden Arbeitssättel benutzt. Abhängig von Herkunftsland und Einsatzbereich gibt es sie in unterschiedlichen Ausführungen. Sie sind zwar schwerer, aber für den Reiter und besonders für das Pferd bequem, weil sie nicht auf den Muskelsträngen des Rückens aufliegen, sondern auf den Rippenbögen und das Gewicht des Reiters auf eine größere Fläche verteilen.

Gangpferde werden „western" oder konventionell geritten vorgestellt; obwohl bei original mittel- und südamerikanisch vorgestellten Rassen oft viele ungewohnt wirkende Ausrüstungen zum Einsatz kommen.

1 Zu Beginn wird meist eine einfache oder doppelt gebrochene Trense eingesetzt, teilweise mit einem Reithalfter kombiniert.

2 Bei rundlichen Pferden mit schwach ausgeprägtem Widerrist verhindert ein Schweifgurt das Verrutschen des Sattels nach vorn.

3 Bei konventionell oder englisch gerittenen Gangpferden werden im Leistungssport „Flachsättel" bevorzugt, für die Grundausbildung genügt ein passender Allroundsattel; Er sollte jedoch bei kleineren Pferden keine allzu lange Auflagefläche haben, um nicht schmerzhaft im Lendenbereich zu drücken.

SCHMERZ LASS NACH...

Unterschiedliches Aussehen, unterschiedliche Bezeichnung, aber gleicher Zweck. Zur Grundausrüstung gehören ein Kopfstück mit oder ohne Gebiss, Zügel, eventuell ein Reithalfter, Sattel mit Satteldecke, Gurt und Steigbügel. Kritische Punkte:

Kopfstück Falls ein Gebiss benutzt wird, hält das Kopfstück das Mundstück an seinem Platz. Je nach Modell kann es im Genick dicht hinter beiden Ohren liegen oder zusätzlich ein Ohr umfassen. Ein vorhandener Stirnriemen muss breit genug sein, ein Kehlriemen wird so weit geschnallt, dass eine aufgestellte Hand zwischen Kehlgang und Riemen Platz hat. Beim Überstreifen vorsichtig jeweils ein Ohr nach vorne klappen und das Genickstück darüber heben; darauf achten, dass keine Schnallen oder scharfkantigen Nähte die Haut reizen und der Augenbereich frei liegt.

Gebiss Es muss der Größe des Pferdemauls entsprechen; zu schmale Mundstücke klemmen die Lefzen ein, zu breite liegen unruhig im Maul; dünne Gebisse wirken schärfer, sind sie zu dick, kann das Pferd das Maul nicht mehr schließen. Auf scharfe Grate oder ausgeschlagene Gelenke achten, sie können Lefzen und Schleimhäute einklemmen oder aufreiben. Das richtig verpasste Gebiss gehört in den zahnlosen Zwischenraum zwischen Ober- und Unterkiefer; es sollte dicht an den Maulwinkeln und so hoch liegen, dass sich maximal 1-2 kleine Falten bilden.

Reithalfter Manchmal notwendig, wenn sich ein Pferd durch Maulaufsperren den Hilfen zu entziehen sucht. Die Wahl des Modells hängt vom Pferdekopf und der Länge der Maulspalte ab. Es wird, je nach Ausführung, höher oder tiefer verschnallt, darf aber weder die Atmung beengen noch die empfindliche Jochbeinleiste scheuern und vor allem nie so eng gezogen werden, dass gar keine Maulbewegung mehr möglich ist; das wirkt sich als Verspannung bis in die Hinterhand aus. Zwei Finger müssen zwischen Reithalfter und Pferdekopf Platz haben.

Ausrüstung und Pflege

Satteldecke Dient als Puffer zwischen Reitergewicht und Pferderücken und zur Schonung des Sattels. Dicke, Form und Material hängen vom Einsatzzweck ab. Je nach Typ wird die Satteldecke oberhalb des Widerristes leicht angehoben oder in den vorderen Teil des Sattels eingekammert (hineingezogen), damit sie nicht auf dem Widerrist aufliegt. Sie darf auch keine Falten schlagen, beides verursacht sehr schnell Druckstellen. Satteldecke und Sattel immer glatt mit der Haarrichtung auflegen; also von vorne nach hinten in Position schieben, nicht umgekehrt.

Sattel Er muss passen und anatomisch korrekt liegen. Zu weit vorne drückt er schmerzhaft auf Widerrist und / oder beengt die Bewegungsfreiheit der Schulter; das breite, sichtbare Schulterblatt unterhalb von Halsansatz und Widerrist muss frei liegen. Zu weit hinten sitzt der Reiter nicht mehr im gemeinsamen Schwerpunkt mit dem Pferd, sondern belastet die schwächere Lendenpartie, was das Pferd zu einer krampfhaften Anspannung der Rückenmuskeln veranlasst.

Sattelgurt Muss so fest anliegen, dass der Sattel nicht verrutscht, aber ohne das Pferd einzuengen, sonst löst das Sattelzwang aus (auf Abwehrreaktionen achten); stufenweise angurten, bis unterhalb des Sattels oder zwischen den Vorderbeinen noch eine flache Hand unter den Gurt geschoben werden kann. Aufpassen, dass sich keine Hautfalten unter dem Gurt bilden, vor dem letzten Gurten und Aufsitzen sollte das Tier auf jeden Fall eine kurze Strecke geführt werden. Dies ist bei Sätteln, die nicht vom Sattel aus nachgegurtet werden können, besonders wichtig.

WER IST HIER DER BOSS?

DIE RANGORDNUNG WIRD NICHT ERST IM SATTEL FESTGELEGT

Über eines sollte man sich im Klaren sein: Wenn harmonisches Reiten gleichbedeutend ist mit zwanglosem Gehorsam des Pferdes, beginnt dieser Gehorsam nicht erst, sobald der Reiter aufsitzt. Seinem Pferd beim Pflegen und Führen Übergriffe zu erlauben, ist glatter Aufruf zur Meuterei: Pferde sind Weltmeister im Beobachten, Weltmeister im Erfassen von Emotionen

Wo ich bin, ist vorn: Selbstbewusste Haltung und richtungsweisende Gerte signalisieren dem Pferd unmissverständlich, wer wem sagt, was Sache ist und unterbinden überflüssige Kraftproben.

und Weltmeister im Austesten von Führungsschwächen (übrigens der Grund, warum die Seminarkombination Mensch / Pferd im Management so beliebt ist). Wer im Zweifelsfalle die Hosen anhat, wird auf Seiten des Pferdes von der ersten Minute an eruiert und – ratterratterratter – katalogisiert: Wie selbstbewusst sich der Reiter einbringt, wie bestimmt er seine Wünsche an das Pferd richtet und wie konsequent er darauf besteht, dass sie prompt ausgeführt werden. Und obwohl der Zweibeiner bei einem gut erzogenen Pferd zunächst einen dicken Bonus als Ranghöherer hat, ist das kein Dauerzustand. Irgendwann ist der aufgebraucht und das Nächste, was passiert ist, dass das brave Ross zum Giftpilz mutiert, auf stur schaltet oder dem Reiter zeigt, wer wen wohin in welchem Tempo führt.

Dabei steckt hinter diesem Verhalten keine Bösartigkeit, selbst dann nicht, wenn es seine Kraft ungeniert gegen den Reiter einsetzt, sondern simple Pferdelogik: Wer nicht führt, weil ihm das Zeug zur Führungsspitze fehlt, muss sich unterordnen und hinterherlaufen, um zu überleben. Aus Sicht des Pferdes ganz einfach. Kompliziert wird die Geschichte erst mit einer Vermenschlichung des Tieres und vagen Vorstellungen von Dankbarkeit, mit denen das Beutetier Pferd aber herzlich wenig anfangen kann, weil seine Ethik Instinktverhalten heißt und Sicherheit das oberste Gebot ist; der Grund, warum Pferde, was die Hackordnung ihrer Hierarchie betrifft, lupenreine Erbsenzähler sind. Und wenn der Reiter permanent gegen diesen Pferdeknigge verstößt und sich, ob aus Unwissenheit, Nachlässigkeit oder zuviel Gefühl als Schwächerer outet, ist er eben fällig.

> ## Tipp
>
> Beobachten Sie bewusst, mit welcher Ruhe und Gelassenheit gute Reiter mit ihren Tieren vor und nach dem Reiten umgehen, wie aufmerksam die Pferde wenigstens ein Ohr auf den Chef gerichtet halten, und wie bereitwillig sie auf minimale Gesten und Kommandos reagieren. Einen noch besseren Eindruck von Rangordnung und Körpersprache vermitteln Ihnen Demonstrationen zur Bodenarbeit mit dem Pferd auf Messen, Seminaren oder, als Vorgeschmack, entsprechende Videos (Serviceteil, S. 237).

Wegscheuchen, damit das Pferd freiwillig kommt, ist nur für Menschen paradox. Denn wer treibt, ist ranghöher, und die Nähe zum Chef bietet Schutz. Eine Überzeugungsarbeit, die unter Anleitung trainiert werden sollte, die Gefahr eines unbeabsichtigten Eigentores ist ziemlich groß.

Mittels Bestechung und Nachgiebigkeit kommt man also nicht an die Führungsspitze, ein lautstarkes Organ oder unnötige Schikane bringen uns aber ebenso wenig weiter – und das, obwohl Pferde nicht gerade zimperlich miteinander umgehen. Denn erstens sind sie stärker als Menschen – bei einem selbstbewussten Vierbeiner kann diese Pseudo-Dominanz ganz fix im Krankenhaus enden, zweitens, und das ist das wichtigere Argument, kann Schmerz das Tier vielleicht unterwerfen, aber nicht davon überzeugen, dass sein Peiniger vertrauenswürdig ist. Und ohne Vertrauen kein freiwilliger Gehorsam!

Es wird also erst umgekehrt ein Schuh daraus: Sich in die Denkweise des Pferdes einklinken und ihm die Anlehnung und Sicherheit bieten, die es sucht. Das heißt, eine klare, eindeutige Kommunikation, Zuverlässigkeit und eine so souveräne Anwendung der Herdenregeln, dass es die Autorität des Menschen möglichst erst gar nicht in Zweifel zieht und Aufmüpfigkeiten auf ein Minimum beschränkt bleiben. Wenn Widerstand anstrengender wird als Gehorsam, und zwar ohne dass sich der Reiter auf die Palme bringen lässt, das imponiert dem Pferd. „Höflich bis zur letzten Galgensprosse, aber gehängt wird doch", bringt es Richard Hinrichs, ein akademischer Schulreiter, juristisch trocken auf den Punkt. Und erst wenn die Fronten geklärt sind, kann man dem Pferd das freundschaftliche „Du" anbieten ohne Schaden anzurichten.

DIE ERBSENZÄHLER

Wenn es um die Rangordnung geht, fliegen die Fetzen – schließlich ist jede höhere Position mit nicht zu verachtenden Privilegien verbunden. Andererseits rangieren an der Spitze nicht unbedingt die stärksten, sondern geistig überlegene Tiere, die sich aufgrund ihrer Erfahrung und Reaktionsschnelligkeit durchsetzen konnten und damit bei Gefahr den größten Schutz versprechen. Zu den Führungsqualitäten eines Leitpferdes zählen Souveränität, Zuverlässigkeit und ein berechenbares Verhalten, das rangniedrigere Tiere mit Vertrauen, Respekt und absolutem Gehorsam quittieren. Grundregeln der Pferdehierarchie:

▶ **Vorfahrt achten** Ranghohe Tiere dürfen sich überall ungehindert breitmachen, können jeden Fressplatz für sich beanspruchen und Rangniedere ohne Gegenwehr von jedem beliebigen Platz vertreiben.

▶ **Überholverbot** Drängeln tabu: In Bewegung folgt das rangniedrigere Pferd immer dem ranghöheren, nie umgekehrt; einzige Ausnahme, wenn ein Leittier von hinten ein anderes in eine bestimmte Richtung treibt.

▶ **Strafverfahren** Wer aus Mutwillen oder Schusseligkeit die Etikette verletzt, kassiert einen Biss oder Tritt, wenn er nicht schleunigst Fersengeld gibt. Danach ist alles vergeben und vergessen, solange die Spielregeln eingehalten werden.

Hier sind Führungsqualitäten gefragt. Um diese in Sachen Pferd zu entwickeln, gehört wenigstens ein kurzer Einblick in die Bodenarbeit mit dem Pferd im Round Pen / Longierzirkel oder Bodenarbeit nach Linda Tellington-Jones zur Grundausbildung. Mit keiner anderen Methode lernt der Reitschüler seine Körpersprache in so kurzer Zeit präzise und für das Pferd verständlich einzusetzen und dessen Reaktionen als Antwort zu interpretieren. Ein Ausbildungsschritt, der Ihnen das Reiterleben gewaltig erleichtern kann, denn im Prinzip ist die Hilfengebung vom Sattel aus nichts anderes als eine Erweiterung dieses Rangordnungsspiels, wenn auch mit einigen Schwierigkeitsgraden mehr. Damit sind wir zwar noch nicht beim Aufsitzen, aber wenigstens beim Reitunterricht angelangt. Auch hier gibt es ein Pflichtprogramm, das möglichst jeder Reitschüler absolvieren sollte.

> ## Diktatur
>
> „Niemand möge mir militaristische Tendenzen unterstellen, wenn ich behaupte: Das Pferd erwartet von seinem Reiter etwas anderes als eine basisdemokratische Diskussion."
>
> **ANTJE HOLTAPPEL,**
> Richterin und erfolgreiche Westernreiterin aus „Go west"

Vorwärts, rückwärts, seitwärts, halt: Pferd weicht Mensch, nicht umgekehrt. Gekonnt und mit Überlegung durchgeführt, dienen einfache Gehorsamsübungen der Vertrauensbildung zwischen Reiter und Pferd.

DAS GEHEIMNIS DER PFERDEFLÜSTERER

Wer sein Gehirn benutzt, kann auf Kraftmeierei verzichten. Eine humane Möglichkeit zur Klärung der Rangordnung ist die Bodenarbeit, die es in verschiedenen Richtungen gibt, angefangen von der klassischen Handarbeit über die Arbeit an der Longe, Round-Pen-Arbeit aus dem Westernbereich oder Bodenarbeit nach Linda Tellington-Jones. Allen Formen gemeinsam ist die Beschränkung des Pferdes in seiner Bewegungsfreiheit, die dem Tier Gangart und Richtung vorgibt und es damit in eine Situation stellt, die es aus seinem Herdenverband kennt. Auf einer Ebene und im Sichtbereich des Pferdes kann der Mensch ein Vertrauensverhältnis aufbauen, das über bloße Dominanz hinausgeht, denn wer die Richtung angibt führt, wer führt, ist für die Sicherheit verantwortlich und damit vertrauenswürdig – wenn er auch sonstige Führungsqualitäten aufzuweisen hat und seine Körpersprache stimmt. Dazu zählen:

▶ **Selbstsicherheit** Wer kein Selbstbewusstsein ausstrahlt, kann weder Vertrauen noch Gehorsam erwarten. Da Pferde weitgehend über Körpersprache kommunizieren, interpretieren sie selbst minimale, unbewusste Signale treffsicherer, als es dem Reiter lieb ist. Zu einem überzeugenden Auftreten gehört eine aufrechte, aber unverkrampfte, gelöste Körperhaltung und ruhiges, entspanntes Atmen. Bei ängstlich eingezogenem Bauch, herabhängenden Schultern oder angehaltenem Atem vermag auch eine erhobene Hand das Tier nicht über die Unsicherheit des Reiters hinwegzutäuschen.

▶ **Präzision** Wer will, dass ihm sein Pferd „zuhört", sollte sich auf aussagekräftige Kommandos und Bewegungen beschränken. Natürlich kann man mit seinem Pferd sprechen, aber stets unterschiedliche Kommandos verwirren das Pferd, während sie auf monotone Dauerquasselei, wie Menschen, schon nach kurzer Zeit abstumpfen. Ähnlich wirkt ein permanentes, bedeutungsloses Gestikulieren. Da Pferde die Bewegungsrichtung von Hand, Gerte oder Bein weiterdenken, ist eine knappe exakte Geste weitaus effektiver als übertriebenes, aber unkoordiniertes und damit unverständliches Gefuchtel.

▶ **Konsequenz** Tiere kennen ein „Ja" oder ein „Nein" – aber kein „Jein" und erst recht kein „Vielleicht". Was heute verboten ist, ist immer verboten oder gar nicht. Außerdem muss sich der Reiter vergewissern, dass das Pferd körperlich in der Lage ist zu gehorchen, dass es die Befehle kennt und Angst oder Erschrecken als Ursache eines eventuellen Ungehorsams ausgeschlossen sind. Grundsätzlich gilt: Alles, was man nicht durchsetzen kann, ist von vornherein tabu, um keine Führungsschwächen aufzudecken.

Auf intelligente Art den Widerstand des Pferdes in Kooperationsbereitschaft zu verwandeln, ist das ganze Geheimnis aller „Pferdeflüsterer" dieser Welt, ob sie sich nun als solche bezeichnen oder nicht. Wer diese Kunst beherrscht, braucht nicht jeden Schritt seines Pferdes zu kontrollieren, weil das Tier freiwillig die Nähe und Führung des Menschen sucht und an der Hand ebenso sensibel reagiert wie unter dem Sattel. Nur muss man sich dazu in die Denkweise eines Pferdes hineinfühlen können – Reiten allein reicht nicht aus.

AN DER BASIS TREFFEN SICH DIE GEISTER

Auf den ersten Blick scheint es unlogisch, dass so grundverschiedene Reitstile gemeinsame Elemente im Unterricht haben sollen, aber der Schein trügt. Das geht ja auch gar nicht anders: Erstens handelt es sich immer um einen Menschen, der auf einem Pferd reiten lernen will. Folglich muss es Gemeinsamkeiten geben – unabhängig, ob der Schüler auf einem Groß- oder Kleinpferd, einer heimischen oder exotischen Pferderasse sitzt. Zweitens sind fast alle Reitstile über den klassischen Hintergrund eng miteinander verwandt; ein Bezug, der mit Einzug oder Rückkehr dieser Reitweisen nach Europa erst richtig ersichtlich wurde. Und drittens muss jede Reitweise dem Schüler

DAS PFLICHT-PROGRAMM FÜR REITER

> ### Westernklassiker
>
> „Wir haben in Europa ein tolles Reitsystem, allerdings musste ich erst auf die kalifornische Reitweise umsteigen, um die Inhalte richtig zu verstehen. Heute beziehe ich mich mehr auf die Richtlinien für Fahren und Reiten, als es früher je einer meiner Ausbilder gemacht hat, trotz der Unterschiede zwischen den Reitweisen."
>
> **KIRSTIN ZOLLER,**
> Westernreiterin mit konventioneller Ausbildung, auf die Korrektur von Problempferden spezialisiert

Die Reitschule

Das Überwinden von „Mini-Hindernissen" ist kein Springsport, sondern der Abschluss einer kompletten Grundausbildung.

Senioren-Springen

„Beim Springen gibt es oft das Problem, dass das Reaktionsvermögen fehlt. Allerdings kommt jemand, der sein ganzes Leben lang geritten ist, auch damit klar. Ich hatte im Unterricht eine Dame, die mit 60 Jahren ihren ersten Springkurs machte – und sie hat es sehr, sehr gut gemacht..."

ANNA ESCHNER

auch trainingstechnische Aspekte vermitteln, will man sich nicht dem Vorwurf der Tierquälerei aussetzen.

Unter dieser Vorgabe sind die Unterschiede im Basisbereich so verschwindend gering, dass sie praktisch kaum vorhanden sind. Im Gegenteil, man könnte voneinander lernen – bekäme man die Chance dazu. Übereinstimmende Punkte sind zum Beispiel:

- Ein geschmeidiger und gefestigter Sitz in allen Gangarten. Er ist sowohl zur Sicherheit des Reiters wie zur Schonung des Pferdes unentbehrlich. Je vielfältiger die Sitzschulung ist, um so besser wird sich der Reiter in der jeweiligen Situation seinem Pferd anpassen können.
- Eine feinfühlige Beherrschung der Hilfengebung, über die die Verständigung zwischen Reiter und Pferd abläuft.
- Grundlagenkenntnisse im Dressurreiten. Sie helfen einerseits, die Kommunikation zwischen Reiter und Pferd zu verbessern, andererseits sind sie zur Gymnastizierung des Reitpferdes notwendig.
- Grundlagen im Geländereiten. Das heißt: Ein pferdeschonender und risikoarmer Aufenthalt im Gelände und im Straßenverkehr sowie die Bewältigung unterschiedlicher Geländeformationen.
- Grundlagen im Springreiten. Damit ist kein Springen im Parcours gemeint, sondern das harmonische Überwinden von Stangen und Minihindernissen, um ein Gefühl für das Verhalten des Pferdes im Sprung zu entwickeln.

Wie diese Vorgaben später umgesetzt werden, welche Reitweise favorisiert wird, ist freilich eine andere Geschichte. Aber jedes gerittene Pferd muss gymnastiziert werden, damit es gesund und fit bleibt, nicht nur das Dressurpferd in einer Prüfung. Beim Westernreiten verbergen sich hinter den komplexen Manövern fast alle wichtigen klassischen Dressurlektionen, während Gangpferde von der dressurgymnastischen Arbeit als Ausgleich und zur

Verbesserung von Tölt oder Pass profitieren. Jedes Pferd braucht Abwechslung – wahlweise durch entspanntes Bummeln oder intensives Training im Gelände, um klar im Kopf und leistungsbereit zu bleiben; und da selbst das ruhigste Pferd einmal erschreckt zur Seite springen kann oder ein Graben im Wege ist, der nicht durch Klettern zu überwinden ist, sollten sich auch solche Reiter an Sprünge heranwagen, die damit sonst wenig am Hut haben, seien es Western- oder Gangpferdereiter.

Erst kommt die Grundausbildung und dann die Spezialisierung, nicht umgekehrt. Dahingehend sind sich alle Koryphäen einig. Soweit die Theorie. Nun liegen zwischen Theorie und Praxis aber bekanntlich Welten. Und die besten Absichten nutzen wenig, wenn sie nicht umgesetzt werden können.

AUS DER PRAXIS

„Je vielseitiger die Ausbildung ist, um so besser. Dazu gehören möglichst viele verschiedene Sitzformen, das Reiten der Grundgangarten Schritt, Trab und Galopp. Grundlagen des Dressurreitens gehören zur Grundausbildung, das Reiten und Klettern im Gelände gehört dazu, und sobald die Reiter imstande sind, ihre Pferde korrekt anzugaloppieren und in schnelleren Gangarten zu lenken, sollte auch der Einstieg in das Springen erfolgen. Der Reiter muss ja später nicht springen, wenn er nicht will, aber er sollte wissen, wie er sauber über ein kleines Hindernis kommt – und zwar nicht nur im Trab, sondern auch im Galopp. Das gilt für alle Reitweisen: Bei Westernpferden gibt es die Prüfung „Working Hunter", in der gesprungen wird, und früher gab es auch bei den Islandpferden Stil- und Geländespringen, obwohl sie mittlerweile leider aus dem Programm genommen wurden. Ich finde das schade, weil jedes Pferd gut und gerne seine 80 cm springt; natürlich kann das mit einem Gangpferd manchmal etwas schwieriger sein, wenn es stark zum Tölt oder Pass tendiert – aber gerade solchen Pferden kann es helfen, Verspannungen im Rücken zu lösen. Nur ist dazu eben ein gut sitzender Reiter vonnöten, und da landet man wieder bei der Grundausbildung."

ANNA ESCHNER,
Basis-Reitlehrerin, FN Reitwart, IPZV-Trainer C,
TT.E.A.M-Lehrerin und IGV Trainer A

ANFÄNGER IST ANFÄNGER

DER BASISREITUNTERRICHT IST EIN SPEZIALGEBIET

Aus Sicht des Ausbilders gibt es im Anfängerunterricht nämlich zwei Kardinalprobleme, die ihm Kopfzerbrechen bereiten können:
- das unzulängliche Körpergefühl erwachsener Reitanfänger sowie
- der Bedarf an gut ausgebildeten, willigen Lehrpferden im Schulbetrieb.

Und diese beiden Punkte, die sich so harmlos anhören, führten dazu, dass sich der Basisreitunterricht als Spezialgebiet verselbstständigt hat. Um das nachzuvollziehen, reicht meist ein kurzer Test:

Versuchen Sie, wie auf dem Foto abgebildet, mit geschlossenen Augen eine Fußspitze auf die andere zu stellen und die Arme auszubreiten. Eine kippelige Sache? Ganz recht, aber das macht nichts, denn das passiert fast jedem Anfänger. Oder eine andere Übung: Verlagern Sie Ihr Gewicht auf das rechte Bein und zeichnen Sie mit dem rechten Arm eine imaginäre „o" und mit der linken Fußspitze eine imaginäre „8" in die Luft; gleichzeitig natürlich. Danach versuchen Sie das Spiel auf dem linken Standbein. Sollten Ihnen die Figuren ein wenig durcheinander geraten sein? Auch das macht nichts, denn auch das passiert fast jedem Anfänger – die Ursache dafür dürfte übrigens weniger eine massive Gleichgewichtsstörung von Haus aus sein, sondern das unterschiedliche Bewegungslernen von Kindern und Erwachsenen. Es ändert aber nichts daran, dass Ihnen beide Übungen leicht fallen sollten, wenn Sie auf harmonisches Reiten Wert legen. Und das funktioniert auch, wenn Ihre Basisschulung stimmt beziehungsweise gestimmt hat.

Denn wie wollen Sie auf schwankendem Pferderücken Ihrem Ross verständlich machen, was Sie wollen, wenn Sie schon auf festem Boden Schwierigkeiten haben, Ihren Körper zu sortieren? Wie wollen Sie verhindern, dass Sie dem Pferd ungewollt weh tun, weil Sie ihm schmerzhaft in den Rücken plumpsen oder an den Zügeln zerren? Und wie soll ein Pferd bei dieser Behandlung – der es im Einsteigerunterricht ja fast permanent ausgesetzt ist – seine Arbeitsfreude behalten, gesund und feinfühlig bleiben?

Der kleine Grenzverkehr

„Oft sehen wir die Lösung nicht, weil uns scheinbar selbstverständliche Grenzen daran hindern, über diese Grenzen hinauszugehen. Oft sind die Grenzen von alten Gewohnheiten bestimmt, so dass dann ein Problem lösen heißt, mit alten Gewohnheiten zu brechen. Es gibt ein psychologisches Gesetz des „Warmwerdens" an der Aufgabe, das beachtet werden muss. Das Warmwerden dauert einmal länger, einmal kürzer, ist auch individuell verschieden, hat aber seine tiefe psychologische Berechtigung."

Zusammenstellung aus „Pädagogische Psychologie des Lehrens und Lernens" von **HEINRICH ROTH**

1 Was, das soll schwer sein? Mit geschlossenen Augen eine Fußspitze auf die andere zu stellen und dabei das Gleichgewicht zu halten wird noch schwieriger, wenn die Arme ausgebreitet sind.

2 Ebenfalls vertrackt: Mit einer Hand eine Null und der diagonalen Fußspitze eine imaginäre Acht zu zeichnen; damit werden gegenläufige Bewegungen trainiert.

Drastisch ausgedrückt: Anfänger ist Anfänger. Unabhängig von der Reitweise wird jeder Einsteiger mit denselben Schwierigkeiten konfrontiert, hat jeder Einsteiger mit denselben Problemen zu kämpfen – der einzige Unterschied liegt in der Zeitspanne, die der Schüler braucht, um die Phase zu überwinden. Das wäre an sich auch nicht schlimm – nur darf sie nicht zu Lasten des Tieres gehen. Spätestens, wenn man dem Tierschutzgedanken in vollem Umfang Rechnung tragen will, wird ersichtlich, dass der Basisreitunterricht anderen Gesetzen unterworfen ist als die Ausbildung fortgeschrittener Reiter und man sich notgedrungen von alten, wenn auch liebgewonnenen Zöpfen verabschieden musste. Das betrifft die Ausbildung von Basisreitlehrern und Lehrpferden, aber auch die Ausstattung der Reitanlage.

Spezielle Reitgymnastik verbessert die Bewegungskoordination des Reiters.

AUS DEM GLEICHGEWICHT

Es gibt Leute, die haben von Natur aus ein exzellentes Gleichgewichtsgefühl, das „equilibre de luxe" – aber es ist so selten wie das absolute Gehör. Fast alle Spitzensportler oder Bewegungskünstler wie Hochseilartisten trainieren ihre Balance von frühester Jugend an. Nur, was hält uns eigentlich im Gleichgewicht?
Zuständig dafür sind zunächst die beiden Gleichgewichtsorgane im Innenohr, die alle Bewegungen von Kopf und Körper, die Lage, Beschleunigung oder Abbremsung pausenlos an das Gehirn weiterleiten. Wie sehr unser Wohlbefinden von dieser Dauerarbeit abhängt, registrieren wir erst, wenn der Gleichgewichtssinn irritiert und eine rechtzeitige Korrektur unmöglich wird, zum Beispiel bei einer Fahrt auf der Achterbahn. Je nach Intensität können Koordinationsstörungen, Orientierungslosigkeit, Schwindelgefühl und Übelkeit auftreten, aber auch der Tastsinn, das Seh-, Hör- und Sprachvermögen in Mitleidenschaft gezogen werden. Innerlich und äußerlich aus der Balance sind wir für eine optimale Entfaltung anderer Sinne nicht mehr empfänglich.

Der Gleichgewichtssinn oder das „Vestibularsystem" ist der Schrittmacher für die Entwicklung und das Zusammenspiel unserer Sinne. Bei Kindern sorgt der ausgeprägte Spiel- und Bewegungstrieb für eine ständige Reizung des Gleichgewichtsinns und eine spontane Verknüpfung mit anderen Zellen – der Grund, warum sie auf Anhieb auch komplexe Bewegungsabläufe lernen – bis dieser Prozess mit Beginn der Pubertät abgeschlossen wird. Mit der Folge, dass Erwachsene neue Bewegungsmuster und damit verbundene Empfindungen aus bekannten Elementen zusammensetzen und üben müssen. Nicht umsonst bezeichnet der weltberühmte Physiker und Bewegungsexperte Dr. Moshe Feldenkrais das Vestibularsystem daher auch als „Chef d'orchestre". Sein Konzept, das Nervensystem nicht durch unzählige Wiederholungen, sondern über ungewohnte Übungen und Berührungsreize zu einem Umlernen zu veranlassen, hat längst nicht nur in der allgemeinen Bewegungstherapie, sondern auch in der Ausbildung des Reiters wie in der Ausbildung des Pferdes einen festen Stammplatz.

DER ZWEIBEINIGE REITLEHRER

ANFORDERUNGEN AN DEN BASISREITLEHRER

Er war und ist Hoffnungsträger und Plagegeist im Leben eines jeden Reitschülers: der Reitlehrer. Erstens, weil er die Lehrpferde zuteilt, zweitens, weil es von seiner Kompetenz abhängt, wie gut oder schlecht, schnell oder langsam der Schüler lernt. In seiner Rolle als Vorbild wird von ihm verlangt, dass er ein erstklassiger Reiter ist und über gute theoretische Kenntnisse verfügt, um Zusammenhänge erklären zu können. Fähigkeiten, die er in Prüfungen belegen muss, um seine Lizenz als C-, B- oder A-Trainer zu erhalten, die meist verwandte Klassifizierung der Lehrbescheinigungen im deutschen

1 Nicht zuviel auf einmal: Die Gliederung der „Reitstunde" in winzig kleine, aufeinander aufbauende Lernsequenzen und der Einsatz moderner Lehrmittel ist ein wesentliches Merkmal der Bruns-Behr-Methode.

2 Das Wissen um Funktionszusammenhänge im menschlichen Körper ist im Basisbereich wichtiger als internationale Erfolge im Turniersport.

Sprachraum. Dazu kommen sämtliche serviceüblichen Attribute, die an eine teuer bezahlte Lehrkraft im Freizeitbereich gestellt werden dürfen: Freundlichkeit, Höflichkeit, Hilfsbereitschaft, unparteiische Zuwendung im Unterricht und natürlich Geduld, Geduld, Geduld.

Doch alle Prüfungsordnungen änderten wenig daran, dass die Basisschulung lange Zeit ein ungeliebtes Stiefkind blieb. Die Reitschüler verzweifelten in dem Bemühen, das auszuführen, was die Lehrer ihnen beizubringen suchten, während diese ihrerseits an den Schülern verzweifelten. Eine Situation, die sich erst änderte, als man verstand, wie schädlich sich das verfrühte, stereotype Trimmen auf technische Perfektion in der weiteren Entwicklung auswirkt. Den Erkenntnissen moderner Bewegungslehren folgend wird heute verstärkt zuerst das Körpergefühl geschult und an Steifheiten oder Haltungsfehlern gearbeitet, um die negativen Folgen einer nachlässigen Körperhaltung, zurückliegender Verletzungen oder berufsbedingter, einseitiger

Belastung zu beseitigen. Und dazu ist Hintergrundwissen aus der Krankengymnastik nützlicher als eine Goldmedaille in der Vitrine. Außerdem brauchen Reitanfänger Zeit, bis sie ihre Unsicherheit vor dem Pferd, seiner Schnelligkeit und Kraft abgebaut haben – Ängste, die fortgeschrittene Reiter gemeinhin nicht mehr plagen. Auch damit muss der Basisausbilder umgehen können und zwar so, dass der Reitschüler nicht den Mut verliert.

Ein moderner Basisreitlehrer ist also eine Mischung aus technisch versiertem Reiter (der aber nicht unbedingt die Hochschulreife braucht), einem Bewegungstherapeuten, Psychologen und Pädagogen. Nun ist eine vernünftige Didaktik im Reitunterricht zwar auf jeder Ausbildungsstufe notwendig – sonst stünde sie nicht auf dem Lehrplan für angehende Reitlehrer – aber auf

Nichts Neues...

„Haltungsfehler und Steifheiten in Hüften und Fußgelenken, krummer und schiefer Rücken oder schiefe Hüften müssen bekämpft werden. Auch Steifheiten in den Handgelenken sind hinderlich wie beim Klavier- oder Violinespiel. Alle diese Fehler lassen sich aber – und das ist das Wesentliche – nicht in der kurzen Zeit abstellen, die der Reiter zu Pferde sitzt."

leicht gekürzt aus **WILHELM MÜSELERS** „Reitlehre" (Die Reitlehre von 1936 gehört zu den Standardwerken der deutschen Reitliteratur)

diesem Niveau ist sie extrem wichtig. Denn alles, was der Reitschüler hier falsch versteht, halb oder gar nicht kapiert, wird sich zwangsläufig zu einer Anhäufung von Fehlerquellen summieren. Und wenn man diese „Vorschule des Reiters" ebenso komprimiert wie spannend gestalten will, gehört dazu ein vernünftiges Konzept – wie die Bruns-Behr-Methode, die als pädagogisches Konzept den Basis-Reitunterricht maßgeblich beeinflusste.

Eine weitere Folge der Spezialisierung ist die Vermischung der Ausbildungstechniken: Wenn sich eine Übung oder Vorgehensweise als effizient und zweckdienlich herausgestellt hat, wird sie auch übernommen – egal aus welcher Sparte sie stammt und wer sie ersonnen haben mag. In seiner modernsten Ausprägung gibt es im Basisbereich nur noch geringfügige Unterschiede zwischen den einzelnen Lehrmethoden – und wenn, beziehen sie sich mehr auf die dahinter stehende Ideologie.

1 Der Balancesitz entspricht dem leichten Sitz nach der Bruns-Behr-Methode. Ziel ist es, sich fließend der jeweiligen Situation anzupassen.

2 Im Gleichgewicht mit dem Pferd: Elemente aus Rolf Bechers Chiron-Programm eignen sich nicht nur für den Einstieg in das Springen, sondern auch für jede andere Sitzschulung.

AUF EINEN BLICK: DER REITUNTERRICHT

Wenn Reitlehrer als Lehrkräfte erfolgreich sind, steht dahinter immer eine solide Ausbildung; Turniererfolge allein reichen nicht aus

- Der Unterricht sollte durch qualifizierte Reitlehrer erfolgen, die ihre Lehrbefugnis nachweisen können, über die Zuständigkeitsbereiche erteilen die Verbände Auskunft; vorteilhaft ist eine zusätzliche Ausbildung in moderner Bewegungsschulung. Ein Beratungsgespräch vor der ersten Reitstunde gehört ebenso zum Kundenservice wie Kompetenz, Hilfsbereitschaft und ein zivilisierter Umgangston im Unterricht.

- Vor dem Anmelden empfiehlt es sich, den in Frage kommenden Unterricht möglichst mehrmals als Zuschauer zu verfolgen: Stimmen Theorie und Praxis beim Vorreiten der Pferde durch den Reitlehrer überein? Behält er auch in Krisensituationen die Übersicht und kann er Gruppen- und Einzelunterricht individuell auf die Bedürfnisse seiner Schüler abstimmen?

- Beim Gruppenunterricht sollte der Ausbildungsstand der Reiter in etwa auf einem Niveau liegen; optimal sind Kleingruppen mit drei bis vier Teilnehmern, bei mehr als acht Reitschülern ist für einen einzelnen Lehrer kein individueller Unterricht mehr möglich, die Schüler kommen zu selten an die Reihe.

- Beim Einzelunterricht haben Einsteiger oft das Problem, dass sie eine Stunde Intensivschulung konditionell nicht durchhalten. Fragen Sie entweder nach einer halben Einzelstunde oder nach Kombinationsmöglichkeiten wie z.B. Theorie und Praxis oder Reitstunde inklusive Vor- und Nachbesprechung. Man muss immer aufhören, solange es noch Spaß macht.

SPARTENMIX MIT SYSTEM

Auf den Basisbereich spezialisierte Reitlehrer verfügen oft über eine mehrgleisige Ausbildung, die sie nach Bedarf kombinieren. Wer mitreden will, sollte die wichtigsten Unterschiede kennen:

▶ **Akademisches oder klassisches Reiten** ist eine Ausbildungssystematik herausragender Reitmeister, die über die klassischen Ausbildungsstätten, Kavallerieschulen und Militärinstitute sämtliche Gebrauchsreitweisen bis zum modernen Sportreiten beeinflusste. In der klassischen Dressur wird das Pferd über eine Vielzahl fein differenzierter Hilfen zwischen Gewicht, Schenkel und Hand eingerahmt.

▶ **Englische Reitweise / konventionelles Reiten / Sportreiten** ist eine Mischung aus klassischer Dressur, englischem Jagdreiten und italienischem Springstil. Während üblicherweise nach Dressur, Gelände, Springen oder Vielseitigkeit unterteilt wird, bezeichnet man diese Reitweise in den Vereinigten Staaten auch als „Englisch reiten". Der Begriff wurde an der Ostküste geprägt, wo sich überwiegend Engländer angesiedelt hatten, die Pritschensättel (englische Sportsättel) benutzten und ihre traditionelle Reitweise pflegten.

▶ **Chiron-Springen** Das Chiron-Springen wurde von dem renommierten Vielseitigkeitsreiter, Ausbilder und Richter Rolf Becher als Rückbesinnung auf die Kavallerieschule Hannover und das Gedankengut des Italieners Federico Caprilli (1868-1907) entwickelt, der als Vorreiter des modernen Springstils gilt. In Zusammenarbeit mit Ursula Bruns entwickelte er ein Kursprogramm für einen besonders leichten, gefahrlosen und harmonischen Einstieg in das Spring- und Vielseitigkeitsreiten.

▶ **Impuls- oder Signalreiten** ist eine Form der Hilfengebung aus der Gebrauchsreiterei und setzt ein selbstständig arbeitendes Pferd voraus, das auf impulsartige Signale reagiert. Feines Signalreiten, das Ausbildungsziel jeder Westernreitweise schlechthin, wird auch von vielen Freizeitreitern bevorzugt und hat sich als Ausbildungshilfe bei Reitanfängern allgemein bewährt, sofern die Lehrpferde entsprechend geschult sind.

▶ **Leichte Reitweise / Reiten mit Bewusstheit** Die „Leichte Reitweise nach der Bruns-Behr-Methode" wurde für das erste moderne pädagogische Lehrkonzept für Reiter entwickelt und entspricht in ihren Inhalten weitgehend der Ausbildungsmethode von Linda Tellington-Jones „Reiten mit Bewusstheit". Die Sitzform wurde dem Vorbild der amerikanischen Kavallerie entlehnt und variiert je nach Bedarf. Er hat sich als Basis für eine vielseitige Sitzschulung in jeder Reitweise bewährt und wird von Freizeit- und Distanzreitern bevorzugt. Besonderer Wert wird auf moderne Lehrmittel gelegt.

▶ **Reiten aus der Körpermitte** bezeichnet eine Lehrmethode nach Sally Swift. Die Reitlehrerin, die unter einer Wirbelsäulendeformierung litt und aus therapeutischen Gründen zu reiten begann, entwickelte im Laufe ihres Lebens Techniken, die den Reiter über suggestive Bilder, Vorstellungen und Übungen zu einer besseren Körperkoordination, Balance und Konzentration zu einem sensiblen Reiten führen. Elemente ihres Konzepts werden heute in fast jedem Basisunterricht eingesetzt.

▶ **Reiten nach altklassischen, altkalifornischen und iberischen Vorbildern** wurde als Ausbildungsmethode von Claus Penquitt entwickelt. Seine Synthese aus klassischen Dressurlektionen, einer impulsartigen Hilfengebung und Elementen aus dem Westernreiten machte anspruchsvolles Dressurreiten bei Freizeitreitern populär. Sofern das Pferd den Jog beherrscht, den langsamen weichen Trab der Westernpferde, erleichtert diese Methode auch den Einstieg in jede andere Form der Bahn- und Dressurarbeit.

DER VIERBEINIGE REITLEHRER

LEHRPFERDE IM SCHULBETRIEB

Der nächste Punkt betrifft das Lehrpferd im Schulbetrieb – ein Kapitel, bei dem langgediente Reitlehrer ein kollektives Bauchgrimmen zu befallen scheint: Denn auf der einen Seite ist man sich darüber klar, wie wichtig gut ausgebildete Lehrpferde für eine Reitschule sind, und auf der anderen Seite wissen sie nur zu gut, wie rar die sind. So rar, dass sie mit säuerlichem, aber zutreffendem Galgenhumor als „vom Aussterben bedrohte, seltene Spezies" bezeichnet werden, unternähme man nicht schleunigst alle Anstrengungen zu ihrer Rettung.

Nun sind die Anforderungen, die an ein gutes Lehrpferd gestellt werden, wahrlich nicht von Pappe: Kerngesund müssen sie sein, um ihren Lebensunterhalt verdienen zu können; sie müssen in Größe und Statur zum Reitschüler passen; sie dürfen keine Unarten zeigen wie Beißen, Schlagen oder Steigen; sie sollen halbwegs bequeme Gänge haben, so gehfreudig und feinfühlig sein, dass sie die Hilfen fortgeschrittener Reiter prompt ausführen, und so tolerant, dass sie ungeschickte Einwirkungen des Anfängers nicht etwa mit einem empörten Buckler quittieren, sondern immer noch wunschgemäß reagieren. Hat man so ein Wundertier dann tatsächlich gefunden (und eine Reitschule braucht deren mehrere), bleibt die Frage, wie man es auf diesem Level hält.

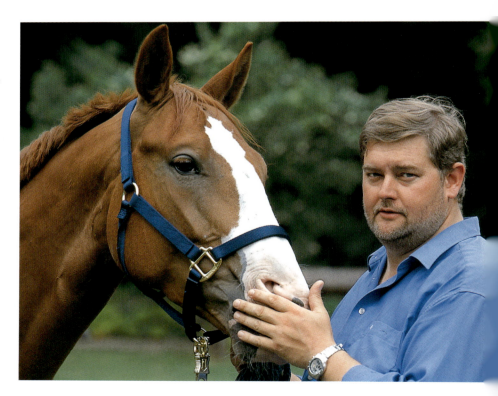

Ein freundliches Wesen ist bei Lehrpferden erwünscht, schließlich sollen sie Reitschüler anlocken und nicht vergraulen. Ein Aspekt, auf den Jochen Schumacher, Leiter des Reitzentrums Reken besonders großen Wert legt.

Der vierbeinige Reitlehrer

Die erste Regel lautet Vorsorge: Das heißt, eine erstklassige Pferdehaltung, eine erstklassige Pferdepflege und ein regelmäßiges Auffrischungstraining durch den Reitlehrer, damit die Pferde das, was sie können, nicht verlernen. Die zweite Regel lautet Abwechslung, also ein bunter Mix aus Anfänger- und Fortgeschrittenenschulung, Dressur-, Gelände- und Springunterricht. Damit bekommt man zwar nicht die leidigen Missverständnisse zwischen Anfängern und Lehrpferden aus der Welt, aber der Schaden hält sich in Grenzen, wenn auf viele gut ausgebildete Reitschüler relativ wenige Anfänger kommen. Die Situation gerät aber schnell außer Kontrolle, wenn sich das Verhältnis verschiebt und die Tiere durch zu viele Anfänger so irritiert werden, dass sie nicht mehr unterscheiden können, was richtig ist und was falsch. Aber Pferde, die die Freude an ihrer Arbeit erst verloren haben, sind für den Anfängerunterricht kaum noch geeignet, weil sie schon bei geringfügigen Fehlern in ihre alten Verhaltensmuster zurückfallen und die Mitarbeit verweigern.

In diesem Dilemma fanden auf den Basisbereich spezialisierte Lehrer eine so einleuchtende wie unkonventionelle Lösung: Die Pferde werden zweisprachig ausgebildet! Sowohl auf eine signalartige Hilfengebung für Anfänger wie auf eine differenzierte Hilfengebung für Fortgeschrittene. Das funktioniert unabhängig von der Reitweise, setzt allerdings voraus, dass auch die Qualität der Anlage einen optimalen Einsteigerunterricht erlaubt.

Kostspielig

„Unter dem Begriff Lehrpferd werden häufig Pferde angeboten, die in den Bewegungen bereits steif und unelastisch sind. Abgesehen davon, dass es teilweise tierschutzwidrig sein kann, von diesen Pferden noch intensives sportliches Training zu verlangen, können die jungen [unerfahrenen] Reiter auf diese Weise auch nicht den richtigen Weg erlernen. Denn Reiten bedeutet Spaß haben an den Bewegungen der Pferde, an ihrem Elan und an ihrer Kraft und sie in diesen Eigenschaften zu fördern. Das Pferd, das unser wertvollster Lehrmeister ist, auf solch einem Stand zu halten, ist kostspielig und durch das ständige Dumping der Reitstundenpreise meist nicht haltbar."

**ARIANE POURTAVAF
HERBERT MEYER**
aus „Die Brücke zwischen Mensch und Pferd"

Die Reitschule

Maßarbeit:
Das Größenverhältnis von Reitern und Pferden wie der Pflegezustand der Tiere muss stimmen.

AUF EINEN BLICK: DAS LEHRPFERD
Das gepflegte und sicher geschulte Pferd ist der beste Lehrmeister, doch woran erkennt man gute Lehrpferde?

- **Gesundheit und Pflege** Wohlgenährt sollen sie sein und lebhaft an ihrer Umgebung Anteil nehmen. Warnhinweise sind deutlich herausstehende Rippen, Druck- und Scheuerstellen, ausgebrochene Hufe oder ein apathisches Verhalten. Irreführend ist dagegen der Fellglanz: Pferde, die auch bei feuchter Witterung Freilauf haben, dürfen ruhig dreckig aussehen, schließlich gehört Wälzen zu ihrer Lieblingsbeschäftigung und Putzen zum Reitunterricht.

- **Charakter und Temperament** Gefragt ist freundliche Ausgeglichenheit. Mit Vorsicht zu genießen ist Abwehrverhalten; drohende oder gar schlagende und beißende Pferde deuten auf schlechte Erfahrungen, Überforderung oder mangelnde Grunderziehung hin; sie gehören nicht in den Schulbetrieb.

- **Ausbildungszustand** Je ungeübter der Reiter ist, desto versierter muss das Lehrpferd sein. Es braucht kein Meisterschaftsaspirant sein, denn solche Pferde sind so sensibel wie Primadonnen, aber es sollte auf richtige Hilfen gehorsam reagieren und falsche Einwirkungen nicht krumm nehmen. Auf abgestumpften, widersetzlichen, steifen oder erst kurz gerittenen Tieren ist der Lerneffekt für die Schüler gering bis nicht vorhanden.

- **Größe und Statur** Günstig sind unterschiedliche Pferdetypen, damit Pferd und Reiter zueinander passen – sowohl hinsichtlich des Temperaments wie auch in Größe und Gewicht. Bei zu viel Pferd unter zu wenig Reiter wird die Kontrolle des Tieres schwierig oder unmöglich, im umgekehrten Verhältnis wird das Pferd überfordert.

ASKESE IST NUR ETWAS FÜR KÖNNER

Eine Reitschule hat heutzutage, wie jede andere Einrichtung im Freizeitbereich, verschiedene Aufgaben zu erfüllen, wenn sie konkurrenzfähig bleiben will: Sie soll einen gewissen Erholungswert bieten, also ebenso komfortabel wie optisch ansprechend sein, damit sich die Kunden wohlfühlen. Sie soll funktionell sein, damit die Reiter ihren Sport ganzjährig ausüben können, und so vielseitig, dass der Spaß am Pferd erhalten bleibt. Das bedeutet mindestens einen Außenplatz, möglichst eine zusätzliche Reithalle, eine Anbindung ans Gelände und eventuell einen runden Longierzirkel (Round Pen im Westernjargon) für die Ausbildung der Pferde. Abhängig von der Reitweise werden Springreiter darüber hinaus einen Springplatz erwarten, Vielseitigkeitsreiter ihre Hindernisstrecke, Westernreiter vielleicht einen Trailparcours und Gangpferdereiter ihre Ovalbahn. Einheitlich wiederum ist die Erwartung, dass Reitplätze und -wege regelmäßig gepflegt werden, um die kostbaren Pferdebeine nicht zu ruinieren. Ausgetretene Laufspuren wollen geebnet werden und die Böden je nach Beanspruchung gesäubert, geharkt, aufgelockert, befeuchtet oder aufgefüllt. Und zwar regelmäßig, denn 400 bis 500 kg Pferd und mehr hinterlassen keine Vogelspuren.

Doch das ist für einen Lehrbetrieb noch nicht das Ende der Fahnenstange. Denn was einem Weltmeister im Sattel recht sein mag, ist dem Anfänger noch lange nicht billig. Und einem Reitlehrer, der nicht nur Wert auf körperbewusstes Reiten legt, sondern auch den Schutz der Lehrpferde im Hinterkopf behält, erst recht nicht. Hilfreich für ihn sind zum Beispiel:

▶ Kamera und Videogerät. Videogestütztes Bewegungslernen ist die effizienteste Möglichkeit, um Reitanfänger innerhalb kurzer Zeit zu fördern, aber dazu gehört eben die notwendige technische Ausstattung.

LEHRMITTEL UND REITPLÄTZE IN REITSCHULEN

Gut Holz: Das Holzpferd erspart echten Rössern die anfänglich ungeschickte Behandlung; es gibt sie wahlweise als Anleitung, Bausatz oder fertig montiert zu kaufen. Hier eine Demonstration des Aufsteigens von rechts.

Die Reitschule

Ovalbahnen können in vielen Bereichen eingesetzt werden; das Foto zeigt eine Töltbahn aus dem Gangpferdebereich für Fortgeschrittene. Im Einsteigerbereich ist die innere Einzäumung erheblich höher, um das Pferd in der Laufschneise zu halten

- Ein Holzpferd als Simulator; es erspart Lehrpferden soviel an ungeschickter Behandlung, dass es aus dem Basisbereich nicht mehr wegzudenken ist.
- Eine kleine, doppelt eingezäunte Ovalbahn. In dieser Laufschneise können mehrere Schüler gleichzeitig selbstständiges Reiten üben, ohne dass sich die Pferde selbstständig machen oder der Reitlehrer die Kontrolle verliert.

Dazu kommen Fachbücher, Lehrfilme, Lehrtafeln, Anatomiemodelle für den theoretischen Unterricht, Pedalos, Trittbretter oder ein Sitzbalken für die Bewegungsschulung. Zwar können einige Einrichtungen multifunktionell genutzt werden. So eignet sich die Ovalbahn zum Beispiel auch zum Anreiten von Jungpferden oder als kleiner Stangengarten; von einem videogestützten Reitunterricht oder einer Auffrischung in Theorie profitieren Fortgeschrittene mindestens ebenso wie Anfänger – aber die Lehrmittel müssen ja erst einmal angeschafft werden, und das kostet Geld. Spätestens hier wird ersichtlich, dass sich Reitanlagen nicht nur aufgrund der unterschiedlichen Reitweisen von einander unterscheiden, sondern auch aufgrund des Niveaus, auf dem der Schwerpunkt der Ausbildung liegt. Es ist wie bei den Reitweisen: Reitschule ist nicht gleich Reitschule.

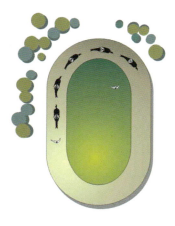

Als Alternative zur Longe und in der Basisschulung bewährt haben sich doppelt eingezäunte Laufschneisen, wie das Rekener Oval.
Die Maße richten sich nach der Größe der Tiere: für Kleinpferde reichen 30 x 15 m, bei Großpferden kann die Ovalbahn bis zu 40 x 20 m betragen. Die Breite der Laufschneise von 2,5 m erlaubt zwar noch einen Richtungswechsel, verhindert aber, dass sich die Pferde selbstständig machen.

AUF EINEN BLICK: DIE REITANLAGE

Ein Genie beherrscht das Chaos – nur Kleingeister halten Ordnung. Wenn Sie diese Maxime in einer Reitanlage entdecken, ist Vorsicht angebracht. Wichtige Erkennungsmerkmale guter Basisreitschulen sind:

▶ **Reitmöglichkeiten** Die Mindestanforderung ist ein sicher eingezäunter Reitplatz von 15 x 30 m (als Standard gelten 20 x 40 m), eine zusätzliche Halle bietet Wetterschutz; praktisch sind Longierzirkel und Ovalbahn; die Böden auf den Reitplätzen sollten eben und gepflegt aussehen; ein Übungsplatz mit Klettermöglichkeiten und Sprüngen sowie nahe gelegene Reitwege versprechen ein abwechslungsreiches Unterrichtsangebot.

▶ **Unterrichtsräume und Lernhilfen** Für die theoretische Ausbildung ist ein ruhiger Lehrraum notwendig; zur Grundausstattung gehören Lehrtafeln und Fachbücher; der Einsatz von Flip-Chart, Tageslichtprojektor, Videogerät und Kamera weisen auf einen zeitgemäßen Unterricht hin; zur modernen Bewegungsschulung sind Kipp- und Trittbretter, Gymnastikbälle, Pedalos oder ein Holzpferd zum Üben hilfreich.

▶ **Nebenräume und -flächen** Die Sattelkammer sollte trocken und aufgeräumt sein, mit genügend Aufbewahrungsmöglichkeiten für Sättel, Halfter, Trensen, Decken, Putzzeug u.Ä.; auf Feuerlöscher, Stallapotheke, Aushang mit Notrufnummern und allgemeine Sauberkeit achten; herumliegende Arbeitsgeräte, instabile, defekte oder improvisierte Einrichtungen im Umfeld einer Reitanlage bergen ein hohes Unfallrisiko.

▶ **Die Ausrüstung der Lehrpferde** Das Lederzeug darf zwar älter sein, sollte aber sauber und gepflegt wirken; auf Bruch- und Flickschusterei achten – das bedeutet erhöhte Unfallgefahr; dagegen weist ein eigenes Putzzeug für jedes Lehrpferd auf einen verantwortungsbewussten Umgang mit den Tieren hin. Nicht nur, weil es die Übertragung von Krankheiten verringert, sondern als Indiz, dass die Pflege des Pferdes ein Bestandteil des Unterrichts ist.

▶ **Versicherung** Fragen Sie unbedingt (ohne es berufen zu wollen), ob und in welchem Umfang die Reitschule eine Unfall- und Haftpflichtversicherung hat.

Teurer Spaß: Sättel und Trensen für Lehrpferde gehen ins Geld, aber eine einwandfrei sitzende und gut gepflegte Ausrüstung schützt Reiter und Pferd.

Die Reitschule

REITEN IST TEAMWORK

WIE FINDET MAN EINE GUTE REITSCHULE?

So sieht das aus mit der Grundausbildung. Nicht genug damit, dass man sich den Kopf über Reitkulturen, Maßschneider und Rosinen im eigenen Kopf zerbrechen soll, darf man sich jetzt, zu allem Überfluss, innerhalb der Reitweise eine Reitschule suchen, die neben einem vielseitigen Rahmenwissen über das Pferd auch noch einen erstklassigen Reitunterricht bietet. Das alles zu einem bezahlbaren Preis, auf Lehrpferden, die dem persönlichen Gusto entsprechen und vor Ort, um nicht aus der Übung zu kommen bzw. dieselbe zu erwerben. Was natürlich nicht klappt und in Ihnen – sofern Sie tatsächlich eine derartige Odyssee starten – sehr schnell die Überzeugung reifen lässt, dass Sie eigentlich nur reiten lernen und nicht heiraten wollten, wenn überhaupt, auch mehr an eine Ehe auf Probe gedacht hätten und Pferde allweil am schönsten vom bequemen Fernsehsessel aus sind.

Ein verständliches Resümee – aber weniger, weil es so kompliziert ist, alles unter einen Hut zu bringen, sondern weil man mit einem solchen Vorgehen das Ross von hinten aufzäumt.

Denn erstens sind Sie derzeit noch zu unerfahren, um die Qualität der Pferdehaltung, einer Reitanlage, geschweige denn die Qualifikation eines Reitlehrers beurteilen zu können und übersehen unter Umständen den Wald vor lauter Bäumen. Oder Sie laufen einem bösen Buhmann in die Finger; schwarze Schafe gibt es schließlich überall. Zweitens sind ein bis zwei Reitstunden pro Woche zwar eine feine Sache, als Einstieg aber nur bedingt empfehlenswert, weil der Unterricht zu weit auseinander gezogen ist. Außerdem bekommen Sie damit die begleitende Ausbildung nicht in den Griff – und das gilt für alle Reitweisen und unabhängig von einer bestimmten Rasse. Was drittens bedeutet, dass Sie mindestens einen 5-Sterne-Basislehrgang

Basiscamps für Einsteiger: Lernen zu müssen ist eine Qual; lernen zu dürfen – weil man von einem Thema so gefesselt ist, dass man die Nase beim besten Willen nicht raushalten kann – gehört zu den aufregendsten Erfahrungen des menschlichen Lebens. Intensivkurse, die Theorie und Praxis über das Pferd mit Bewegungslernen auf neuestem Stand verknüpfen, haben sich als Einstieg in jede Reitweise bewährt; sie dauern ca. 10-14 Tage.

brauchen – selbst wenn dieser nicht in der näheren Umgebung angeboten wird und Sie einen Teil Ihres Urlaubs weder in Mallorca noch auf den Seychellen, sondern in Kleinkleckersdorf verbringen. Das ist der schnellste, effektivste und interessanteste Weg, Sie und Ihr Wissen reiterlich so auf Vordermann zu bringen, dass Sie den größtmöglichen Nutzen aus den anschließenden Reitstunden ziehen. Es gibt zwei Möglichkeiten, wie Sie einen solchen Intensivlehrgang finden:

▶ Der erste Weg führt über den Verband oder die Interessengemeinschaft. Das heißt, Sie schnuppern in die einzelnen Szenen hinein (und schnuppern Sie gründlich), und wenn Sie das Richtige gefunden haben, wenden Sie sich direkt an die entsprechende Vereinigung (also nicht an einen örtlichen Reitlehrer!). Diese nennt Ihnen die besten Ansprechpartner für eine überregionale Grundausbildung sowie Reitlehrer in der Nähe für die anschließende Fortbildung, um unangenehme Überraschungen auszuschließen. Diesen Empfehlungen sollten Sie dann allerdings auch folgen, denn selbst wenn nicht alle Ausbildungsschwerpunkte erfasst werden, hindert Sie niemand daran, sich in Eigenregie über Bücher, Videos oder externe Seminare weiterzubilden.

▶ Der zweite Weg führt via Basisreitschule zum Verband, zur Interessengemeinschaft oder zum selbstständigen Reiten. Damit landen Sie bei der reitweisenübergreifenden Grundausbildung. Die jüngste Reitschulspezies im hippologischen Labyrinth ersetzt nicht, sondern unterstützt den Ausbildungsweg verschiedener Verbände, nur eben auf den Basisbereich bezogen. Denn der mit einer erstklassigen Grundausbildung verbundene Aufwand ist so immens hoch, dass längst nicht alle Verbände imstande sind, die notwendigen Investitionen wirtschaftlich deckend zu tätigen.

Für welchen Weg Sie sich entscheiden – ob über den Verband, über eine Basisreitschule oder eine Kombination von beiden – bleibt Ihnen überlassen, nur sollten Sie nicht am falschen Ende sparen: Wenn man bedenkt, wie teuer bereits eine Handwerkerstunde ist und den Kostenaufwand, der mit der Pflege eines Tieres und der Erhaltung einer so aufwendigen Anlage verbunden ist, in die Kalkulation einbezieht, kann ein qualitativ hochwertiger Reitunterricht unmöglich zu Dumpingpreisen angeboten werden. Unter optimalen Bedingungen können Sie innerhalb kurzer Zeit erstaunlich viel lernen, je mehr Kompromisse Sie eingehen, um so mehr Zeit werden Sie brauchen – und damit ist die ganze Ersparnis wieder aufgebraucht.

Intensivkurse plus regelmäßiger Reitunterricht – das sind die berühmten Sieben-Meilen-Stiefel im Reitsport. Reiten ist Teamwork: Zwischen Ihnen und Ihrem Pferd, aber auch zwischen Ihnen und Ihrem Reitlehrer; besser gesagt: Ihren Reitlehrern und Kursleitern! Nur ein bisschen reiten lernen geht nicht. Und andere Mütter haben auch schlaue Kinder. Ein Ausbilder kann nicht alles können und wissen!

Jobsharing

„Immer wieder ist festzustellen, dass Reitstunden zwar methodisch richtig aufgebaut sind und der Reitlehre gerecht werden, jedoch an den Möglichkeiten des Reiters vorbeigehen. Somit ist das angestrebte Ziel nicht zu erreichen. Gegebenenfals hat der Reitlehrer seine Methode zu wechseln. Die Teilung bestimmter Aufgabengebiete im Breitensport erleichtert die Arbeit des verantwortlichen Ausbilders. Ein Ausbilder kann nicht alles können und wissen."

Zusammenstellung aus „Lernen, Lehren und Trainieren im Pferdesport" der Deutschen Reiterlichen Vereinigung

Tipp

Je präziser und aussagefähiger Sie Ihre Anfrage an den Verband oder die Interessengemeinschaft richten, um so besser und individueller kann man Sie beraten. Und das wird man auch – nicht nur, um Sie als Kunden zu behalten, sondern auch aus dem Bewusstsein heraus, dass nichts schädlicher für das Image einer Reitweise ist, als schlecht ausgebildete oder frustriert abgewanderte Reiter. Einige Adressen finden Sie im Serviceteil.

IM BAUKASTENSYSTEM ZUM ERFOLG

Begleitende Kurse	Einstiegskurse für Reiter	Bahn- und Dressurreiten	Reiten im Gelände und über Hindernisse
Mit Pferden richtig umgehen vom Boden und im Sattel	11-Tage-Grundkurs für Reiteinsteiger, Schwerpunkt: Reiten im Entlastungssitz	Sitzschulung an der Longe	Geführte Ritte in Schritt, Trab, eventuell Galopp im Gelände
TT.E.A.M.- Kurs nach Linda Tellington-Jones: Führubungen, Bodenarbeit, Tellington- Touch, Pferdegymnastik	„Fresh up" Aufbaukurs für Reiteinsteiger	Einführung in das Bahn- und Dressurreiten	Allgemeiner Reitkurs: Schwerpunkt Geländereiten
Einführung in die Bodenarbeit: Round Pen, einfache Longe, Hinführung zur Doppellonge	Centered Riding / Reiten aus der Körpermitte nach Sally Swift	Dressurreiten für Fortgeschrittene	Cavalettikurs
Junge Pferde selber schulen und ausbilden; Arbeit mit schwierigen Pferden	Reiten mit Bewusstheit nach Linda Tellington-Jones	Klassische Dressur für Freizeitreiter nach Claus Penquitt	Allgemeiner Reitkurs: Schwerpunkt Springen
Allgemeiner Reitkurs: Reiten mit Handpferd	Sicherer Sitz und bessere Einwirkung in Bahn und Gelände	Dressur – Arbeiten an der Hand, Einstieg in die Arbeitsweise Klassischer Reitmeister	Springen in Bahn, Spielepark und Gelände, das Reiten von Jagdhindernissen
Allgemeiner Reitkurs: Schwerpunkt Beritt und Unterricht	Jugendreitkurse mit verschiedenen Schwerpunkten	Formations- und Musikreiten	Doppellongenarbeit: Schwerpunkt Springen an der Longe

Im Baukastensystem zum Erfolg

Specials aus der Welt der Pferde	Seminarprogramm mit wechselnden Themen rund um das Pferd	
Einführung in das Wanderreiten	1x1 des Pferdekaufs	Naturheilverfahren bei Pferdekrankheiten
Einführung in das Distanz- und Langstreckenreiten	Leistungsgerechte Frühjahr-, Sommer-, Herbst-, und Winterfütterung	Vet News – Neues zum Thema Pferdegesundheit
Einführung in das Gangpferdereiten	Erste Hilfe, akute Erkrankungen und Verletzungen bei Pferden	Wissenswertes über die Pferdezucht
Einführung in das Westernreiten	Atemwegserkrankungen des Pferdes	Fohlenaufzucht – das Pferd in den drei ersten Lebensjahren
Reiterspiele / Geschicklichkeitsreiten	Hauterkrankungen: Schwerpunkt Sommerekzem bei Pferden	Pferde verladen und sicher transportieren
Freiheitsdressur / Zirzensische Lektionen	Hufpflege, Huferkrankungen, Verschleißschutz uns Alternativen zum Hufbeschlag	Know- how rund um Ställe, Weiden und Ausläufe

▶ **Im Baukastensystem zum Erfolg**
So oder ähnlich setzt sich ein vielseitiges Kursangebot im Basisbereich zusammen. Damit bleibt es dem Reiter freigestellt, ob er stufenweise tiefer in eine einzelne Thematik eindringt und so seinen regionalen Reitunterricht ergänzt oder ob er sich einen individuellen Schulungsplan aus verschiedenen Linien erstellt.

„Theoretisch lassen sich fast alle Fehler beim Reiten als Balancefehler beschreiben. Als erstes sollte man immer die Sitzbasis überprüfen. Reparaturen an einem Turm, bei dem die Statik schon im Fundament verbiestert ist, sind zwecklos."

SUSANNE V. DIETZE, AUS
„BALANCE IN DER BEWEGUNG"

REITEN, LERNEN, LOGIK

- 80 THEORIE GEHÖRT NUN MAL DAZU
- 82 REITEN, MODE & FUNKTION
- 84 DER LETZTE CHECK
- 86 PFERDEFREUNDLICHES AUFSITZEN
- 90 SICHERES ABSITZEN
- 92 BALANCE, FORM UND GEFÜHL
- 93 VOM BAUSTEIN- ZUM ZAHNRADMODELL
- 96 DER VOLL-, GRUND- ODER DRESSURSITZ
- 108 DER ENTLASTUNGSSITZ
- 116 VERZÖGERTE LÖSUNGEN HAFTEN BESSER
- 118 RHYTHMUS, TEMPO, TAKT
- 122 MIT ODER OHNE LEINE?

THEORIE GEHÖRT NUN MAL DAZU

DIE STUFENWEISE AUSBILDUNG

Beim geführten Reiten auf dem ungesattelten Pferd erhält der Reiter eine Vorstellung vom Bewegungsverhalten des Pferdes.

WISSEN, WAS MAN FÜHLT

Es gibt zwei Aussagen, die wörtlich oder sinngemäß in den meisten Reitlehren zu finden sind. Die erste lautet: „Reiten lernt man nur durch Reiten". Die zweite: „Reiten heißt Fühlen". Wenn die Vorbereitung stimmt, ist beides kaum zu widerlegen – wenn nicht, wird die Geschichte schwierig. Ähnlich wie ein Purzel, der noch wackelig auf den Beinen ist, selbst im besten Trainingscamp der Welt weder tanzen, noch kicken, noch sonst was lernen wird, solange er ständig auf die Nase fliegt. Erwachsene Reiteinsteiger befinden sich in einer vergleichbaren Situation – nur sind sie halt etwas größer, kräftiger und leider Gottes oft auch dickköpfiger. Was dann erst recht ins Auge geht. Denn nichts gewöhnt man sich schneller an, in dem Wahn sich als Naturtalent beweisen zu müssen als falsche Bewegungsmuster, und nichts wird man später schwerer wieder los, als solche muskulären Erinnerungs-

sünden, die sich schon in den ersten fünf bis zehn Reitstunden bilden und als „Altlasten" unglaublich hartnäckig Naturtalent wie Otto-Normalreiter über Monate, wenn nicht Jahre verfolgen, ohne dass man sie abzustellen weiß.

Und die Moral von der Geschicht: Je mehr Geduld man zu Beginn investiert, um so schneller geht es hinterher. Was der erstgenannten Version entschieden vorzuziehen ist, ein gesundes Selbstbewusstsein vorausgesetzt.

Aufsitzen und Eindruck schinden bringt also wenig. Wer auf langfristigen Erfolg Wert legt, dessen Stundenplan sieht anders aus: Dort steht zunächst Balance, Form und Gefühl. Das heißt konkret: Sitzschulung. Im Stehen, im Gehen, links- und rechtsrum, bergauf und bergab. Wobei längst nicht alles hoch zu Ross stattfindet, denn „Trockenübungen" und Theorie gehören auch dazu. Das alles hört sich, zugegeben, äußerst langweilig an.

Das alles könnte auch tatsächlich langweilig werden – wenn Ihr Reitlehrer sein Handwerk nicht versteht. Ansonsten lernen Sie nicht nur eine Menge

---

Logisch

„Nun ist das mit dem Gefühl so eine Sache. Entgegen landläufiger Meinung ist es nicht etwas, was man hat oder auch nicht. Nach meiner Erfahrung und nach meinem Verständnis ist Gefühl untrennbar mit Wissen verbunden. In Abwandlung eines bekannten Werbespruchs (Man sieht nur, was man weiß) könnte man sagen: Man fühlt nur, was man weiß. Oder genauer: Man fühlt nur, von dem man weiß, daß man es fühlen kann oder fühlen sollte."

WALTER FELDMANN
aus „10 Wege zum besseren Tölt"

über das Pferd, sondern auch über Ihren eigenen Körper, gucken Filme, reiten mit und ohne Sattel, beschäftigen sich mit Psychologie und kommen mit etwas Glück sogar ins Fernsehen. Primär allerdings weniger, um Ihr Ego zu hätscheln, sondern um Sie möglichst effizient auszubilden. Und wenn Ausstattung der Anlage und Ausbildung der Lehrpferde das zulassen, reiten Sie sogar von Anfang an (fast) selbstständig.

Nun, das ist im Moment noch Zukunftsmusik. Denn vor der Sitzschulung kommt die zweckmäßige Ausrüstung des Reiters und natürlich das Aufsteigen.

Den Hals des Pferdes mit beiden Händen umarmen und dann den Oberkörper Wirbel für Wirbel segmentweise aufrichten, dehnt die Wirbelsäule und verbessert die Beweglichkeit des Rumpfes. Die seitliche Beweglichkeit des Rumpfes wird dagegen durch das wechselseitige Greifen an die Kruppe gefördert.

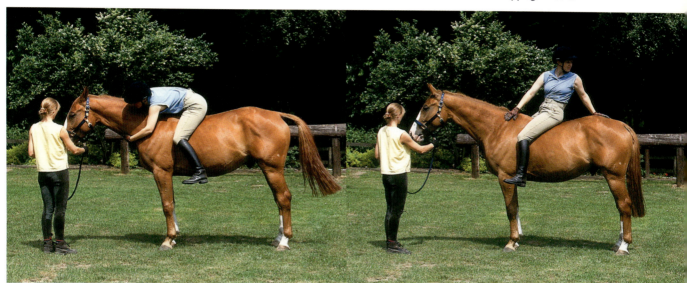

HAUTNAH

Wer meint, dass das Reiten ohne Sattel in die Spaßecke von Kindern oder Westernhelden gehört, irrt. Gerade für Erwachsene, die ohnehin dazu neigen, alles intellektuell zu erfassen, ist Fühlen ein wichtiges Schlüsselerlebnis. Deshalb steht dieser Teil der Ausbildung fast immer am Anfang – obwohl es auch später sinnvoll sein kann, darauf zurückzugreifen, um den Bewegungsablauf des Tieres in bestimmten Lektionen zu verdeutlichen. In direktem Kontakt erhält man ein ganz anderes Gespür, wie sich der Rücken des Pferdes unter dem Sattel bewegt, wann und wie es seine Beine setzt. Je nachdem, ob das Pferd vorgeht oder anhält, sich geradeaus oder um eine Kurve bewegt, seitwärts übertritt, aufwärts oder abwärts klettert, muss es auch seinen Schwerpunkt der jeweiligen Situation anpassen und nötigt dadurch den Reiter, dieser Schwerpunktverlagerung zu folgen, will er selbst nicht aus dem Gleichgewicht geraten. Dabei merkt man, wieviel Reaktionsschnelligkeit schon ein simples Anhalten aus dem Schritt verlangt – eine Erfahrung, die noch deutlicher ausfällt, wenn man sich mit geschlossenen Augen darauf einlässt. Bei solchen Übungen wird das Pferd sicherheitshalber entweder geführt, damit sich der Reitschüler mit Unterstützung des Lehrers ganz auf das Bewegungsfühlen konzentrieren kann, oder es trägt einen Voltigiergurt mit Griffen zum Festhalten.

Reiten, Lernen, Logik

REITEN, MODE & FUNKTION

DAS OUTFIT DES REITERS

Paradox ist, wenn die Vorbereitung des Pferdes zugunsten der Ausrüstung des Reiters vernachlässigt wird. Doch für das Lehrpferd und die begleitende Ausbildung ist Ihr Reitlehrer verantwortlich, um Ihr Outfit dagegen müssen Sie sich selbst kümmern. Was schick und gerade in ist, wird einerseits von der Reitweise diktiert und hängt andererseits in Reitsportgeschäften meterweise auf der Stange. Bei aller Eitelkeit – und wer bleibt davon ganz verschont? – sollte man jedoch Funktion und Qualität nicht außer Acht lassen:

KOPFSCHUTZ Dressurreiter tragen ihn selten, Western- und Freizeitreiter rümpfen ebenfalls gern pikiert die Nase, während der sicher befestigte Kopfschutz für Spring- und Geländereiter obligatorisch ist. Auch wenn sich in diesem Buch etliche Könner topless tummeln, gelten diese Beispiele sicher nicht für den Basisbereich. Wer als Einsteiger ohne „Topf" reitet (den es auch als Unterschale für Westernhüte gibt), spielt mit seiner Gesundheit, schließlich kann auch das wohlerzogenste Pferd einmal stolpern. Dabei besteht die Gefahr, dass man zuerst aus dem Sattel und dann auf den Kopf fällt, was erheblich mehr als die Frisur verschandeln könnte. In England gilt der Verzicht auf den Helm übrigens als reiterliche Todsünde – und zwar aufgrund der fehlenden Vorbildfunktion für den Nachwuchs; das wiegt fast schwerer als der versicherungstechnische Aspekt.

Stiefelhosen, kniehohe Reitstiefel und Kappe sind sind üblich bei allen klassisch angelehnten Reitweisen.

OBERBEKLEIDUNG In der Reitstunde sollten Shirts, Hemden, Westen und Pullover einigermaßen figurbetont sein, damit der Reitlehrer eine Chance hat, Haltungsfehler zu erkennen. Zeltroben, so sie mal wieder zum modebewussten Outfit gehören, trägt man besser außerhalb des Unterrichts.

HANDSCHUHE werden oft als überflüssig empfunden, sind aber sinnvoll: Erstens liegen die Zügel ruhiger und schonen damit das Pferdemaul, zweitens verhindern sie Blasen, die man sich schneller einhandelt als gedacht. Wer sich selbst mit dünnen Lederreithandschuhen nicht anfreunden kann, greift notfalls zu perforierten Halbhandschuhen für Autofahrer, vorzugsweise auch aus Leder, die es in wirklich hauchdünner Ausführung gibt. Sie verschleißen zwar schneller, weil die Verstärkung im Zügelbereich fehlt, sind den Aufpreis aber allemal wert, wenn sie das Handgefühl fördern.

Freizeitreiter bevorzugen oft Jodhpurhosen und -stiefel, auf eine Kappe sollte aber nicht verzichtet werden.

HOSEN Unabhängig, ob man mit Jeans, Jodhpur- oder Stiefelhosen liebäugelt, Bundfalten oder Röhren den Vorzug gibt – speziell für Reiter entworfen sollten die Beinkleider schon sein. Reithosen sind elastisch, um im Knie, um Bauch und Hintern herum nachzugeben, ohne auszubeulen oder Falten zu schlagen – also überall da, wo es drauf ankommt. Außerdem haben sie im Kontaktbereich mit dem Sattel keine oder extrem flache Nähte, um Aufreibungen zu verhindern.

SCHUHE Ob man zu Reitschuhen, Jodhpurstiefeln, Westernboots oder Schaftstiefeln greift, hängt vom Reithosentyp ab, auf den sie zugeschnitten sind, so dass die Qual der Wahl auf Ausführung und Preis beschränkt bleibt. Vorgabe ist, dass sie mindestens knöchelhoch sind, um das Fußgelenk vor Druckstellen zu schützen, und keine allzu grobe Sohle haben. Ein Muss ist der Absatz: Er verhindert das Durchrutschen im Steigbügel und, im Falle eines Sturzes, das Hängenbleiben im Sattel. Turnschuhe, egal mit welchem Nobel-Label, sind nicht lässig, sondern fahrlässig. Das ist ein Unterschied.

UNTERWÄSCHE Für Damen gilt: Wo Pferdekräfte schwungvoll walten, kann Spitze nicht die Fülle halten. Falls entsprechende vorhanden ist, setzt nur ein guter Sport-BH der Schwerkraft Grenzen – sonst tut's weh. Bei Slips bleibt die Wahl zwischen züchtig-sittsam oder betont sexy – aber die Abschlüsse, schön breit und weich, dürfen weder über die Sitzfläche verlaufen noch die Beinfreiheit beengen, um nicht unschön einzuschneiden. Mit vergleichbarer Akribie sollten auch Herren ihre Unterwäsche inspizieren: So sind selbst superbequeme Boxershorts unter der Reithose tabu; die taffen Falten, die solche beim Reiten schlagen, hinterlassen bleibende Spuren.

SPOREN Nicht zur Grundausrüstung gehören Sporen, auch wenn sie noch so zünftig an den Hacken glitzern. Die treten frühestens im Kapitel „Bahn- und Dressurreiten" auf den Plan, weil ihre Benutzung schon einen sehr ruhigen, ausbalancierten Sitz des Reiters voraussetzt, um das Pferd nicht unwillkürlich mit dem Sporn zu berühren.

GERTE Sinnvoll und an sich Bestandteil der Grundausrüstung ist dagegen die Gerte – aber weil ein lapidarer Hinweis auf deren Notwendigkeit unweigerlich missverstanden würde, wird ihr Für und Wider erst auf Seite 137 beschrieben. Denn beide, Gerte und Sporen, gehören in erster Linie zu den unterstützenden Hilfen und werden hier nur der Ordnung halber erwähnt.

Westernlike in Jeans und Boots; für Westernhüte gibt es zum besseren Kopfschutz Unterschalen zu kaufen.

WER HAT ANGST VOR DEM BÖSEN WOLF?

Und wenn's doch passiert ist und man sich einen „Wolf" geritten hat: Penatencreme, Melkfett, Ringelblumensalbe... alles, was wunden Kinderpopos hilft, heilt auch wehe Reiterhintern. Wem das zu kindisch ist oder ein dergestalt geplagtes Kleinkind fehlt, fragt in Apotheken nach speziellen Wundcremes für Reiter und Radfahrer, denn die brennenden, teilweise nässenden und schlecht heilenden Druckstellen sind in beiden Sportarten berüchtigt. Ein alt bekannter Geheimtipp, auf den viele nach wie vor schwören, ist Hirschtalg, während Homöopathen Cainca D4 zur Vorbeugung gegen das Wundreiten empfehlen. Wenn die Salben gut einziehen und nicht fetten, können sie auch vorbeugend aufgetragen werden; ansonsten ist Körperpuder besser geeignet. Ein weiterer Tip ist die Nylonstrumpfhose für unten drunter, und obwohl das nicht jederman(n)s Sache sein mag: Der Rat stammt immerhin aus der Ecke der Distanz- und Wanderreiter, den Experten schlechthin in punkto Wundreiten.

DER LETZTE CHECK

NACHGURTEN UND EINSTELLEN DER BÜGELLÄNGE

1 Faustformel: Das Bügelmaß wird so verschnallt, dass Bügelriemen plus Steigbügel von den Fingerspitzen bis zur Achselhöhle reichen. Dazu fasst man an die Aufhängung und misst ihn am ausgestreckten Arm ab.

2 Angurten ist bei Sportsätteln einfach: Sattelblatt hochklappen und die Sattelstrupfen einzeln und stufenweise verkürzen; zuerst die hintere, dann die vordere Strippe; die mittlere ist als Reserve gedacht und bleibt frei. Falls die Satteldecke Schlaufen hat, wird der Gurt hindurchgezogen.

3 Bei Sportsätteln wird außerdem noch einmal von oben nachgegurtet, sobald sich das Pferd warm gelaufen hat. Dazu wird das Bein vor den Sattel gelegt und das Sattelblatt hochgeklappt. Auch hier gilt: Die Sattelstrupfen einzeln verkürzen, damit sich der Sattel nicht selbstständig macht.

So ausgestattet, könnte man fast aufsteigen. Übrig bleibt eine letzte Kontrolle des Pferdes, ob kein Teil der Ausrüstung kneift, scheuert oder zwickt, und das Nachgurten, damit sich der Sattel beim Aufsitzen nicht unter den Bauch des Pferdes verabschiedet. Das kann so einfach sein, das eine, wie kompliziert das andere. Einfach, wenn es sich um eine Schnallengurtung handelt, wie man sie heute bei den meisten in Europa gebräuchlichen Sätteln findet; kompliziert, wenn es eine Gurtung aus dem Westernbereich ist. Denn hier gibt es nicht nur verschiedene Systeme, sondern auch unterschiedliche Verschnallungsmöglichkeiten. Dafür werden diese Sättel während des Reitens nicht mehr nachgegurtet, im Gegensatz zu ersteren. Und da es, egal wie man's anstellt, garantiert verkehrt sein wird, sollten Sie keine Scheu zeigen, Ihren Reitlehrer so lange zu löchern, bis Sie alles verstanden haben. Die korrekt verpasste Ausrüstung ist immerhin wichtig genug. So wichtig, dass Sie zu diesem Zeitpunkt noch nicht die Verantwortung dafür übernehmen können.

Als nächstes kommt das Einstellen der Bügellänge. Genau genommen, ist es bloß ein vorläufiges Einstellen, denn obwohl eine Faustformel sagt, dass Bügelriemen inklusive Steigbügel bis in die Achselhöhle reichen sollten, ist das lediglich ein grober Richtwert, weil die ideale Bügellänge sowohl von den individuellen Körperproportionen des Reiters als auch vom Bewegungsverhalten des Pferdes diktiert wird. So wird man auf Pferden mit weichen Gängen eher längere Steigbügel bevorzugen und auf Pferden mit härteren, die den Reiter stärker werfen, die Bügel ein oder zwei Loch kürzer schnallen müssen, um bequem sitzen zu können. Erfahrungsgemäß braucht jeder Schüler mehrmals kompetente Hilfe, bis er ein Gefühl dafür entwickelt, welche Bügellänge für ihn in welcher Situation am besten ist – und das wird man erst während des Reitens feststellen. Und dass beide Bügel gleich lang

Der letzte Check

sein müssen, damit Sie im Sattel keine Schlagseite kriegen, ist hoffentlich selbstverständlich.

Eine Vorsichtsmaßnahme sollten Sie jedoch von Anfang an beherzigen: Greifen Sie bei jeder Tätigkeit am Pferd so in den Zügel, dass er lose über Ihrem Arm hängt, um es daran zu hindern, sich selbstständig zu machen, falls ihm der Sinn danach stünde. Pferde können unglaublich fix sein, auch wohlerzogene. Das kann außerhalb der Reitbahn nicht nur peinlich, sondern auch gefährlich werden. Und Vorsicht ist die Mutter der Porzellankiste.

Gleiche Bügellänge? Von vorne betrachtet, wirken Steigbügel oft ungleich, wenn das Pferd ein Bein entlastet. Sicherer ist es, den Steigbügel umzuklappen und den Abstand zum Sattelblatt zu überprüfen oder die Löcher nachzuzählen.

Flaschenzug

„Gegurtet wird beim Westernsattel mit äußerster Vorsicht, denn die Gurtung arbeitet nach Flaschenzugprinzip. Zu festes Gurten kann zum Gurtzwang führen und ist dem Pferd äußerst unangenehm."

UTE TIETJE
aus „Westernreiten"

Bei Westernsätteln ist das Nachgurten komplizierter: Hier gibt es nicht nur verschiedene Gurtungssysteme, sondern auch verschiedene Varianten beim Gurten selbst; da müssen Fachleute ran. Da Westernsättel nicht von oben nachgegurtet werden können, sollte das Pferd vor dem Aufsteigen wenigstens eine kurze Strecke geführt werden, um kein Abwehrverhalten des Tieres zu provozieren.

PFERDEFREUNDLICHES AUFSITZEN

AUFSTEIGEN IN BLICKRICHTUNG DES PFERDES

1 Der Reiter steht in Blickrichtung des Pferdes, in Höhe des Sattels. Die linke Hand hält Zügel und eventuell Gerte, die rechte Hand zieht die Enden so weit heraus, bis beide Zügel leicht „anstehen", also weichen Kontakt zum Pferdemaul halten (gilt nicht für Westernpferde; da bleiben die Zügel leicht durchhängend).

2 Jetzt den linken Fuß tief in den Steigbügel setzen, die Innenseite des Knies an den Sattel lehnen und die rechte Hüfte dicht am Pferd halten.

3 Linke Hand greift mit Zügeln und Gerte in die Mähne, die rechte greift rechts in den Sattel oder in den rechten Bügelriemen, um das Gewicht beim Aufsteigen gleichmäßiger zu verteilen.

4 Mit dem rechten Bein durch Herunterfedern Schwung holen und abstoßen. Mit dem Oberkörper über den Sattel tauchen und sich erst ausbalancieren, bevor man das rechte Bein ruhig über die Kruppe führt.

5 Der Schwung wird mit dem rechten Knie am Sattel abgefangen, ehe man sanft in den Sattel gleitet. Aufrecht hinsetzen und rechten Steigbügel aufnehmen. Voila!

Es gibt verschiedene Möglichkeiten Pferde zu erklimmen: angefangen vom forschen Aufspringen bis zur cartoonverdächtigen Kraxeltour. Doch spätestens, wenn man versucht, nicht nur elegant, sondern auch so formvollendet aufzusteigen, dass man sein Ross nicht ärger als notwendig traktiert, däm-

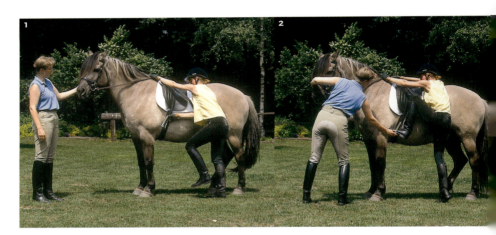

mert selbst Sportkanonen, dass dahinter entschieden mehr Methode steckt als gedacht. Auf der Hitliste dessen, was sensible Rösser gar nicht mögen, steht die in den Bauch pieksende Stiefelspitze, das Abstützen des Fußes auf der Pferdekruppe oder ein Hineinplumpsen in den Sattel. Zusätzlich gilt es Zügel und eventuell Gerte festzuhalten, nicht zu vergessen die Frage, von welcher Seite man den Aufstieg startet.

Zumindest letzteres ist schnell geklärt: In unseren Kulturkreisen üblich ist das Aufsitzen von links, weil die meisten Menschen Rechtshänder sind und ihnen das Aufsitzen von dieser Seite leichter fällt. Außerdem wurden früher Säbel und vergleichbare Stechwerkzeuge zum schwungvollen Herausziehen links getragen, und die wären den Haudegen beim Aufsteigen von rechts gewaltig im Wege gewesen. Ein Edikt ist das Aufsteigen von links deswegen aber nicht: In Island, zum Beispiel, wurde früher traditionell rechts aufgestiegen, und in der Mongolei sowie einigen anderen abgelegenen Gebieten ist es nach wie vor Usus. Und weil das Aktivieren ungewohnter Bewegungsabläufe ein feinfühliges Reiten erheblich unterstützt, sollte, wer kann und darf, auch das Aufsteigen von rechts üben. Einzige Ausnahme ist das Aufsitzen in der Abteilung: Hier steigen höflichkeitshalber alle von einer Seite auf, um sich nicht gegenseitig zu behindern, und das dürfte meist links sein.

Etwas kniffeliger ist die Frage nach der Technik, denn es gibt deren zwei, und beide haben ihre Vor- und Nachteile.

Pferdefreundliches Aufsitzen

Umsichtiger und schonender ist das Aufsteigen in Blickrichtung des Pferdes. Umsichtiger, weil man das Tier permanent im Blickfeld hat und von möglichen Schreckreaktionen nicht so schnell überrumpelt wird; schonender, weil der Bewegungsablauf in zwei Phasen erfolgt und die Hüfte so dicht am Pferd bleibt, dass die einseitige Belastung des Pferderückens nur kurz ist, ehe der Reiter in den Sattel gleitet. Western-, Gangpferde- und die meisten Freizeitreiter bevorzugen diese Version, aber auch bei der Kavallerie wurden früher

Remonten, das waren die jungen Pferde in der Ausbildung, in dieser Art bestiegen. Der Nachteil ist leider, dass man für große Pferde zu wenig Schwung entwickelt und auf halber Strecke schnell verhungert.

Dann heißt es mit Gesicht zur Kruppe aufzusitzen, übrigens auch das ein Relikt der Kavallerie: Denn damit die Soldaten ihr Bein über das hinten am Sattel aufgetürmte Marschgepäck bekamen, blieb ihnen gar nichts anderes übrig, als sich in ähnlicher Weise aufs Pferd zu schwingen wie auf ein ziemlich hohes Geländer (eine Situation, die Wanderreitern in voller Montur nur allzu gut vertraut ist). Und da die Pferde in den meisten Reitvereinen eher größer als kleiner ausfallen, hat sich das Aufsteigen mit Gesicht zur Kruppe derart eingebürgert, dass sowohl der erhöhte Schwierigkeitsgrad wie damit verbundene mögliche Nachteile für das Pferd etwas aus dem Blickfeld geraten sind. Was regelmäßig der Fall ist, wenn das Pferd schlichtweg zu hoch ist.

Schließlich muss nicht nur in einer einzigen fließenden Bewegung aufgestiegen werden, der Reiter muss sich ja auch gleichzeitig um seine Längsachse drehen, damit das Aufsitzen in Fahrtrichtung des Pferdes endet. Und so neigen ungeübte oder unsportliche Reiter verstärkt zu den eingangs erwähnten Untugenden oder hangeln sich seitlich am Sattel hoch. Eine einseitige Belastung, die auf Dauer nicht nur den Sattel, sondern, weit schlimmer, auch die Gesundheit des Tieres ruiniert, weil die Wirbel im Widerristbereich verschoben werden könnten. Und verschoben werden – denn darunter leiden

Tipp

Eine gute Vorbereitung für das Aufsitzen ist folgende Übung: Linkes Knie zwischen die verschränkten Hände nehmen, Fußspitze anheben und Oberschenkel zum Körper bringen; ca. 15 Sekunden halten, leicht nachgeben, dann das Bein noch näher anziehen; Bein wechseln und Übung wiederholen. Das hilft, das Bein besser nach oben zu bringen. Für diese Übung sollte man allerdings gut aufgewärmt sein, also entweder im Rahmen eines Gymnastikprogramms oder nach dem Putzen.

AUFSTEIGEN IN BLICKRICHTUNG PFERDEKRUPPE

1 Der Reiter steht mit dem Gesicht zur Kruppe in Höhe der Pferdeschulter. Die linke Hand hält Zügel und eventuell Gerte; die rechte Hand zieht die Enden so weit heraus, bis beide Zügel leicht anstehen, also weichen Kontakt mit dem Pferdemaul halten. Dann greift die Zügelhand in die Mähne, während die rechte Hand den Steigbügel nach außen dreht und festhält.

2 Einen Schritt zur Seite treten und den linken Fuß bis hinter den Ballen in den Steigbügel setzen; dabei die Außenseite des Knies eng an den Sattel lehnen, um das Pferd nicht mit der Fußspitze zu berühren.

3 Die rechte Hand fasst an den hinteren Rand des Sattels (wenn es geht, auch über den Pferderücken in den rechten Steigbügelriemen oder Sattelrand greifen, um das Gewicht beim Aufsitzen gleichmäßiger zu verteilen). Mit dem rechten Bein durch Herunterfedern Schwung holen und abstoßen.

4 Im Hochfedern über das linke, am Sattel anliegende Knie drehen (auf Fußspitze achten!), das rechte Bein spreizen und mit der rechten Hand auf den vorderen Sattelrand umgreifen. Dann mit vorgeneigtem Oberkörper den Schwung über die aufgestützten Hände abfangen, das rechte Bein ruhig über die Kruppe führen und den Schwung mit dem Knie am Sattel abfangen, ehe man sanft in den Sattel gleitet. Aufrecht hinsetzen und rechten Steigbügel aufnehmen. Voilà!

erschreckend viele Reitpferde, wie Ihnen jeder Osteopath bestätigen wird. Doch weil das naturgemäß erhöhte Schmerzempfindlichkeit und ein eingeschränktes Bewegungsverhalten zur Folge hat, ziehen es viele erfahrene Reiter vor, sich in den Sattel heben zu lassen oder von einem erhöhten Punkt aus aufzusteigen, statt ihre Gelenkigkeit unter Beweis zu stellen. Was sie durchaus könnten, wenn sie wollten. Sie wollen aber nicht.

Wer sein Pferd schonen will, schnallt also entweder den Bügel so lang, dass er bilderbuchmäßig aufsitzen kann oder bittet einen Helfer den zweiten Bügel gegenzuhalten, um sein Gewicht beim Aufsitzen gleichmäßiger zu verteilen. Eine dritte Möglichkeit – und noch besser – ist die Aufstieghilfe, denn da sitzt man, wie praktisch, wieder in Blickrichtung des Pferdes auf. Soweit die Realsituation: Sicherer und pferdefreundlicher sind Aufsitzübungen allerdings auf dem Holzpferd. Sowohl, um die einzelnen Bewegungselemente bewusst nachvollziehen zu können als auch, um Fehler zu eliminieren. Der Sattel dieses schmerzunempfindlichen Kollegen hat nämlich keinen Sattelgurt, und den braucht er auch nicht, denn wenn alles stimmt, gelingt selbst Anfängern das Aufsitzen unter Anleitung problemlos. Und wenn nicht, kann man in aller Ruhe austesten, was passiert, wenn man sich über- oder die Höhe des Pferdes unterschätzt. Und zwar ohne Risiko und ohne, dass es auf Kosten des Tieres ginge. Das gilt natürlich auch für das Absitzen.

Pferdefreundliches Aufsitzen

Pferdefreundlich: Ob Hocker oder Baumstamm, Hauptsache er steht stabil. Wichtig ist, dass mit der Aufstieghilfe die einseitigen Zugkräfte auf die Wirbelsäule des Pferdes minimiert werden. Praktisch im Unterricht sind mobile Hocker, wie hier im Foto.

> ### Rücksichtsvoll
>
> „Ich steige immer von einem Bänkchen auf. Nicht nur, um meine Knie, sondern vor allem, um den Rücken des Pferdes zu schonen."
>
> **MICHAEL PUTZ,**
> langjähriger Leiter der Landesreit- und Fahrschule Münster

WAS TUN MIT EINEM HAMPELPFERD?

Ein gut erzogenes Pferd bleibt stehen: Solange, bis Sie aufgesessen sind, sich sortiert haben und, wenn Ihnen danach ist, die Tageszeitung aus der Hand legen (etliche Reitmeister haben so ihren Pferden tatsächlich Geduld beigebracht). Es bewegt sich erst vom Fleck, sobald Sie das Startzeichen geben. Nur sollten Sie nicht darauf bauen, und wenn Sie später einen Zappelphilipp besteigen müssen, empfiehlt es sich, einen Zügel zu verkürzen, um nicht den Kürzeren zu ziehen:

- Beim Aufsitzen in Blickrichtung des Pferdes wird der innere Zügel verkürzt, so dass das Pferd leicht in Ihre Richtung blickt. Wenn es jetzt herumzuhampeln beginnt, wird es sich im Kreis von Ihnen wegbewegen. Mit etwas Glück zieht es Sie dabei in den Sattel, und wenn nicht, werden Sie wenigstens nicht umgeworfen. Was umgekehrt sehr schnell passieren könnte, da Sie knapp vor der Hinterhand stehen und das auch noch auf einem Bein.

- Beim Aufsitzen mit Gesicht zur Kruppe dagegen wird der äußere Zügel verkürzt. Um seinen Hals gerade und damit frei zu bekommen, würde es Bauch und Hinterhand diesmal in Ihre Richtung schwenken – was auch erwünscht ist, da Sie in Schulterhöhe vor dem Sattel stehen und wie eine Hupfdohle einbeinig hinterher hopsen müssten, um noch hinein zu kommen. Bei größeren Pferden ein ziemlich aussichtsloses Unterfangen.

PS.: Die Rede ist von einem leichten Verkürzen. Und der Trick ist kein Ersatz für mangelhafte Erziehung. Hampelpferde gehören, zur Sicherheit von Mensch und Tier, unbedingt noch einmal in die Grundschule, um Benimm zu lernen.

SICHERES ABSITZEN

DAS ABSTEIGEN

Beim Absitzen steht die Sicherheit des Reiters im Vordergrund. Denn runter kommt man zwar bekanntlich immer, aber deswegen muss man nicht gleich zwischen den Füßen des Pferdes landen. Auch dazu gibt es feste Regeln und auch dazu gehen die Meinungen auseinander. Knackpunkt ist diesmal, ob es sicherer sei, den linken Fuß aus dem Bügel zu nehmen, bevor man zu Boden gleitet, oder erst, wenn man mit dem rechten Fuß am Boden steht. Ein Konflikt, der eigentlich keiner ist, denn hier werden Äpfel mit Birnen verwechselt:

1 Zügel und Gerte werden in die linke Hand genommen und mit leicht anstehenden Zügeln auf dem Mähnenkamm abgestützt. Die rechte Hand greift rechts in den Sattel. Jetzt Oberkörper leicht vorbeugen und entweder beide Füße aus den Bügeln nehmen oder nur den rechten Fuß.

2 Dann das rechte Bein über die Kruppe auf die linke Seite schwingen, wobei der Oberkörper geneigt bleibt und wie eine Waage ausbalanciert wird.

3 Spätestens jetzt auch den linken Fuß aus dem Bügel nehmen.

4 Geschmeidig zu Boden gleiten und die Bewegung in den Kniegelenken abfedern.

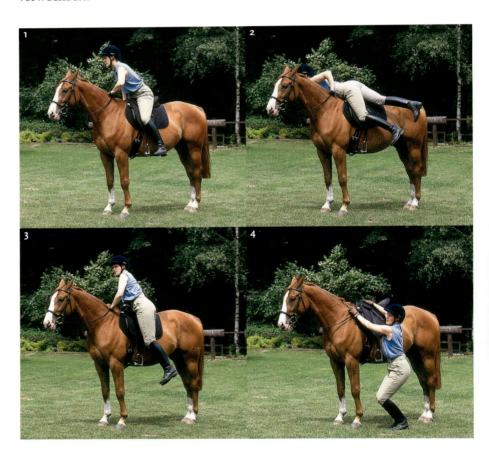

So wird man bei großen Pferden notgedrungen beide Füße aus den Bügeln nehmen müssen, um keine Bruchlandung hinzulegen, während bei kleinen Pferden auch die zweite Version möglich ist. Unerfahrene Reiter sollten jedoch zunächst darauf verzichten, weil bei ihnen die Gefahr, im Steigbügel hängenzubleiben, grundsätzlich höher einzustufen ist. Das gilt für alle Reitweisen; bei Westernsätteln mit Horn ist allerdings verstärkt darauf zu

Sicheres Absitzen

achten, dass man sich nicht mit der Oberbekleidung verfängt. Ganz abzulehnen, und hier herrscht absolute Einigkeit, ist dagegen eine andere Unsitte: nämlich das Bein zum Absteigen über den Pferdehals zu schwingen. Das sieht zwar lässig aus – aber was ist, wenn das Pferd erschrickt? Und zufälligerweise ein Zügel oder der Steigbügel im Wege ist? Und bevor wir das Thema Absitzen beenden: Auch dies sollte man ruhig von links und rechts üben, um sein Erfahrungsspektrum zu erweitern. Oder das seines Pferdes – es tut beiden gut.

Damit wären wir bei den vielleicht wichtigsten Kapiteln dieses Buches angelangt: der Sitzschulung. Und der Rolle, die unter anderem das Holzpferd dabei spielt.

Quax, der Bruchpilot: Macht Spaß, kann aber ins Auge gehen, das Absitzen über den Pferdehals.

Unfallgefahr

„Die Methode, beim Absitzen den linken Fuß im Bügel zu lassen, birgt eine hohe Unfallgefahr. Sie stammt aus der Arbeit der Cowboys, die jahrein jahraus den ganzen Tag damit verbringen, auf- und abzusteigen und meist Pferde unter 1,50 m reiten... Sollte das Pferd beim Absteigen nicht still stehen, während der Reiter noch den Fuß im Bügel hat, könnten sich Fuß und Bügel verkanten und der Reiter dabei stürzen."

UTE TIETJE
aus „Westernreiten"

BALANCE, FORM UND GEFÜHL

DER SITZ DES REITERS UND SEINE FUNKTION

Körpergefühl

„Es herrscht allgemein eine riesige Diskrepanz zwischen dem Wissen über die Ausbildung eines Pferdes oder eines Reiters. Was das Pferd angeht, ist man sich weitgehend einig. Für den Reiter allerdings wird immer nur das starre Idealbild des Könners herangezogen.
Wer besser Reiten lernen möchte, muß den eigenen Körper kennen und verstehen, bevor er ihn beherrschen kann. Hier liegt der Schlüssel für das Geheimnis des reiterlichen Gefühls verborgen."

Zusammenstellung aus „Balance in der Bewegung", von **SUSANNE V. DIETZE**, Krankengymnastin, Hippotherapeutin und Reitlehrerin

Indien hat seine heiligen Kühe, die Reiter haben ihren Sitz. Und der ist fast genauso heilig. Über kein Thema wurde so kontrovers gestritten, keines so minutiös zerpflückt. Das begann vermutlich, seit sich der Mensch das erste Mal auf einem Pferderücken niederließ und erhitzt bis heute die Gemüter. Heraus kamen eine Menge Regelwerke, von denen die meisten den Reiter bis ins letzte Glied in Haltung zwingen. Die dieser dann naturgemäß vorerst verliert. Erstens, weil er sich verkrampft. Aber ein verkrampfter Körper ist steif und unbeweglich und vermag die Bewegungen des Pferderückens ebenso wenig abzufangen wie ein kaputter Stoßdämpfer. Zweitens der Widersprüche wegen, immerhin propagiert die Opposition mit dem bequemen Natursitz das genaue Gegenteil. Doch auch der hat seine Tücken, denn Stabilität braucht Körperspannung, und wem die fehlt, der lernt kein effizientes Reiten. Außerdem gewöhnt man sich Fehler, wie bereits gesagt, schneller an als wieder ab. Letztendlich glätteten physiotherapeutisch geschulte Reitlehrer und Sportpädagogen die Wogen, die den Sitz aus anatomischer und biomechanischer Sicht unter die Lupe nahmen.

Einerseits bestätigten ihre Analysen die Sitzfetischisten. Tatsächlich ergab die Summe der überlieferten Details eine Art Leitfaden, um mit einem Minimum an Kraft ein Maximum an Einwirkung und Stabilität zu erzielen. Es ist also beileibe nicht egal, wie man sitzt und Arme oder Beine hält, auch wenn jede Reitweise natürlich ihre Besonderheiten hat. Andererseits erfordert das Eingehen in die Bewegung des Pferdes kein statisches, sondern ein dynamisches Gleichgewicht. Damit wird der Sitz zu einer Frage der Balance, und die braucht eigene Erfahrungswerte statt vorgekauter Dogmen. Die Lösung liegt, wie üblich, in der Mitte: Das eine mit dem andern zu verknüpfen, um das Wichtigste beim Reiten überhaupt zu lernen, nämlich Gefühl für das Pferd. Der korrekte Sitz – wenn man den Begriff bemühen will – ist ja nicht das Ziel, sondern die Begleiterscheinung einer langen, geduldigen Ausbildung, in der die gefühlvolle Einwirkung auf das Pferd im Mittelpunkt steht. Es ist ein Instrument, das nur einem einzigen Zweck dient: Das Pferd bestmöglich zu kontrollieren, ohne es zu malträtieren oder unverhofft im Dreck zu landen.

In diesem Gefüge gibt es wiederum nur zwei grundverschiedene Sitzpositionen: Den Rücken des Pferdes direkt, in ständigem Kontakt mit seinem Gesäß zu belasten, indem man sich aufrecht hinsetzt, oder das Gesäß leicht anzuheben, indem man sich nach vorne neigt. Beide Sitzpositionen haben ihre eigenen Gesetze in Bezug auf das Finden des Gleichgewichts. Beide sind in der Grundausbildung gleichermaßen wichtig. Und je früher beide Formen in den Unterricht integriert werden, um so sicherer und beweglicher wird der Reiter. Sofern er das Prinzip verstanden hat.

VOM BAUSTEIN- ZUM ZAHNRADMODELL

Es gibt zwei Wege zu einem guten Sitz. Der erste ist learning by doing. Also die Anweisungen des Reitlehrers während der Reitstunde wortwörtlich so zu befolgen wie man sie interpretiert, in der Hoffnung, dass irgendwann der Knoten platzt. Das ist die harte Tour. Der zweite Weg ist, sich zuerst mit der eigenen Anatomie zu beschäftigen, ehe man aufs Pferd steigt. Um anschließend im Unterricht die Korrekturen so umzusetzen, wie sie gemeint sind. Das ist die sanfte Tour. Und die schnellere, denn wer verstanden hat, worum es geht, macht nicht nur weniger Fehler, sondern er korrigiert sich selbst. Dazu gehört jedoch vor allen Dingen Ruhe.

Basis heißt ganz unten anzufangen, ohne Pferd, am Boden und zwar mit der Balance. Sie ist die Seele der Reiterei. Kinder haben sie normalerweise, das Pferd üblicherweise auch, nur erwachsene Reitanfänger haben sie oft schon wieder verlernt. Balance heißt, dass sich der Reiter nicht nur jedem Tempo- und Richtungswechsel anzupassen vermag, sondern in der Regel auch ohne sich mit Armen oder Beinen festzuhalten, denn die haben beim Reiten andere Aufgaben. Ein solches Gefühl im Hosenboden ist nicht nur das Resultat langjähriger Übung (obwohl diese selbstverständlich hilft), es verlangt eine Grundhaltung mit möglichst kurzen Reaktionswegen. Ähnlich, wie sich auch ein Ballspieler stets auf eine mittlere Position zurückzieht, solange er nicht weiß, aus welcher Ecke der nächste Ball kommt, wie hoch, tief, kurz oder weit er geschlagen wird. Auf den Reiter umgemünzt, bedeutet es, dass er seinen Schwerpunkt lotrecht über beiden Füßen zentriert, diese Position nur bei Bedarf aufgibt und prompt zu ihr zurückkehrt, sobald es möglich ist. Das gilt unabhängig davon, ob das Gesäß im Sattel ist oder nicht. Dazu gehört ferner, dass sein gesamter Rumpf einschließlich Kopf mittig bleibt. „Mittig" heißt nicht unbedingt senkrecht, wie sie später sehen werden, sondern in sich gerade, damit das Gewicht nicht durch eine Ausweichbewegung im Körper ungewollt einseitig verlagert wird und außer Kontrolle gerät.

Typisch für eine Ausweichbewegung der Wirbelsäule wäre zum Beispiel der hängende Kopf, wenn ein Reiter auf die Schultern des Pferdes starrt. Oder der krumme Rücken; hier reicht unter Umständen schon ein kurzer Stups (oder ein übermütiges Ausschlagen), um nach vorn zu kippen. Ähnlich sieht es aus, wenn sich der Reiter mit dem Oberkörper nach hinten lehnt, nur mit umgekehrter Falltendenz, bei entsprechendem Impuls von vorn. Eine weitere Möglichkeit ist das Ausweichen nach links oder rechts, sei es, weil der Reiter den Kopf schief hält oder im Rumpf abknickt. Letzteres erkennt man übrigens daran, dass eine Schulter höher beziehungsweise tiefer gehalten wird als die andere. Allerdings muss man hier zwei Varianten unterscheiden, die oft über einen Kamm geschoren werden:

DAS ZENTRIEREN DES KÖRPERGEWICHTS

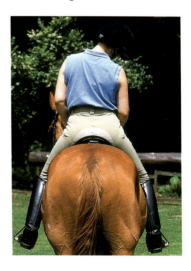

Eine seitliche Ausweichbewegung der Wirbelsäule resultiert aus dem Einknicken in der Taille oder im Hüftgelenk.

Reiten, Lernen, Logik

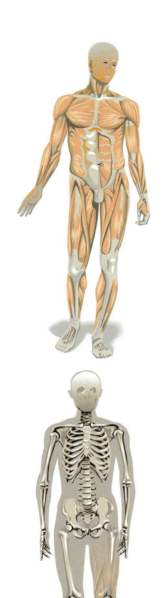

Das Skelett an sich ist nicht tragfähig. Es wird erst tragfähig durch die Haltekräfte der Muskulatur, die als Streck- und Beugemuster wie Kettenreaktionen durch den ganzen Körper laufen. Eine Bewegung findet nie nur in einem Gelenk statt, sondern pflanzt sich über Muskelketten fort.

- Die erste ist das Einknicken in der Taille: Dabei bleibt das Becken gerade, während der Oberkörper nach links oder rechts geneigt wird; der Knick befindet sich also oberhalb des Beckenkamms. Das Gemeine beim Taillenknick ist, dass dadurch nicht etwa die Gesäßhälfte vermehrt belastet wird, in die der Oberkörper zeigt – wie man es vermuten sollte – sondern die genau entgegengesetzte Seite. Das kann, speziell in Wendungen, für verblüffende Effekte sorgen, aber dazu später mehr.
- Die zweite ist das Einknicken im Hüftgelenk; hier befindet sich der Knick erheblich tiefer, nämlich im Übergang zwischen Rumpf und Bein, weil die Beckenbasis seitlich verkantet wird. Scheinbar in sich gerade lehnt sich der Reiter, wie der schiefe Turm von Pisa, wahlweise nach links oder rechts. Zwar hängt das Gewicht jetzt dort, wo man es vermutet, aber da die Rumpfneigung mit verstärktem Druck des Beines in Gegenrichtung kompensiert wird, dürften die Reaktionen des Pferdes ebenfalls verblüffen.

Und die Regel, die sich daraus ziehen lässt: Je neutraler der Reiter im Lot sitzt und sich wie in einem Fadenkreuz über der Längs- und Querachse des Pferdes zu zentrieren weiß, um so kontrollierter kann er agieren und um so eher wird ihm das Pferd gehorchen. Um Einsteigern diese Zusammenhänge zu verdeutlichen, wird der Körper des Reiters gerne mit einem Bausteinmodell verglichen, dessen Elemente aus Beinen, Becken, Oberkörper, Kopf und Armen sehr sorgfältig angeordnet werden müssen. Doch so eingängig das Bild auch ist, es hat einen Makel, denn Bauklötze haben plane Flächen, die sich zum Stapeln eignen, Menschen aber nicht. Und weil der menschliche Körper ganzheitlich funktioniert und alle Körperteile zusammenwirken, wird er aus biomechanischer Sicht eher als Zahnradmodell gesehen.

Denn das Skelett an sich ist ja nicht tragfähig. Es wird erst tragfähig durch die Haltekräfte der Muskulatur, die als Streck- oder Beugemuster wie Kettenreaktionen durch den ganzen Körper laufen. Eine Bewegung findet nie nur in einem Gelenk statt, sondern pflanzt sich über Muskelketten fort. Richtig aktiviert greifen die Baustein-Zahnräder so ineinander, dass sie die Balance des Reiters unterstützen, jedes Gelenk in seiner Mittelstellung federt, beweglich bleibt und kein Muskel unter Dauerspannung steht. Im umgekehrten Fall ist Muskelkraft gefordert, doch auch wenn der Reiter oben bleibt, Kraft kann Technik nur bedingt ersetzen. Außerdem ermüden Muskeln unter Dauerspannung nicht nur schnell, sondern schmerzen und verkrampfen und blockieren die Gelenke, die sie eigentlich bewegen sollen. Beispiel: Ein Reiter verkrampft die Zehen in den Steigbügeln oder reitet mit betont heruntergedrücktem Absatz – und stellt damit nicht nur Fuß-, Knie- und Hüftgelenk fest, so dass er nicht mehr losgelassen sitzen kann, die Verspannung wirkt sich bis in die Unterarmmuskulatur aus; die Folge ist unter anderem auch eine harte Hand. Es geht also nicht nur darum, seine Knochen zu sortieren, sondern sie auch richtig zu vertäuen, um nicht gegen seinen Körper zu arbeiten.

Vom Baustein- zum Zahnradmodell

Tatsächlich hat der Sitz des Reiters weniger mit dem Sitzen auf einem Stuhl oder Sessel gemein, als mit der Grundposition asiatischer Kampf- und Verteidigungstechniken: Um einen sicheren Stand und einen möglichst tiefen Schwerpunkt zu erhalten, geht der Kämpfer mit gespreizten Beinen leicht in die Knie und dreht die Ferse aus, bis die Füße annähernd parallel zueinander stehen. In dieser Haltung steht er weitaus stabiler als mit eng zusammengestellten geraden Beinen oder gar auswärts gedrehten Fußspitzen. Oberkörper und Kopf werden in einer Fluchtlinie zum Becken zentriert und die Schultern leicht zurückgenommen... das könnte aus jeder Reitlehre stammen. Selbst die Forderung nach fließenden Übergängen in den Bewegungen passt. Wären Armhaltung und Kleidung nicht und stünde unser Krieger nicht auf festem Boden, sondern hätte ein Pferd zwischen den Beinen – er säße blendend. Es gibt auch kaum eine andere Übung, die das dahinterstehende Prinzip perfekter demonstriert, denn, und auch das ist in jeder Reitlehre stillschweigend enthalten, würde man dem Reiter unverhofft das Pferd unter dem Hintern wegziehen, sollte er theoretisch immer auf den Füßen landen. Das ist Balance. Und die gilt es auf die einzelnen Sitzpositionen zu übertragen.

Es macht übrigens nichts, wenn Sie nicht alle Informationen auf Anhieb behalten. Im Moment reicht es aus, die Trockenübungen einfach auszuprobieren und sich an der Zusammenfassung zu orientieren. Aber Sie werden später garantiert darauf zurückgreifen, zum Nachschlagen. Dafür sind sie auch gedacht.

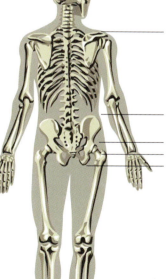

Schultergürtel, bestehend aus den Schlüsselbeinen, Schulterblättern und Schultergelenken: er ist vorne mit dem Brustbein nur durch zwei kleine Gelenke verbunden.

Oberer Beckenkamm

Hüftgelenk
Oberschenkelhals
Gesäßknochen

Das freie Schwingen der Hüfte oder „Mittelpositur des Reiters" ist von großer Bedeutung, um im dynamischen Gleichgewicht in der Bewegung des Pferdes zu bleiben. Durch den ausgestellten Oberschenkelhals und das höher als die Gesäßknochen liegende Hüftgelenk bleibt die Bewegungsfreiheit der Beine auch auf dem Pferd weitgehend erhalten.

Begriffen?

„Wichtig ist, dass die Schüler schon vor dem Reiten eine Vorstellung davon haben, was passiert, wenn sie nach unten gucken, die Schultern hängen lassen oder ein Bein stärker belasten als das andere. Natürlich ist es auf dem Pferd, ungeachtet aller Vorübungen, immer wieder anders, aber die gründliche Vorbereitung am Boden hat unter anderem auch den Sinn, dass sie die Begriffsschulung definiert. Die Schüler wissen, was gemeint ist, wenn ich „Rücken gerade" sage, „Schulter-Knie-Bügeltritt" oder „Kopf hoch" und reagieren richtig."

ANNA ESCHNER

Balance I

„Das erste, was der Reiter lernen muss, ist Balance zu halten. Nur durch sie soll er sich auf dem Pferd halten, nicht mit Hilfe der Arme und Beine. Arme und Beine haben mit der Balance nichts zu tun und können dem Reiter nur nützlich werden, wenn er die Balance verliert, um ihn vor dem Herunterfallen zu bewahren."

aus **WILHELM MÜSELERS** „Reitlehre"

DIE MITTEL-POSITUR DES REITERS

Balance II

„Pferde als Fluchttiere brauchen ein außergewöhnlich gutes Gleichgewicht. Als Reiter braucht man eine entsprechende Balance im Körper. Man muss aus dem Körper reiten, deshalb ist der Sitz so wichtig. Es ist ein rein physikalisches Problem: Das Pferd versucht seinen Schwerpunkt mit meinem Schwerpunkt in Übereinstimmung zu bringen, also kann ich auf das Pferd über meine Gewichtsverlagerung einwirken. Am mangelnden Gleichgewichtsgefühl scheitern so viele Reiter, daran muss man verstärkt arbeiten."

JEAN-CLAUDE DYSLI

DER VOLL-, GRUND- ODER DRESSURSITZ

Die erste Form, mit der Sie sich näher beschäftigen, ist der Voll-, Grund- oder Dressursitz. „Vollsitz", weil der Reiter mit seinem vollen Gewicht den Rücken des Pferdes belastet, „Grundsitz", weil aus dieser Basis alle anderen Sitzformen entwickelt werden und „Dressursitz", weil er in der Feinabstimmung zwischen Pferd und Reiter einen so hohen Stellenwert hat, dass er in älteren Reitlehren auch „Paradesitz" genannt wird. Welche Bezeichnung vorgezogen wird, hängt von der Reitweise ab, gemeint ist aber stets, dass sich der Reiter mit senkrechtem Oberkörper zum Pferderücken ausbalanciert und jeder Bewegung so geschmeidig folgt, dass das Gesäß wie angeklebt am Sattel haftet. Das erfordert erstens Übung, zweitens Geduld und, speziell in schnelleren Gangarten, eine Beweglichkeit im Becken, die man eher in einer Diskothek als im Sattel sucht.

Genau genommen ist es auch nicht das Becken allein, das für die Klebehaftung zuständig ist, denn dazu wäre dieser starre Knochenring kaum geeignet. Forscht man etwas genauer, kommt man zuerst dahinter, dass es eigentlich nur der obere Beckenkamm ist, der sich über den Gesäßknochen bewegt. Gräbt man noch etwas tiefer, findet man obendrein heraus, dass an jeder Beckenbewegung immer auch Oberkörper und Beine beteiligt sind. Und umgekehrt genauso: Keine Bewegung des Oberschenkels, keine Bewegung des Oberkörpers, ohne dass das Becken reagiert. Funktionell gesehen werden deshalb Beckenring, Lendenwirbelsäule und Hüftgelenk als Einheit zusammengefasst, weil hier die Kraftübertragung stattfindet. Dieser Bereich vom Beinansatz bis zur Taille, umgangssprachlich als „Hüfte" geläufig, heißt beim Reiter „Mittelpositur". Es ist die Schaltzentrale schlechthin, sowohl für die Bewegungskoordination des Reiters wie für die Kommunikation mit dem Pferd. Die Nahtstelle zwischen den beiden ist das Gesäß. Hier kommen die Stöße des Pferderückens an und hier müssen sie auch nach oben und unten abgeleitet werden. So gesehen spielt das Becken nun doch wieder eine zentrale Rolle, denn das funktioniert nur, wenn die Beckenstellung stimmt. Fast alle Sitzfehler, Balanceprobleme und damit im Gefolge auch die meisten Missverständnisse zwischen Reiter und Pferd resultieren daraus, dass der Reiter seine Mittelpositur falsch belastet. Sei es, weil ihm das Bewusstsein für die Interaktion zwischen Oberkörper, Becken und Beinen oder die Beweglichkeit der Hüfte als Ganzes fehlt.

Ein Gefühl, das vorzugsweise auf dem Sitzbalken trainiert wird. Hoch genug, damit die Beine frei herabhängen können, breit genug, damit das Gesäß bequem darauf Platz findet, aber nicht so breit, dass es subtilere Wahrnehmungen durch ein zu starkes Spreizen der Beine verdrängt, ist dieser unscheinbare Balken ideal, um sich mit seiner Mittelpositur auseinanderzu-

Der Voll-, Grund- oder Dressursitz

setzen. Das beginnt mit der Sitzbasis, einem Dreieck, das aus den beiden Gesäßknochen oder Sitzbeinhöckern und ihren Sitzbeinästen gebildet wird, die spitzwinklig aufeinander zulaufen und zum unteren Teil des Schambeins verwachsen. Setzen Sie sich dazu rittlings auf den Balken, lassen Sie die Beine locker herabhängen und experimentieren Sie mit Ihrem Beckenkamm, indem Sie ihn über ihren Gesäßknochen bewegen. Legen Sie zuerst eine flache Hand über den Bauchnabel und die andere in den Lendenbereich:

▸ Rollt der Beckenkamm nach hinten, zeigen die Gesäßknochen nach vorn, und der Brustkorb nähert sich der Taille. Der Druck auf den Gesäßknochen verringert sich, weil die Hauptlast jetzt auf den Pobacken liegt. Je weiter der Beckenkamm zurückkippt, um so buckeliger sitzt der Reiter, um so mehr Haltearbeit muss aber auch die Rückenmuskulatur leisten. Erhöhte Muskeldehnung bedeutet immer einen unnötigen Kraftaufwand.

▸ Rollt der Beckenkamm nach vorne, zeigen die Gesäßknochen nach hinten, und der Oberkörper richtet sich auf. Ohne dass sich der Po einen Millimeter bewegt, ändert sich auch hier der Druck und wird in Richtung Oberschenkel verlagert. Setzt man diese Bewegung fort, wird der Rücken im Extremfall zum Hohlkreuz durchgebogen. Auffällig beim Hohlkreuz ist, dass sich der ganze Rücken versteift, weil die Wirbelsäule bis zum Anschlag festgestellt ist. Hier gibt es nichts mehr zum Federn, weder nach oben noch nach unten. Auf Dauer ermüdet unter dem schmerzhaften Stauchen das „Material" und versagt. In diesem Fall gleich in doppelter Ausführung, nämlich der Rücken des Reiters und der Rücken des Pferdes. Hoppeln Sie auf Ihrem Sitzbalken auf und ab, um sich zu überzeugen.

Richtig: gleichmäßige Belastung der Mittelpositur, mit aufrechtem Oberkörper.

Sitz & Sitzfehler

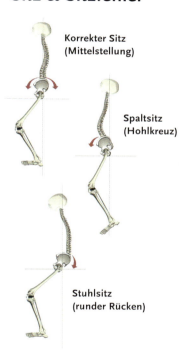

Korrekter Sitz (Mittelstellung)

Spaltsitz (Hohlkreuz)

Stuhlsitz (runder Rücken)

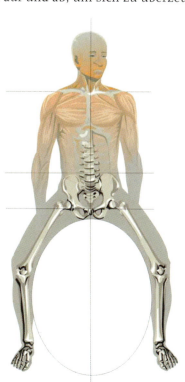

Je neutraler der Reiter im Lot sitzt und sich über der Längs- und Querachse des Pferdes zentriert, um so kontrollierter kann er agieren und um so kürzer sind die Reaktionswege.

Beim Einknicken oberhalb des Beckenkamms (Einknicken in der Hüfte) wird das Reitergewicht auf die gegenüberliegende Seite verlagert.

Beim Einknicken im Hüftgelenk lehnt sich der Reiter, scheinbar in sich gerade, nach einer Seite, weil die Beckenbasis seitlich verkantet wird.

Becken & Hüfte

Funktionell werden Lendenwirbelsäule, Beckenring und Hüftgelenke als Einheit betrachtet, weil hier die Kraftübertragung erfolgt und jede Bewegung in einem Bereich die beiden anderen beeinflusst; es ist die „Mittelpositur des Reiters".

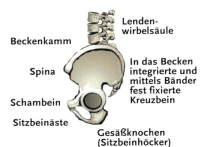

Beckenkamm
Spina
Schambein
Sitzbeinäste
Lendenwirbelsäule
In das Becken integrierte und mittels Bänder fest fixierte Kreuzbein
Gesäßknochen (Sitzbeinhöcker)

Funktionell werden Lendenwirbelsäule, Beckenring und Hüftgelenke als Einheit betrachtet; es ist die „Mittelpositur des Reiters".

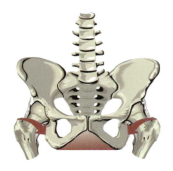

Ein leichtes Eindrehen der Beine aus dem Hüftgelenk verbreitert die Sitzbasis und bringt die Knie ohne muskuläre Anspannung an den Sattel.

Die Mittelstellung haben Sie gefunden, wenn Ihre Gesäßknochen senkrecht nach unten weisen, der Oberkörper über dem Becken aufgerichtet ist und Sie die geringste Spannung der Muskulatur fühlen. Das Gewicht ruht jetzt weder ausschließlich auf dem Gesäß noch auf den Oberschenkeln, sondern verteilt sich gleichmäßig über die gesamte Sitzbasis. Je nach Reitlehre heißt es, „der Reiter sitzt auf beiden Gesäßknochen und dem Spalt" oder „die Last des Körpers wird auf beide Gesäßhälften und die innere Oberschenkelmuskulatur verteilt". Greifen Sie jetzt um und stützen beide Hände so in der Taille ab, dass die Daumen oberhalb des Hüftknochens liegen und die restlichen Finger gespreizt den Beinansatz in der Leiste umfassen:

▸ Bewegen Sie nun Ihre Beine: Schwingen Sie erst das eine, dann das andere vor und zurück, ziehen die Fersen an und drehen die Oberschenkel ein und wieder aus. Dort, wo Sie die größte Bewegung unter Ihren Fingerkuppen spüren, liegt das Hüftgelenk, und auch das hat beim Reiten eine besondere Bedeutung, weil die Bewegung nicht auf das Bein beschränkt bleibt, sondern über die Hüftmuskulatur bis in den Oberkörper ausstrahlt. Verlagern Sie danach Ihr Gewicht einseitig, indem Sie Ihre Gesäßknochen wechselseitig vorschieben. Das ist ein Gefühl, als ob man auf den Pobacken gehen wollte, ohne sich vom Fleck zu bewegen. Dabei wird der Druck auf der einen Seite schwächer und auf der anderen stärker, während das Bein der belasteten Gesäßhälfte leicht nach unten sinkt; eine Bewegung, die Sie später noch häufig brauchen werden und meist als „Hüfte vorwärts-abwärts schieben" umschrieben wird.

Wichtig für Ihre koordinativen Fähigkeiten: Um Gefühl für den Einsatz Ihrer Gesäßknochen zu entwickeln, sollten Sie die Übungen auch mit untergeschobenen Händen versuchen oder, falls die Relation von Armlänge und Oberkörper das nicht erlaubt, als gegenseitige Partnerübung. Den Druck, den Sie in den Händen spüren, spürt auch das Pferd unter Ihren Gesäßknochen. Gehen Sie getrost davon aus, dass alles, was Ihnen unangenehm ist – wie unruhiges Hin- und Herrucken und jede Steifheit – auch für Ihr Pferd unangenehm ist. Und erst, wenn Sie die Funktionsweise der Mittelpositur einigermaßen eingespeichert haben, lohnt sich eigentlich das Aufsteigen. Vorzugsweise auf ein Holzpferd, um Ihr Leibross nicht zu nerven, denn es gibt noch einiges mehr zum Ausprobieren.

Nach dem Aufsitzen werden zuerst Sitzbasis und Beine stabilisiert. Rutschen Sie dazu in den tiefsten Punkt des Sattels, exakt in die Mitte und entspannen Sie Ihr Gesäß, damit es den Sattel ausfüllen kann.

Nun werden die Beine abgespreizt und leicht nach innen geneigt an den Sattel zurückgelegt. Die Oberschenkel werden so weit zurückgenommen, wie es mit einer gleichmäßigen Belastung der Sitzbasis zu vereinbaren ist. Der Vorteil dabei: Es bringt das Becken in noch engeren Kontakt zum Sattel und durch die tiefe Lage des Knies kann der Reiter den Pferdeleib in optimaler

Der Voll-, Grund- oder Dressursitz

Länge mit seinen Beinen umschließen. Die Knie werden so weit gewinkelt, dass sich der Fuß des rückwärts weisenden Unterschenkels unter dem Schwerpunkt des Reiters befindet, um in einem stabilen Gleichgewicht zu sitzen. Die Füße stützen sich dicht vor ihrer breitesten Stelle im Steigbügel auf und liegen annähernd parallel zum Pferd.

Wichtig ist vor allem die leichte Innenrotation des Beines aus dem Hüftgelenk, denn die löst eine der eingangs zitierten Kettenreaktionen aus:

1. wird dadurch die Sitzbasis verbreitert und die Unterstützungsfläche im Sattel vergrößert; entsprechend höher ist auch die Stabilität.
2. Gleichzeitig fixiert der schräg zum Kniegelenk weisende Oberschenkelknochen die flachen Innenseiten der Knie am Sattel, ohne dass ein einziger Muskel angespannt werden müsste! Der Reiter hat einen sicheren Halt und das Knie bleibt trotz Kontakt beweglich und kann die Schwingungen des Beckens nach unten weiterleiten.
3. Beeinflusst durch die Lage von Oberschenkel und Knie schmiegt sich der Unterschenkel mit der flachen Innenseite der Wade an den Pferderumpf an, soweit es dessen Wölbung erlaubt. Das ist der „haarfühlende" Schenkel: Nah genug, um bei Bedarf sofort einzuwirken und weich genug, um das Pferd nicht durch unnötigen Druck abzustumpfen.
4. Auch die Füße liegen, dem Körperbau entsprechend, in etwa parallel zum Pferd und müssen nicht korrigiert werden. Dadurch bleibt das Fußgelenk locker und federt jede Bewegung elastisch nach unten ab, so dass der Absatz zum tiefsten Punkt des Reiters wird.

Das Prinzip funktioniert ähnlich wie bei einer Klemme: Drückt man sie oberhalb der Feder zusammen, öffnet sie sich unten; lässt man die Klemme oben los, schließt sie sich unten. Wenn Sie das Beispiel mit der Grafik auf S. 97 vergleichen, dürfte es wahrscheinlich sofort einleuchten.

> **Tipp**
>
> Wenn weder Sitzbalken noch Holzpferd noch ein Turnpferd zum Voltigieren in der Reitschule vorhanden sind: Trainieren Sie Ihr Gefühl für die Beweglichkeit der Hüfte zuerst auf einem harten, ungepolsterten Stuhl, danach eventuell auch auf einem Physio- oder Hüpfball vor dem Spiegel (bei einer Körpergröße von 1,65 m braucht man einen Ball mit ca. 65 cm Durchmesser). Versuchen Sie dieses Fühlbild auf das Pferd zu übertragen. Überprüfen Sie sich vor allen Dingen immer wieder in Abständen. Der Reitlehrer kann Ihnen Anweisungen geben, er kann erklären – aber Verständnis für Ihren Körper entwickeln, das müssen Sie selbst.

Keine Anmache: Im Partnertest herauszufinden, was das Pferd unter den Gesäßknochen des Reiters spürt, gehört zu einer methodischen Sitzschulung.

Ihre Feder ist die Sitzbasis und der horizontal in das Hüftgelenk mündende Oberschenkelhals, und die wird durch ein leichtes Eindrehen der Oberschenkel aktiviert. Ergo: Um eine stabile Grundposition im Sattel zu erreichen, muss sich der Reiter in der Leiste öffnen. Je breiter und entspannter er im Sattel sitzt, um so besser. Im umgekehrten Fall wird nämlich leider der gegenläufige Prozess ausgelöst, und auch das sollten Sie ausprobieren.

Perfekt: Mit einer leichten Innenrotation der Beine aus dem Hüftgelenk wird die Sitzbasis verbreitert, so dass die Beine das Pferd in optimaler Länge umschließen.

> ## Raumfüllend
>
> „Entspannen Sie Ihren unteren Rücken und lassen Sie ihn sich verlängern. Das bringt Ihr Gesäß in den Sattel. Denken Sie an das Wohlergehen Ihres Pferdes. Würde es wohl gerne zwei harte Gesäßknochen auf seinem Rücken spüren, die Ihr ganzes Gewicht tragen? Oder wäre es ihm lieber, wenn sich das Gewicht gleichmäßiger auf eine größere Tragfläche zwischen Ihren weicheren Gesäßknochen und Ihrem Gesäß verteilte? Sie stimmen sicherlich zu, dass es das letztere vorzieht."
>
> aus **SALLY SWIFTS** „Reiten aus der Körpermitte"

Kneifen Sie versuchsweise Ihre Pobacken zusammen, so als ob Sie müssten und nicht dürften. Dabei verengt sich die Sitzbasis, die Hüfte wird festgestellt und Ihre Gesäßknochen werden angehoben, so dass Sie den Kontakt zum Pferderücken verlieren. Die Beine rollen nach außen, die Knie öffnen sich, die Zehenspitzen weisen seitwärts, dafür bohren sich die Hacken dem Pferd in die Rippen. Je mehr Sie klemmen, um so instabiler wird der Sitz. So lernen Sie nie ein geschmeidiges Mitgehen in der Pferdebewegung! Außerdem kann das Klammern mit Knie und Oberschenkeln oder der Druck der Fersen vom Pferd leicht als Aufforderung zum Schnellerwerden missverstanden werden.

Und die Schlussfolgerung daraus: Egal, ob der Reitlehrer „Knie tief", „Zehenspitzen nach innen" oder „Absatz tief" sagt, gemeint ist immer: Gesäß- und Beinmuskulatur entspannen, Gelenke lockern und das Bein aus der Hüfte heraus nach unten sinken lassen. Das höchste der Gefühle ist ein leichtes Ausstellen der Ferse, bis die Grundposition wieder stimmt. Es bringt überhaupt nichts, eine verkorkste Beinposition nur in dem Bereich korrigieren zu wollen, der besonders augenfällig ist. Und nie die Absätze nach unten

Der Voll-, Grund- oder Dressursitz

drücken; der Absatz wird erst in der Bewegung des Pferdes zum tiefsten Punkt des Reiters. Zum Schluss noch ein Tipp für Frauen, die mit kräftigen Oberschenkeln gesegnet sind: Greifen Sie von hinten in die Oberschenkel und ziehen Sie die innere Muskulatur leicht zurück, damit Sie die flache Innenseite der Oberschenkel besser ans Pferd bekommen und sich die Beine nicht versehentlich ausdrehen, was sonst sehr schnell passiert.

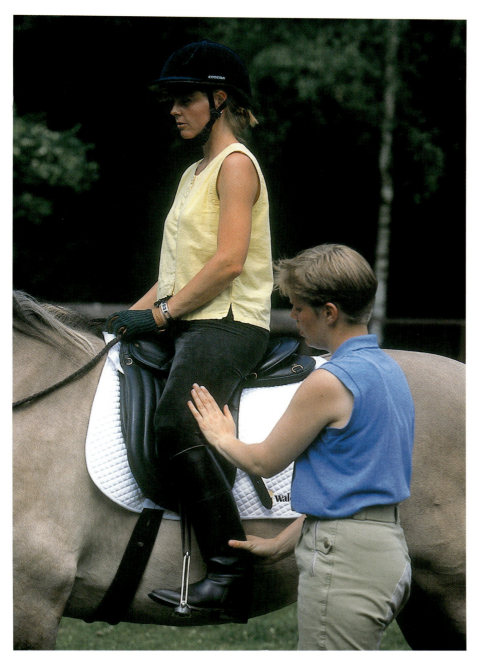

Angeln verboten!

„Grundsätzlich darf man nie versuchen, den Steigbügel krampfhaft mit den Zehenspitzen festzuhalten. Dabei wird die Fußspitze nach unten gedrückt, der Fuß rutscht bis zum Spann durch den Steigbügel, der Absatz wird hochgezogen und damit im Gefolge die Wadenmuskulatur so entspannt, dass sie keinen Druck mehr ausüben kann, folglich auch keine Schenkelhilfen."

JOCHEN SCHUMACHER

Offenes Knie: Mit Anspannen der Gesäßmuskulatur öffnet sich das Knie. Der Sitz wird instabil.

DAS STABILISIEREN DES OBERKÖRPERS

Freiheit für das Okzipitalgelenk

„Die Bedeutung des Kopfes für die Auslösung von Bewegungen wird insgesamt unterschätzt. Nicht der Blick geradeaus ist der korrekte, sondern der leicht unter die Horizontale gerichtete (Freimachen des Okzipitalgelenks). Wird die korrekte Stellung des Kopfes eingenommen, dann kann der Reiter sich optimal in die Bewegungen des Pferdes einfühlen; er schwingt mit ihnen mit und wirkt nicht gegen sie."

Nach **ECKART MEYNERS**
Dozent für Sportpädagogik, aus „Die Deutsche Reitlehre"

Als nächstes kommt der Oberkörper an die Reihe. Damit ist jetzt nicht mehr allein die Positionierung der Hüfte angesprochen, sondern die Stabilisierung von Brustkorb und Kopf über dem Becken. Ein nicht ganz leichtes Unterfangen, da der Oberkörper durch die einzelnen Segmente der Wirbelsäule enorm beweglich und entsprechend schwer in der Bewegung auszubalancieren ist. Doch solange er bei jedem Tritt unkontrolliert hin und her schwankt, können Sie weder ruhig sitzen noch Arme und Beine gezielt bewegen.

Die Stabilisierung beginnt im Becken: Ohne die Beinhaltung zu ändern, werden Becken und Brustkorb aufgerichtet, wie Sie es bei den Vorübungen zur Mittelpositur trainiert haben. Der Oberkörper wird so weit zurückgenommen, bis die Gesäßknochen senkrecht nach unten zeigen und Vorder- und Rückseite des Rumpfes vertikal und parallel zueinander liegen. Wenn es Ihnen schwer fällt, diesen Punkt zu lokalisieren, nehmen Sie ruhig erneut Ihre Hände zu Hilfe. Zum Schluss wird der Kopf hoch genommen und frei und aufrecht über Schultern und Hüfte ausbalanciert, denn mit seinem beträchtlichen Gewicht vermag er das Gleichgewicht des Reiters empfindlich zu stören. Der Blick geht geradeaus über das Pferd und erfasst die gesamte Umgebung. Wichtig für Ihre koordinativen Fähigkeiten: Niemals auf die Pferdeohren, den Hals, andere Reiter oder einzelne Objekte starren, sonst verkrampfen Sie sich unwillkürlich im Hals-Nackenbereich. Und achten Sie darauf, dass der Kopf beweglich bleibt, also weder das Kinn anziehen noch in Raubvogelmanier vorstrecken, um die Elastizität der Wirbelsäule nicht zu beeinträchtigen.

Stimmt die Senkrechte des Rumpfes vom Becken bis zum Kopf, werden die Schultern korrigiert, besser gesagt, die Lage des Schultergürtels auf dem Brustkorb. Der Schultergürtel ist ein Knochenkomplex, der sich aus den Schulterblättern, Schultergelenken und den Schlüsselbeinen zusammensetzt, die nur durch zwei kleine Gelenke mit dem Brustbein verbunden sind. Das erlaubt zwar eine große Bewegungsfreiheit der Arme, hat aber den Nachteil,

Ganz locker: Aus dem Becken heraus aufrichten und die Schultern in Richtung Becken senken, damit sich der Brustkorb unter den Schultergürtel schiebt und ihn trägt.

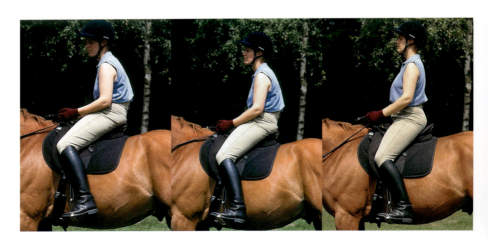

dass sich der Schulter-Nackenbereich sehr schnell verspannt und schmerzt, wenn der Schultergürtel nicht durch den Brustkorb gestützt, sondern muskulär gehalten wird. Für diese Stützfunktion reicht es nicht aus, bloß die Schultern nach hinten zu nehmen, das wäre eine ziemlich verkrampfte Angelegenheit. Sie müssen auch in Richtung Becken gesenkt und entspannt werden, bis die Schulterblätter flach an den hinteren Rippen anliegen und sich das Gewicht der Arme über den ganzen Rücken verteilt. Dabei wölbt sich der Brustkorb, richtet sich endgültig zu seiner vollen Länge auf und schiebt sich stützend unter den Schultergürtel, der jetzt wie ein breites Joch aufliegt und so die Haltearbeit der Muskulatur auf ein Minimum reduziert. Wenn die Aufrichtung von Becken und Oberkörper stimmt, werden Sie prompt merken, wie der Druck auf die Gesäßknochen zunimmt und Sie sehr viel stabiler sitzen.

Hilfreich, um Gefühl für die Länge des Oberkörpers zu entwickeln, ist ein bei Sally Swift entlehnter Rat: Fassen Sie ein Büschel Haare, ungefähr in Höhe der Ohren, und ziehen Sie sich wie eine Marionette nach oben. Ebenso wichtig ist jedoch auch der zweite Teil, denn lässt man die Haare wieder los, sackt der Körper einen Hauch in sich zusammen, und der obere Beckenkamm kippt um denselben Hauch nach hinten ab. Und damit haben Sie genau das erreicht, was in neun von zehn Reitlehren gefordert wird: Der Reiter sitzt gestreckt, aber ohne übertriebene Anspannung im Sattel. In dieser Haltung zeigt Ihr Rücken nicht den Schatten eines Hohlkreuzes oder eines runden Rückens, so dass die Wirbelsäule in ihrer natürlichen, charakteristischen S-Form schwingen kann. Zwanglose Aufrichtung heißt nicht, sich kerzengerade zu halten, als ob man einen Ladestock verschluckt hätte, die Schultern zurück oder das Kinn forsch in die Luft zu recken. In dieser altjüngferlichen Gouvernantenhaltung verspannt man sich lediglich automatisch und blockiert ebenso automatisch seine Mittelpositur, und das wäre nicht Sinn der Sache.

Kopf & Kragen

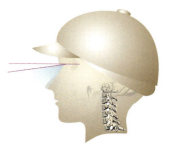

Es gibt eine gute Übung zum Finden einer freien Kopfhaltung: Schließen Sie die Augen, und senken Sie das Kinn auf die Brust; legen Sie anschließend den Kopf in den Nacken und lassen das Kinn mit geschlossenen Augen langsam bis zu dem Punkt sinken, an dem sich Ihr Hals-Nackenbereich leicht und frei anfühlt. Wenn Sie jetzt die Augen öffnen, wird Ihr Blick geradeaus über die Pferdeohren hinausgehen. Korrigieren Sie eventuell die Blickachse, bis sie eine Spur unterhalb der Waagerechten liegt, um nicht das Okzipitalgelenk zu blockieren. Das ist das Gelenk, das den Schädel mit dem ersten Halswirbel, dem Atlas, verbindet und für das rhythmische Schwingen der Wirbelsäule eine ähnlich hohe Bedeutung hat wie der Übergang vom 7. Halswirbel zum ersten Brustwirbel.

Schultergürtel: Bestehend aus den Schlüsselbeinen, Schulterblättern und Schultergelenken. Wird der Schultergürtel nicht durch den Brustkorb gestützt, sondern muskulär gehalten, verspannt sich der Schulter-Nackenbereich.

ARME UND HÄNDE

Unterschätzt, was die Stabilisierung des Oberkörpers betrifft, werden häufig auch Armhaltung und Stellung der Hände, der letzte Punkt auf unserer Liste.

Nach klassischer Manier hört sich das so an: Die Oberarme hängen locker und etwas vor der Senkrechten aus den Schultern heraus, die Ellenbogengelenke leicht an den Leib gelehnt. Die Unterarme werden angewinkelt, bis Unterarm, Zügel und Pferdemaul von oben wie von der Seite betrachtet eine gerade Linie bilden. Die Hände werden unverkrampft zur Faust geschlossen und beiderseits des Pferdehalses auf gleicher Höhe aufrecht getragen; die mäßig gekrümmten Daumen liegen dachförmig auf den Zügelenden und verhindern ein unkontrolliertes Durchrutschen der Zügel.

Westernreiter, explizit bei einhändiger Zügelführung, dürften damit kaum einverstanden sein, aber langsam. Es gibt selbstverständlich Situationen, auch bei den Klassikern, in denen das Eindrehen oder Abkippen, Höher- oder Tiefertragen der Hand sinnvoll ist. Für fortgeschrittene Reiter, denen das Aktivieren der Streckmuster bereits so in Fleisch und Blut übergegangen ist, dass sie sich Abweichungen leisten können. Im Anfängerbereich ist das Überspringen der Grundstufe dagegen eine probate Möglichkeit, den Schwierigkeitsgrad erheblich zu erhöhen. Am besten, Sie probieren das selbst aus.

In dem Moment, in dem Sie die Ellenbogen wie Henkeltöpfchen abspreizen oder Unterarm und Hand nach innen eindrehen, lösen Sie ein Beugemuster aus. Die Schultern kommen nach vorne, die Brust sinkt ein und die Schultermuskulatur wird gedehnt; das verträgt sich nur schlecht mit einer stabilen Aufrichtung. Werden die Arme nach vorne gestreckt, sieht es ähnlich aus; oft wird dabei auch das Ellenbogengelenk arretiert, was zwangsläufig zu einer harten Hand führt. Bei angeklemmten oder nach hinten gezogenen Ellenbogen verspannt sich die Schultermuskulatur ebenfalls. Wird der Unterarm zu hoch angewinkelt, wird schnell die Schulter hochgezogen; das verändert die Gewichtsbelastung. Bei einer ausgedrehten Hand verkrampft sich der ganze Arm, wird der Daumen flach auf die Zeigefinger gepresst, blockiert ein kleiner Muskel die Beweglichkeit des Handgelenks... und so weiter.

Die Hand ist der Puffer zwischen Pferdemaul und Reiterkörper. Feine Zügelhilfen aus einem beweglichen Handgelenk heraus sind nur möglich,

Ungebrochen

„Wir möchten, dass man bei der Aufrichtung der Hände minimal den Handrücken schimmern sieht. Das steht zwar entgegengesetzt zu vielen Ausführungen, aber es ist eine natürliche Handhaltung und erleichtert das Einhalten der geraden Linie, von oben betrachtet; besonders, wenn mit Gerte geritten wird. Wenn ich meine Hand verkante, also die kleinen Finger zueinander drehe, habe ich diese Linie genauso wenig wie bei einer „Pfötchenhaltung", bei der man den ganzen Handrücken sieht. Ich brauche die gerade Linie vom Daumen über den Zügel zum Pferdemaul, um sanft einwirken zu lernen."

ANNA ESCHNER

1 Richtig: aufrecht gestellte, unverkrampft geschlossene Fäuste. Zügel, Hand und Unterarm bilden eine ungebrochene Linie, die Daumen ein Dach.

2 Fäuste eingedreht: Durch die eingedrehten Fäuste verkrampft die Unterarmmuskulatur.

Der Voll-, Grund- oder Dressursitz

wenn sie unabhängig von den Schwingungen des Rumpfes gegeben werden können. Und dieses Ausgleichen über Arm und Schulter lernt man eben am leichtesten in der Grundhaltung; außerdem ist es auch hier eine Frage des kürzesten Reaktionsweges. Das heißt, Arme locker runterhängen lassen und dann wie oben beschrieben annehmen. Wichtig für Ihre koordinativen Fähigkeiten: Bei allen Handkorrekturen seitens des Reitlehrers immer erst die Aufrichtung überprüfen, Schultern entspannen und die Ellenbogen hauchzart an den Oberkörper lehnen oder, falls der Schultergürtel dafür zu schmal ist, in Körpernähe bringen, um seine Streckmuster zu aktivieren. Und dann erst die Handkorrektur durchführen. Die Hand selbst wird nie krampfhaft zugedrückt, sondern nur zu einer „hohlen Faust" geschlossen. Wenn Daumen und Zeigefinger den Zügel an Ort und Stelle halten, reicht das vollkommen aus. Post Scriptum: Bei der klassischen Zügelführung, mit einem Zügel, läuft dieser üblicherweise nicht unter dem kleinen Finger, sondern unter dem Ringfinger in die Hand. Wird der Zügel unter dem kleinen Finger gehalten, wird er schnell gequetscht, überdies neigen ungeübte Reiter dazu, die Hand zu verkrampfen.

Nimmt man jetzt alle Sitzanweisungen zusammen, würde ein über Ohr, Schulter und Hüftgelenk gefälltes Lot in etwa auf das Fußgelenk treffen, ehe es senkrecht zu Boden fällt. Natürlich kann diese Schwerelinie nicht immer exakt eingehalten werden, denn das hängt vom Körperbau des Reiters wie vom Ausbildungsstand des Pferdes ab. Gut gerittene Pferde lassen ihre Reiter gut sitzen, schlecht gerittene oder unzureichend ausgebildete Tiere dagegen nicht. Es gibt noch einige andere Gründe, wie der Satteltyp, aber dazu später mehr. Speziell Reiter in Westernsätteln werden, getäuscht durch die scheinbare Sicherheit, die diese Sättel vermitteln, eventuell vorschnell die Schlussfolgerung ziehen, dass die Schwerelinie nicht so wichtig sei – trotzdem sollte man sie im Hinterkopf behalten. Denn bevor man die Bewegungen des Tieres durch eine gezielte Gleichgewichtsstörung beeinflussen kann – und darauf basiert praktisch die gesamte Reiterei – muss man zuerst gelernt haben, sein eigenes Gleichgewicht zu kontrollieren; anders funktioniert das nicht.

> ### Wirkungslos
>
> „Die Hand des Reiters bewirkt nichts, wenn sie nicht vom Sitz begleitet wird."
>
> **ANTJE HOLTAPPEL**
> aus „Go West", ein bemerkenswerter Konsens zu klassischen Ausführungen.

Ungeeignet: Die einhändige Zügelführung beim Westernreiten ist für Einsteiger ebenso wenig geeignet wie das Reiten auf Kandare mit vier Zügeln im Dressursport.

3 Pfötchenhaltung: Bei verdeckten Händen ist ein gefühlvolles Annehmen der Zügel unmöglich.

4 Knick im Gelenk: Bei abgeknickten Fäusten wird der ganze Arm steif; das wirkt sich bis zum Becken aus; der flach aufgepresste Daumen blockiert zusätzlich das Handgelenk.

AUF EINEN BLICK DER VOLL-, GRUND- ODER DRESSURSITZ

KOPF Als oberster und gewichtiger Baustein wird der Kopf von der Wirbelsäule, wie ein Ball auf einem biegsamen Stab, über Schultern, Becken und Füßen ausbalanciert. Der Blick geht über die Pferdeohren und erfasst die gesamte Umgebung, ohne sich auf ein einzelnes Objekt zu konzentrieren.

SCHULTER Die Schultern werden parallel zur Hüfte auf gleiche Höhe fallengelassen und so weit zurückgenommen, dass der Brustkorb den Schultergürtel wie ein breites Joch trägt.

ARME Die Oberarme hängen etwas vor der Senkrechten locker aus den Schultern heraus in Körpernähe herab; wenn möglich, werden die Ellenbogen leicht an den Leib gelehnt, um die Aufrichtung des Oberkörpers zu unterstützen. Die Unterarme werden so angewinkelt, dass sie eine gerade Verlängerung des Zügels darstellen, um möglichst weich aus den Schultern heraus arbeiten zu können.

HÄNDE Die Hände werden aufrecht beiderseits des Widerrists getragen, und zu einer hohlen Faust geschlossen. Der dachförmig gekrümmte Daumen hält den Zügel auf dem Zeigefinger fest.

OBERKÖRPER Der Oberkörper wird zwanglos aufgerichtet, bis der Reiter gestreckt und in sich gerade, aber ohne übertriebene Anspannung aufgerichtet ist. Dazu muss sich der Oberkörper senkrecht über den Gesäßknochen befinden und der Reiter im tiefsten Punkt des Sattels sitzen.

HÜFTE Als Bewegungszentrale des Reiters kann die Hüfte den Schwung des Pferdes nach oben und unten nur weiterleiten, wenn das Becken elastisch in der Bewegung des Pferdes mitschwingt. Voraussetzung dafür ist eine gleichmäßige Belastung der Sitzbasis und eine entspannte Gesäßmuskulatur.

OBERSCHENKEL Die Innenseiten der Oberschenkel liegen locker, flach und leicht nach innen geneigt am Sattel an. Sie werden so weit zurückgenommen, wie es mit einer gleichmäßigen Belastung der Sitzbasis zu vereinbaren ist.

KNIE Die tief und flach anliegenden Knie halten einen ständigen, aber weichen Kontakt zum Sattel, um die Federbewegung der Hüfte bis ins Fußgelenk durchlassen können. Sie werden so angewinkelt, dass das Fußgelenk unter die Hüfte und damit unter den Schwerpunkt des Reiters zurückgeführt wird.

UNTERSCHENKEL Die schräg rückwärts weisenden Unterschenkel liegen in der Grundposition knapp hinter dem Sattelgurt und schmiegen sich mit der Innenseite der Waden so weit an den Pferdebauch, wie es dessen Wölbung erlaubt (haarfühlender Schenkel).

FÜSSE Die Füße ruhen annähernd parallel zum Pferdeleib im Steigbügel, der kurz vor der breitesten Stelle des Fußballens aufgenommen wird. Das Fußgelenk muss beweglich bleiben; eine leichte Öffnung nach außen ist weniger fehlerhaft als ein krampfhaftes Eindrehen der Fußspitzen, das sich als Verspannung auf den gesamten Sitz überträgt.

Der Voll-, Grund- oder Dressursitz

1 **DIAGONALE LINIE** über Zügel, Hand, Unterarm und Ellenbogen. Unterarm, Hand und Zügel sollte eine gerade Linie bilden, sowohl von oben wie von der Seite betrachtet.

2 **VERTIKALE LINIE** über Kopf, Schulter, Hüfte und Absatz. Die Schwerelinie im Voll-, Grund- oder Dressursitz verläuft in etwa über Ohr, Schulter, Hüft- und Fußgelenk, kurz als Schulter-Hüfte-Absatz bezeichnet.

DER ENTLASTUNGSSITZ

UNTERSCHIEDE IN DER ENTLASTUNG

Die zweite Sitzform ist der „Entlastungssitz" oder „leichte Sitz", wie er meist genannt wird. Beides ist eine recht vage Untertreibung, weil dieser Sitz ähnlich nebulöse Varianten hat wie eine Kaffeekarte in Österreich und ein riesiges Anwendungsgebiet abdeckt: Beim Anreiten junger Pferde und zum Aufwärmen, um die noch schwache oder ausgekühlte Muskulatur zu schonen, in Trab und Galopp auf unebenem Boden, beim Bergauf- und Bergabreiten, auf längeren Ritten, beim Springen und natürlich auf der Rennbahn. Entsprechend seinem Einsatzzweck kursiert er auch unter Begriffen wie Geländesitz, Jagd-, Spring- oder Rennsitz und einigen anderen mehr. Lassen Sie sich dadurch nicht irritieren, das bezeichnet nur den jeweiligen Entlastungsgrad.

Allen Formen gemeinsam ist, dass der Reiter den Pferderücken entlastet, sich also leicht macht, indem er sich nach vorne neigt. Zwar wiegt er dadurch kein Gramm weniger, aber der Druck der Gesäßknochen auf den Pferderücken verringert sich, weil das Gewicht vermehrt auf Oberschenkel, Knie und Steigbügel verlagert wird und dem Tier das Auf- und Abwölben des Rückens erleichtert. Je geringer die Entlastung ist, um so näher bleibt das Gesäß am Sattel, bei hohem Tempo oder beim Springen duckt sich der Reiter tiefer über den Pferdehals, nimmt den Po weiter aus dem Sattel und entlastet entsprechend stärker auch den Pferderücken. Dabei steht der Grad der Vorneigung in Relation zur Bügellänge – aber das ist nicht das einzige, was sich ändert:

▶ Bei relativ langen Bügeln, wie im Grundsitz, ist bloß ein leichtes Vorneigen möglich, sonst gerät der Reiter aus dem Lot und fällt vorne über. Western-, Gangpferde- und Dressurreiter begnügen sich meist mit dieser geringen Ausprägung; sei es, weil überwiegend im Vollsitz geritten wird oder weil der Schnitt der Sattelblätter für eine starke Verkürzung ungeeignet ist. Und da auch junge Pferde, die „Remonten", zur Schonung so geritten werden, hat sich dafür die Bezeichnung „Remontesitz" eingebürgert.

▶ Je kürzer die Bügel sind, je höher und weiter nach vorne die Knie rutschen, um so stärker kann sich der Reiter zusammenfalten. Ähnlich wie bei einer tiefen Kniebeuge erhöht sich dabei die Körperspannung, quasi als Ersatz für den Wegfall der langen Beinposition am Pferderumpf und des Gesäßes als Unterstützungsfläche. Hohe Körperspannung und die stärkere Winkelung von Ober- und Unterschenkel bringt die Knie in festeren Kontakt zum Sattel, was den Sitz erheblich stabilisiert. Gelände- und Distanzreiter begnügen sich jedoch meist mit einer gemäßigten Form, weil die Haltung auf langen Ritten auch für geübte Reiter sehr anstrengend ist, und schieben zu ihrer Sicherheit lediglich die Füße tiefer in die Steigbügel.

Faustregel

„Höhe bzw. Tiefe des Knies – und damit auch die Winkelung von Ober- und Unterschenkel sowie der Neigungsgrad des Oberkörpers – hängen maßgeblich von der Länge des Steigbügelriemens ab. So braucht zum Beispiel der Springreiter eine andere Positionierung des Ober- und Unterschenkels als ein Dressurreiter, Western- oder Gangpferdereiter; dann hängt es auch davon ab, welcher Satteltyp benutzt wird und wo am Sattel die Halterung des Steigbügelriemens befestigt wird. Als Faustregel für den Entlastungssitz gilt: Je länger der Steigbügel, um so geringer die Neigung des Oberkörpers."

JOCHEN SCHUMACHER

Der Entlastungssitz

- Zum Springen reicht das nicht aus. Hier werden die Bügel etwas kürzer geschnallt, um die Beine besser zu stabilisieren. Für zusätzlichen Halt und als Gegengewicht zur Vorneigung beim Absprung sorgt ein nach unten gedrücktes, elastisch federndes Fußgelenk; eine typische Situation im modernen Springsport.
- Werden die Bügel jedoch noch weiter verkürzt, um den Pferderücken noch deutlicher zu entlasten, und rutschen die Knie noch höher, muss der Fuß bis zur Fußwölbung in die Steigbügel geschoben werden, um die Instabilität auszugleichen; übrigens eine Sicherheitsmaßnahme aus dem Rennsport. Dabei wird zwar die Ferse festgestellt, so dass der Absatz kaum noch federn kann, dafür bilden Unterschenkel und der fast waagerechte Fuß jetzt ein stabiles Fundament, über das der Reiter seinen Schwerpunkt bewegt. In dieser Haltung, die bei jedem Pferderennen zu sehen ist, bleibt dem Reiter gar nichts anderes übrig, als das Absenken des Oberkörpers durch ein so starkes Zurückschieben der Hüfte auszubalancieren, dass das Gesäß wie ein Entenbürzel nach hinten ragt.
- Und hier tritt mit zunehmender Geschwindigkeit das letzte Element hinzu, nämlich die Aufstellung des Unterschenkels in eine nahezu senkrechte Position. Das ist dann der echte Rennsitz, bei dem die Steigbügel so weit verkürzt sind, dass der Reiter im Schritt mehr im Sattel kauert als sitzt.

Aus dieser Abfolge lassen sich gleich mehrere Schlussfolgerungen ziehen: Die Dynamik des Entlastungssitzes kommt erst bei höherem Tempo oder beim Springen voll zur Geltung und verlangt vom Reiter eine sehr hohe Reaktionsfähigkeit, um sich der ständig wechselnden Schwerpunktverlagerung des Pferdes anpassen zu können. Und durch die zunehmende Instabilität kommt im Anfängerbereich nur ein Entlastungsgrad in Frage, der irgendwo zwischen Remontesitz und gemäßigtem leichten Sitz angesiedelt ist.

> ### Der Remontesitz
>
> „Der Name stammt aus dem Vokabular der Heeresreitschulen, wo in diesem Sitz die jungen Pferde, die „Remonten", eingeritten wurden. Der Körper des Reiters ist gerade, aber leicht vor der Senkrechten, der Reiter sitzt vor den Gesäßknochen, die Hüftknochen nach vorne gewinkelt, Oberschenkel und Bügel sind vermehrt belastet."
>
> **ANTHONY PAALMANN**
> aus „Springreiten"

Der Sicherheitssitz unterscheidet sich vom Remonte- oder gemäßigten Entlastungssitz nur dadurch, dass die Hände aufgestützt werden.

Warum dann dieser ausführliche Exkurs? Um die zahlreichen Widersprüche in weiterführenden Reitlehren zu entschärfen, mit denen Sie später unweigerlich konfrontiert werden. Zwar ist die Auflösung bezüglich Höhe oder Tiefe der Ferse, Gewichtsverlagerung auf Bügeltritt oder Absatz oder inwieweit das Zurückschieben der Gesäßknochen zulässig sei oder nicht fast immer irgendwo im Text verborgen – aber nachvollziehen lassen sich die Gedankengänge nur, wenn man die gesamte Tonleiter kennt. Und dazu reicht die übliche grobe Unterteilung in Dressursitz (Grund- oder Vollsitz), leichter Sitz und Rennsitz nicht aus, weil sie die Übergangsformen ignoriert und damit notwendige Erklärungen schuldig bleibt. Denn obwohl der Entlastungssitz zweifellos aus dem Grundsitz entwickelt wird, ändert sich bei der Metamorphose zum Rennsitz derart viel, dass zum Schluss fast nur noch der gemeinsame Nenner übrig ist, dass der Reiter auf dem Pferd sitzt und nicht etwa umgekehrt.

Anders gesagt: Jede Sitzvorgabe ist nicht nur an eine bestimmte Bügellänge, sondern auch an eine bestimmte Situation gebunden und muss im Zusammenhang gesehen werden, dann bleibt sie in sich schlüssig.

ENTLASTUNGSSITZ

GEMÄSSIGTER LEICHTER SITZ

LEICHTER SITZ

GEMÄSSIGTER RENNSITZ

CHIRONSITZ

RENNSITZ

DER ENTLASTUNGSSITZ IN EINZELNEN STUFEN

▶ DER REMONTESITZ ODER ENTLASTUNGSSITZ IN DER GRUNDAUSBILDUNG

Bei maximal 1-2 Loch verkürzten Bügeln ist der Remontesitz mit dem Voll-, Grund- oder Dressursitz noch eng verwandt. Die lange Beinposition und das tiefe Knie erlauben nur eine geringfügige Vorneigung; die Steigbügel werden kurz vor der breitesten Stelle des Fußes aufgenommen. Diese Form des Entlastungssitzes wird auch von Western- und Gangpferdereitern bei Bedarf eingesetzt: zum Aufwärmen der Tiere oder in schwierigem Gelände, bei klassisch orientierten Reitern außerdem in lösenden Dressurlektionen und allgemein beim Einreiten junger Pferde.

▶ DER GEMÄSSIGTE LEICHTE SITZ

Die um 2-3 Loch verkürzten Steigbügel erlauben Geländereitern ohne Springambitionen die problemlose Bewältigung auch schwieriger Geländeformationen bei mittlerer Entlastung des Pferderückens. Der Fuß kann ein wenig tiefer in die Steigbügel geschoben werden, um sie nicht im ungünstigsten Moment zu verlieren. Durch die etwas stärkere Winkelung des Beines ist die Gewichtaufnahme auf Knie und Oberschenkel und die damit verbundene höhere Körperspannung schon deutlich spürbar; dieser Entlastungsgrad wird auch von Distanzreitern bevorzugt.

▶ DER LEICHTE SITZ

Im modernen leichten Sitz, wie er beim Jagdreiten, in der Vielseitigkeit und im Springsport bevorzugt wird, werden die Bügel um 3-4, manchmal auch 5 Loch verkürzt. Bei dieser Bügellänge vermag der Reiter noch fließend von einer stärkeren aktiven Einwirkung zu einer optimalen Entlastung über dem Sprung wechseln, um das Pferd in jeder Phase sicher zu kontrollieren und an die Hindernisse heranzuführen. Die hohe Körperspannung und ein fester Knieschluss festigen den Sitz des Reiters; die Bügel werden unter der breitesten Stelle des Fußballens aufgenommen und die Absätze aus elastisch federndem Fußgelenk nach unten gedrückt, um den Unterschenkel zu stabilisieren. Das ist besonders wichtig beim Absprung über hohe Hindernisse, wenn der Reiter weiter im Oberkörper abknicken muss, als es die Bügellänge an sich erlaubt, um sich der extremen Schwerpunktverlagerung des Pferdes anpassen zu können (obwohl es das Zurückfliegen der Unterschenkel selbst bei Topreitern nicht immer zu verhindern vermag).

▶ DER GEMÄSSIGTE RENNSITZ

Die Verkürzung der Bügellänge von 4-6 Loch stellt den Übergang zum „echten" Rennsitz dar. So zeigt der Rennsitz der Vielseitigkeitsreiter noch eine deutliche Anlehnung an den modernen leichten Sitz der Springreiter. Dagegen erinnert der leichte Sitz beim Chironspringen (analog zum alten Springsitz der Kavallerie) mit den bis zur Fußwölbung aufgenommenen Steigbügeln und dem Entenpo bereits eher an den Rennsitz von Jockeys. Zwar bleibt das Gesäß dichter am Sattel als bei Hindernisrennen üblich, auch wird der Oberkörper nie bei Tiefsprüngen nach hinten gelehnt, dafür ist die Sitzstabilität trotz der kurzen Bügel so hoch, dass es ein beliebter Einstieg in das Spring- und Vielseitigkeitsreiten ist. Unter anderem, weil die Tiere, wie die früheren Gebrauchspferde der Kavallerie, sehr sorgfältig darauf geschult werden, selbstständig zu springen.

▶ DER RENNSITZ

Im echten Rennsitz werden die Steigbügel so extrem verkürzt, dass sich die Knie oberhalb des Sattels befinden und der Reiter im Schritt eher kauert als sitzt. Typisch bei zunehmender Geschwindigkeit oder über Sprüngen ist das tiefe Absenken des Oberkörpers, das nach hinten ragende Gesäß und das Aufstellen der Unterschenkel in eine senkrechte Position, um sich bei größter Entlastung des Pferderückens dynamisch jeder Schwerpunktverlagerung anpassen zu können. Bei dieser Bügellänge ist die Einwirkungsmöglichkeit auf das Pferd, im Vergleich zum Dressursitz, stark reduziert.

DER SICHERHEITSSITZ IN DER GRUNDAUSBILDUNG

Davon abgesehen hat der gemäßigte Entlastungsgrad in der Grundausbildung eine ganz besonders wichtige Funktion und zwar unabhängig von der Reitweise oder der späteren Spezialisierung, weil er mit aufgestützten Händen zum Sicherheitssitz wird und dem Reitanfänger hilft, sich bei höherer Geschwindigkeit zu stabilisieren, obwohl er das von seiner Bewegungskoordination her eigentlich noch gar nicht kann.

Das heißt, er darf nicht nur, sondern er soll seine Hände aufstützen! Und das solange, bis er sich in den Rhythmus schnellerer Gangarten eingefühlt hat. Erstens, um ihn davor zu bewahren vom Pferd zu fallen, zweitens, um dem Tier die anfänglich sonst unvermeidbare Hoppelei auf dem Rücken zu ersparen und drittens, damit sich der Reiter nicht verkrampft, denn dann ist jede Korrektur des Reitlehrers zum Scheitern verurteilt, weil es der Schüler nicht umsetzen kann. Voraussetzung für den Erfolg ist, dass sich der Reiter korrekt ausbalanciert. Korrekt bedeutet, dass sein Schwerpunkt trotz Vorneigung exakt über beiden Füßen liegt, um auch hier den kürzesten Reaktionsweg sicherzustellen. Dabei gibt es eventuell ein kleineres Problem: Denn im Vollsitz kann, die entsprechende Dehnfähigkeit der Muskulatur und einen geeigneten Sattel vorausgesetzt, eigentlich jeder die Schwerelinie von Kopf-Schulter-Hüfte-Absatz einnehmen, ungefähr zumindest, unabhängig von den Körperproportionen – im Entlastungssitz aber nicht. Zwar gibt es ebenfalls eine Schwerelinie, die durch die Vorneigung jetzt in etwa über Schulter-Knie-Bügeltritt verläuft, aber kein Einheitsmaß für die Winkelung von Knie- und Hüftgelenk, weil langer Oberkörper/kurze Beine oder umgekehrt kurzer Oberkörper/lange Beine unterschiedliche Kräfteverhältnisse schaffen. Der Reiter muss also selbst herausfinden, wie tief er in die Knie gehen oder wie weit er den Oberkörper vorneigen kann:

▸ Beugt man sich zu weit vor, wird zuviel Gewicht auf die Zehenspitzen verlagert, muss der ganze Körper angespannt werden, um nicht auf den Pferdehals zu kippen. Dabei wird nicht nur der Sitz steif, so dass der Reiter

---

Entlastung für Gangpferde

„Zur Verbesserung des Gleichgewichts sollten auch Gangpferdereiter den Entlastungssitz lernen. Anfangs können Sie mit einer Hand in die Mähne fassen, später sollten routinierte Reiter auch freihändig reiten. Wenn Sie das beherrschen, ohne mit dem Gesäß im Sattel zu klappern oder dem Pferd mit dem Zügel ins Maul zu fallen, verbessern sich Haltung, Balance und Geschmeidigkeit auch im Vollsitz automatisch."

WALTER FELDMANN

Kennzeichen des modernen leichten Sitzes ist das nach unten gedrückte, aber elastisch federnde Fußgelenk, um die Vorneigung des Reiters bei hohen Sprüngen zu kompensieren.

in der Mittelpositur nicht mehr schwingen kann; er bringt auch zu viel Gewicht auf die Schulter des Pferdes und würde auf Dauer die Vorderbeine zu stark belasten.

▶ Bleibt das Gewicht zu weit im Fersenbereich, tendiert der Reiter dazu, dem Pferd in den Rücken zu fallen, oder er zieht sich am Zügel fest. Weder das eine noch das andere wird von dem Ross sonderlich geschätzt, denn das tut weh. Den Mittelweg zwischen beiden Extremen findet man durch ein Vor- und Zurückschieben der durch die Vorneigung ohnehin nach hinten weisenden Gesäßknochen, bis die Ideallinie stimmt. Wenn Sie die einzelnen Stufen zuerst am Boden ausprobieren und möglichst noch in verschiedenen Entlastungsgraden, finden Sie am schnellsten den Spielraum heraus, in dem Sie sich mit dem geringsten Kraftaufwand auf und ab, aber auch vor und zurück bewegen können.

Wichtig für Ihre koordinativen Fähigkeiten: Der Oberkörper wird aus dem Hüftgelenk heraus geneigt, damit der Rücken gerade bleibt. Richtig ist es, wenn sich der Winkel zwischen Becken und Oberschenkel verkleinert; das ist der „Leistenknick". Denn wenn man sich aus der Taille vorbeugt, Sie erinnern sich, wird bloß die Wirbelsäule krumm und der Sitz instabil. Als nächstes gilt es, die optimale Bügellänge auf dem Pferd zu finden, und auch hier hilft wieder nur ausprobieren: Die Bügel dürfen weder so lang sein, dass die Unterschenkel beim Vorneigen nach hinten rutschen, noch so kurz, dass der Kontakt mit dem Sattel verlorengeht. Das Gesäß bleibt auf Tuchfühlung mit dem Leder, also nicht die Beine strecken, sondern den Po etwas zurückschieben, sonst klappt das nicht. Das Ausbildungsziel in der Grundausbildung ist ja kein Springparcours, sondern bestenfalls eine Vorbereitung auf das Reiten im Gelände, und es ist eine wichtige Vorstufe auf den Vollsitz in Trab und Galopp.

Die Steigbügel selbst werden, wie im Dressursitz, kurz vor der breitesten Stelle des Fußes aufgenommen, damit der Absatz in der Bewegung des Pferdes durchfedern kann, und gültig bleiben auch die meisten anderen Erkenntnisse, soweit es das Auslösen der Streck- und Beugemuster betrifft: Der Kopf wird über den Schultern zentriert und so weit gehoben, dass der Blick über das Pferd hinausgeht; die Schulter bleiben auf gleicher Höhe und parallel zum Becken des Reiters; die Oberschenkel liegen leicht nach innen geneigt am Sattel an, Knie und Unterschenkel halten einen weichen, unverkrampften Kontakt mit dem Pferderumpf und so weiter. Lediglich die Oberarme kommen durch die Vorneigung weiter vor und liegen nicht mehr am Oberkörper an, aber sobald der Reiter sicher genug ist, um sich von den aufgestützten Händen zu lösen, werden auch hier die Ellenbogen so gewinkelt, dass die Unterarme eine gerade Verlängerung des Zügels bilden. Und erst, wenn das geklärt ist, geht es endgültig in den Unterricht. Der beginnt allerdings gleich mit einer Fehleranalyse.

Auf Tuchfühlung

„Das Endergebnis beziehungsweise das beste Ergebnis in der Anfängerschulung wäre, wenn man sagen kann: Die Unterhose ist noch im Sattel und die Reithose schon nicht mehr oder, dass man ein Blatt Papier zwischen Reithose und Sattel durchschieben kann. Es ist nicht das Ziel, möglichst weit aus dem Sattel zu kommen, sondern möglichst dicht am Sattel zu bleiben – aber mit geradem Rücken, um gezielt über Oberschenkel und Knie zu arbeiten."

ANNA ESCHNER

DER ENTLASTUNGSSITZ IN DER GRUNDAUSBILDUNG

KOPF Der Kopf wird über der Längsachse des Reiters zentriert und in Verlängerung der Wirbelsäule frei und aufrecht getragen. Er wird etwas angehoben, um über die Pferdeohren hinaus sehen zu können.

SCHULTERN UND OBERKÖRPER Der Oberkörper bleibt trotz Vorneigung gestreckt und in sich gerade, damit die Wirbelsäule ihre natürliche Stellung behält. Achtung: Weder in ein Hohlkreuz noch in einen runden Rücken ausweichen. Beide Schultern liegen auf gleicher Höhe, parallel zum Becken des Reiters und in gerader Flucht der Rückenlinie.

ARME Die Arme lehnen sich zwar nicht mehr an den Oberkörper an, hängen aber weiterhin locker aus der Schulter heraus. Die Unterarme werden wie im Dressursitz so angewinkelt, dass sie in Verlängerung des Zügels in Richtung Pferdemaul zeigen.

HÄNDE Die Hände werden entweder am Pferdehals aufgestützt oder frei getragen und zu einer unverkrampften Faust geschlossen. Die Daumen fixieren dachförmig gekrümmt den Zügel auf den Zeigefingern, damit er nicht aus den Händen rutscht.

HÜFTE UND GESÄSS Hüfte und Gesäß werden so weit zurückgeschoben, dass der Reiter sein Gewicht über Oberschenkel, Knie und Bügeltritt ausbalancieren kann. Die Vorneigung erfolgt aus dem Hüftgelenk, damit der Rücken in sich gerade bleibt.

OBERSCHENKEL Die Innenseiten der Oberschenkel liegen flach und leicht nach innen geneigt am Sattel an. Die Bügel werden so weit verkürzt, dass der Reiter eine deutliche Gewichtsverlagerung auf die Oberschenkel spürt.

KNIE Die tief und flach anliegenden Knie halten mit der Innenseite einen steten, aber unverkrampft weichen Kontakt mit dem Sattel. Durch das Zurückschieben des Gesäßknochen liegen die Knie jetzt in etwa auf einer Linie mit Schulter und Bügeltritt.

UNTERSCHENKEL Die schräg rückwärts weisenden Unterschenkel liegen knapp hinter dem Sattelgurt und schmiegen sich mit der Innenseite der Waden so weit an den Pferdebauch, wie es dessen Wölbung erlaubt.

FÜSSE Die Füße ruhen annähernd parallel zum Pferdeleib im Steigbügel. Im Remonte- oder Sicherheitssitz mit seinen relativ langen Bügeln wird der Steigbügel weiterhin kurz vor der breitesten Stelle des Fußballens aufgenommen, um die Auf- und Abwärtsbewegung des Pferderückens deutlich bis in den Absatz durchfedern zu lassen.

DIAGONALE LINIE über Zügel, Hand, Unterarm und Ellenbogen. Bei anstehendem Zügel und frei getragener Hand sollte der Unterarm in gerader Linie auf das Pferdemaul zeigen. **1**

DER SICHERHEITSSITZ

Der Sicherheitssitz unterscheidet sich vom Remonte- oder gemäßigten Entlastungssitz nur dadurch, dass die Hände aufgestützt werden.

Der Entlastungssitz 115

2 **VERTIKALE LINIE**
Die Schwerelinie im Entlastungssitz verläuft in etwa über Schulter, Knie und Bügeltritt. Wird auf Halfter mit aufgestützen Händen geritten, kann die ungebrochene Linie zwischen Zügelhand und Unterarm natürlich nicht eingehalten werden.

VERZÖGERTE LÖSUNGEN HAFTEN BESSER

SITZFEHLER, URSACHEN UND FOLGEN

Der Spaß beim Reiten beginnt, sobald sich das Pferd in Bewegung setzt – doch leider steigt auch die Gefahr, das soeben mühsam erworbene Gleichgewicht wieder zu verlieren. Denn Sitzübungen auf dem Holzpferd sind eine Sache – sein dynamisches Gleichgewicht in der Bewegung des Pferdes zu finden, eine andere. „Das Pferd", pflegte Ursula Bruns gerne zu sagen, „ist kein Tisch. Es hat zwar auch vier Beine – aber die bewegen sich". Und so schleichen sich Fehler oft schneller ein, als ein Pferd traben kann – nebenbei bemerkt die Gangart, in der die meisten entstehen. Unter Fehler wird übrigens nicht der anfänglich unruhige Sitz an sich verstanden, denn natürlich braucht jeder Zeit, um sich an den Rhythmus der Pferdebewegung zu gewöhnen, und es ist vollkommen normal, dass sich mal der Kopf, mal die Hände, mal Beine oder Oberkörper selbstständig machen. Sonst gäbe es kaum eine Entschuldigung dafür, warum die weltbesten Reiter so viele Jahre brauchen, um an die Spitze zu kommen. Dieses Zuviel an Bewegung reduziert sich mit der Zeit und entsprechender Übung von allein – aber wenn es der Schüler auch kurzfristig nicht schafft, die geforderte Haltung einzunehmen oder sich in schnelleren Gangarten zu stabilisieren, sollte nach den Ursachen geforscht werden, da Fehler die dumme Eigenschaft besitzen, sich zu summieren. Einer zieht den anderen nach sich. Beispielhaft dafür sind der Stuhl- und der Spaltsitz:

▶ Im Stuhlsitz sitzt der Reiter zu weit hinten auf dem Gesäß, so dass Unterschenkel und Absatz vor und nicht mehr unter der Hüfte liegen, oft in Kombination mit rundem Rücken oder zurückgelehntem Oberkörper, vorgereckten Armen und vorgeschobenem Kopf. Der Sitz wird seitlich instabil, Schenkelhilfen am Gurt können nicht mehr gegeben werden und der Reiter tendiert dazu, hinter die Bewegung des Pferdes zu kommen. Das heißt, dass seine Reaktionen immer einen Tick später kommen, als sie eigentlich sollten. Um den Stuhlsitz zu korrigieren, reicht es manchmal aus, wenn der Reiter weiter nach vorn in den Sattel rutscht, manchmal, indem die Bügel um 1-2 Loch verlängert werden, doch manchmal führen beide Maßnahmen geradewegs ins andere Extrem, in den Spaltsitz.

▶ Im Spaltsitz balanciert sich der Reiter auf den Innenseiten der Oberschenkel aus, statt auch seine Gesäßknochen zu belasten. Dadurch wird die Unterstützungsfläche im Sattel so schmal, dass er instinktiv in ein Hohlkreuz ausweicht; der Sitz wird steif, oft in Kombination mit zurückrutschenden Unterschenkeln und unruhigen, harten Händen. Häufigste Ursache für den Spaltsitz sind zu lange Bügel – aber nicht, wenn er als Gegenkorrektur des Stuhlsitzes in Erscheinung tritt.

Bei allen gravierenden Problemen mit der Haltung sollte immer auch der Sattel überprüft werden. Auslöser für den Stuhlsitz können zum Beispiel

---

Westernsättel anpassen

„Im Gegensatz zum konventionellen Sattel sind die breiten Bügelriemen des Westernsattels nicht in Sturzfedern oder schmalen Metallösen eingehängt, sondern verlaufen um die Bars, die Auflagen des Westernbaums. Deswegen kann man bei fast allen Westernsätteln die Position der Bügelriemen verändern, indem man sie um mehrere Zentimeter nach vorn oder hinten zieht. Sollte das nicht möglich sein, kann ein geschickter Sattler diesen Zustand schnell ändern. Je weiter die Bügelriemen unter dem Schwerpunkt des Reiters angebracht sind, desto senkrechter kann er seine Haltung auf dem Pferd ausbalancieren..."

Zusammenstellung nach **ANTJE HOLTAPPEL** aus „Go West"

auch zu weit vorn befestigte Steigbügelriemen sein. Bei Vielseitigkeitssätteln mit Schwerpunkt Springen ist das häufig der Fall; hier hilft nur ein anderer Sattel mit Schwerpunkt Dressur. Auch etliche Spezialsättel beim Westernreiten fördern diese Eigenschaft, wie beim Cutten. Im Gegensatz zu konventionellen Sportsätteln kann bei Westernsätteln die Steigbügelaufhängung jedoch teilweise angepasst werden; nur muss man davon Gebrauch machen. Andere Sättel passen dem Pferd grundsätzlich nicht, so dass der tiefste Punkt zu weit hinten oder vorne liegt, oder sie sind einseitig verzogen (erinnern Sie sich an das Aufsteigen?) und setzen den Reiter schief hin. Bei solchen Konstellationen kann sich der Reiter Mühe geben, so viel er will, er wird nie im Lot sitzen und sich infolgedessen auch nie sicher ausbalancieren können.

Ähnlich sieht es aus, wenn sich der Reitschüler im Laufe der Stunde zunehmend verspannt, statt lockerer zu werden; aber dafür kommen noch andere Gründe in Frage: Bei einem zu massigen Pferd, zum Beispiel. Je breiter der Pferderumpf ist, um so weiter muss der Reiter ja auch seine Beine spreizen; wird dabei die Endstellung der Hüftgelenke und die Dehnfähigkeit der Muskulatur bis zum Maximum ausgereizt, ist ein losgelassenes Mitschwingen in der Hüfte unmöglich. Oder wenn das Pferd zu raumgreifende Bewegungen hat und den Reiter zu hoch wirft – alles Faktoren, die eine Rolle spielen können. Doch die mit Abstand häufigste Ursache ist schlichte Überforderung, die ebenso gut auf die Kappe des Reitlehrers wie auf die des Reitschülers gehen kann: Wenn zu viel zu früh auf einmal vorausgesetzt wird. Ein Ehrgeiz, der sich selten auszahlt und oft schon beim Einfühlen in die Gangarten beginnt.

> **Total normal?**
>
> „Jede noch so wenig praktikable, fehlerhafte Körperhaltung und Hilfengebung fühlt sich für den betroffenen Reiter mit der Zeit „normal" an. Jeder, der mit einem hartnäckigen Sitzfehler kämpft, wünscht sich mit gutem Grund zurück in die Anfangsgründe der Ausbildung – dahin, wo die Weichen falsch gestellt wurden. Denn Probleme mit dem Sitz entstehen überwiegend in der Grundausbildung, wenn der Sitzschulung nicht genügend Zeit eingeräumt wird."
>
> nach **ISABELLE V. NEUMANN-COSEL**, aus „Reitersitz und Reiterhilfen"

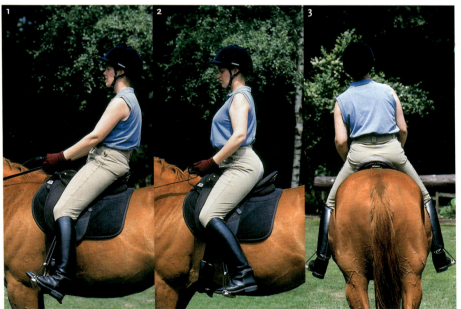

1 **Stuhlsitz:** Der Reiter sitzt zu weit hinten auf dem Gesäß, so dass der Absatz nicht mehr unter der Hüfte liegt; oft in Kombination mit zusammengesunkenem oder nach hinten gelehntem Oberkörper und vorgestreckten Armen. Oft die Folge zu kurz verschnallter Steigbügel.
2 **Spaltsitz:** Im Spaltsitz balanciert sich der Reiter über die Oberschenkel aus; meist sind zu lange Bügel schuld. Bei nach vorne gekipptem Oberkörper, Hohlkreuz und hochgezogenen Absätzen ist eine sichere Einwirkung auf das Pferd nahezu unmöglich.
3 **Schiefer Sitz:** Wenn der Reiter nicht im Mittelpunkt, sondern seitlich versetzt im Sattel sitzt, können ausgeleierte oder ungleich verschnallte Steigbügel, aber auch ein einseitig verzogener Sattel die Ursache sein. Man erkennt das daran, dass ein Steigbügel tiefer als der andere liegt.

RHYTHMUS, TEMPO, TAKT

DIE GRUNDGANGARTEN DES PFERDES

Die unterschiedlichen Bewegungsabläufe, die jedes Fohlen schon kurz nach der Geburt zeigt, sobald es seine staksigen Beine sortiert hat, nennt man „Gangarten" oder „Gänge". Jedes Pferd bietet mindestens zwei bis drei verschiedene Gangarten an, jede Gangart hat ihren eigenen Rhythmus und ihren eigenen Takt, und jede Gangart kann in zwei, manchmal auch drei bis vier verschiedenen Tempi geritten werden, von langsam bis schnell, ohne dass der gangspezifische Takt verloren gehen darf, also ungleichmäßig wird. Die Reihenfolge, in der das Pferd dabei seine Hufe aufsetzt, nennt man Fußfolge, und ein versierter Pferdekenner kann allein aufgrund des Hufschlags auf hartem Boden sagen, in welcher Gangart sich das Pferd bewegt. Nun würde zwar kein Reitlehrer der Welt einem Anfänger das Regulieren von Tempo und Takt zumuten, aber es zeigt, wie wichtig es ist, sich nicht nur in die einzelnen Gangarten einzufühlen, sondern auch so im Rhythmus der Bewegung zu bleiben, dass man weder sich noch das Ross aus der Balance bringt.

Darüber hinaus werden Gangarten in natürliche Gangarten, Grundgangarten und Spezialgangarten unterschieden. Als Grundgangarten gelten Schritt, Trab und Galopp, und obwohl die Meinungen diesbezüglich divergieren, ist diese Priorität, soweit es die reiterliche Ausbildung in Europa betrifft, sinnvoll. Und zwar auch bei Gangpferdereitern. Der vielleicht wichtigste Grund für diese Behauptung dürfte sein, dass es keine klar definierte Hilfe für Tölt oder Pass gibt, denn beide Gangarten sind ein Spiel mit der Balance. Wenn es der Reiter schafft, bei einem bestimmten Tempo sein Pferd ins Gleichgewicht zu bringen, wird ihm ein gangveranlagtes Pferd, je nach Zucht und Ausbildungsstand, seine individuelle Töltvariante oder den Pass anbieten. Und beide Gangarten sind extrem störanfällig, was besagt, dass der Tölt schnell in Richtung Trab oder Pass tendiert und der Pass in Richtung Galopp, wenn ein Pferd zu schnell geritten wird. Das heißt natürlich nicht, dass Anfänger keine Gangpferde reiten sollen – im Gegenteil, je früher man den Tölt als „Bonbon" integriert, desto besser lernt man die Unterschiede zwischen den Gangarten spüren. Aber die Ausbildung nur auf Tölt zu beschränken, ist

> ## Anspruchsvoll
>
> „Tölt ist eine phantastische, eine berauschende Gangart, ohne Zweifel! Aber sie ist auch anspruchsvoll zu reiten. Bei näherem Nachdenken ist dies gar nicht verwunderlich: Es ist doch logisch, dass ein Pferd, das nicht nur über die drei Grundgangarten Schritt, Trab und Galopp verfügt, sondern darüber hinaus noch Tölt und vielleicht sogar Rennpass anbietet, schnell in Gefahr ist, diese Gangvarianten zu vermischen."
>
> **WALTER FELDMANN**
> aus „10 Wege zum besseren Tölt"

Die technische Erweiterung der Holzpferde sind moderne Reitsimulatoren.
Abbildungen von FIDELAK GmbH.

wenig sinnvoll (Rennpass kommt ohnehin erst später an die Reihe), weil Reiter mit einer „normalen" Grundausbildung viel weniger Probleme haben, sich auf verschiedene Pferde einzustellen, Verschiebungen zum Pass oder Trab zu korrigieren oder ihre Tiere systematisch zu gymnastizieren.

Ähnliches gilt für Westernreiter: Sicher sind Jog und Lope, der verlangsamte Trab und Galopp beim Westernreiten, sehr bequem – aber was macht man, wenn sich das Pferd nicht an die Abmachung hält und flotter läuft als es soll? Alles in allem: Ohne auf die Vorzüge und Pferdetypen seiner Reitweise zu verzichten, sollte jeder Reiter imstande sein, einen normalen Trab oder einen normal durchgesprungenen Galopp zu reiten. Es wäre natürlich schön, wenn man auch in dieser Ausbildungsphase auf Hightech-Rösser wie Parsival & Co zurückgreifen könnte, aber das dürfte an Kostengründen scheitern. Hinzu kommt, dass sich jede pferdefreundliche Ausbildung ohnehin an klassische Grundsätze anlehnt. Der Reiter kann also nicht nur mit dem Zügel lenken oder dem Pferd die Hacken in die Rippen bohren, sondern er braucht eine kombinierte Einwirkung, um sich mit dem Tier zu verständigen. Damit sprechen wir einen neuen Punkt an: Wie kriegt man ein Pferd vom Fleck? Wie hält man es an? Wie wechselt man so von einer Gangart in die nächste? Lauter Fragen und keine Antworten. Es wäre jetzt einfach, zu sagen: „Alles kein Problem, andere haben es auch geschafft", aber dieser Satz wäre eine glatte Mogelpackung, schließlich hat der Reitsport, soweit es Erwachsene betrifft, nicht umsonst eine so hohe Aussteigerquote. Tatsächlich ist die Verknüpfung von Sitzschulung und Hilfengebung die schwerste Klippe, die es beim Einstieg in das Reiten überhaupt gibt. Und natürlich hat man sich längst den Kopf zerbrochen, wie sich alles so unter einen Hut bringen lässt, dass der Spaß nicht auf der Strecke bleibt. Weder beim Pferd noch beim Reiter.

HIGHTECH-RÖSSER

Mit Reitsimulatoren ist es wie mit dem lieben Geld: Sie machen nicht glücklich, aber das Leben leichter. Vor allem das der Pferde. Wie sich die Grundausbildung des Reiters für Lehrpferde möglichst schonend gestalten lässt, darüber haben sich schon viele schlaue Tüftler den Kopf zerbrochen. Der Vorläufer des künstlichen Pferdes dürfte die an Seilen aufgehängte Tonne bei der Kavallerie gewesen sein, mittels deren Hilfe angehende Reiter auf unerwartete Seitensprünge ihrer Rösser vorbereitet werden sollten; ein Funsport-Gerät, das zum publikumswirksamen modernen „Rodeobullen" auf Messen avancierte und, abweichend von seinem Bestimmungszweck, nach wie vor Reitern, die sich trauen, ein interessantes Aha-Erlebnis verspricht. Als erster in einer größeren Studie getesteter, echter Reitsimulator in Europa gilt „Parsival", das Kunstross des Cadre Noir in Saumur. Mittlerweile gibt es verschiedene Modelle, wobei die neueste Generation der Reitsimulatoren technisch so ausgereift ist, dass sie eine hervorragende Abrundung des Reitunterrichts darstellten – wären sie aufgrund der geringen Stückzahl nicht so horrend teuer, dass sie nur in Ausnahmefällen in Dienst gestellt werden können. Leider – es bleibt zu hoffen, dass ein neuer Vertriebsweg den sinnvollen Kunströssern zu einem Einsatz auf breiter Basis verhilft.

„G" WIE GANGARTEN

Nicht nur für Reiteinsteiger verwirrend ist das herzerfrischende Durcheinander zwischen Grundgangarten, natürlichen Gangarten oder Spezialgangarten.

▶ Zu den **natürlichen Gangarten**, die das gesamte Bewegungsspektrum des Pferdes abdecken, zählen Schritt, Trab, Galopp, Tölt oder töltverwandte Varianten und Pass.

▶ Als **Grundgangarten** werden angeborene Fußfolgen bezeichnet, die das Tier freilaufend, ohne zusätzliches Training anbietet.

Bei Pferden, die ausschließlich auf Schritt, Trab und Galopp gezüchtet werden, gelten folglich Tölt und Pass als Spezialgangarten. Gangpferdezüchter, die ebenso ausschließlich auf Schritt, ihre Töltvariante und eventuell Galopp selektieren, dürften mit dieser Definition freilich kaum einverstanden sein und räumen Trab und/oder Pass erheblich weniger Wert ein, falls diese Gangarten überhaupt erwünscht sind. Es ist also individuell eine Frage des Zuchtziels und des Herkunftslandes, was als Grundgangart und was als Spezialgangart zu verstehen ist. Andererseits befinden sich in Europa dreigängige Pferde mit Schritt, Trab und Galopp eindeutig in der Überzahl, und damit gelten diese hierzulande als Grundgangarten.

▶ SCHRITT ODER WALK

ist die langsamste Gangart des Pferdes. Es ist eine schreitende Bewegung im Viertakt, ohne Schwebephase. Die Beine werden nacheinander aufgehoben, vorgeschwungen und wieder abgesetzt. Als Eselsbrücke für die Fußfolge gilt: gleichseitig, aber nicht gleichzeitig.

▶ TÖLT UND TÖLTVERWANDTE FUSSFOLGEN

sind wie der Schritt ein Viertakt, bei dem jedes Bein einzeln aufgehoben und abgesetzt wird, aber in wesentlich schnellerer Fußfolge. Der Tölt und alle Töltvarianten sind deshalb so bequem, weil es selbst bei hoher Geschwindigkeit keine Sprung- oder Schwebephase gibt, in der sich alle vier Beine in der Luft befinden, mit dem Ergebnis, dass der Reiter weniger geworfen wird. Je nach Rasse und Zuchtziel wird eine geringfügige Verschiebung in Richtung Trab oder Pass toleriert.

▶ TRAB, JOG ODER TROT

ist eine Gangart im Zweitakt mit diagonaler Fußfolge und einer Schwebephase. Als Eselsbrücke gilt: gleichzeitig, aber nicht gleichseitig. Je nach Reitweise und Pferderasse kann die Schwebephase auf ein Minimum reduziert sein (z.B. im Jog) oder besonders ausgeprägt. Moderne Untersuchungen mit Hochgeschwindigkeitskameras bewiesen, dass sehr ausdrucksstarke Sportpferde mit dem Hinterbein um einen Sekundenbruchteil früher auffußen als das diagonal ausgreifende Vorderbein und den Zweitakt minimal in Richtung Viertakt auflösen.

▶ PASS

ist ebenfalls eine Gangart im Zweitakt, aber mit gleichseitiger Fußfolge und Schwebephase. Als Eselsbrücke gilt: gleichzeitig und gleichseitig. Pass wird heute fast ausschließlich im Renntempo geritten und entsprechend gefördert. Wie im Trab fußt bei bewegungsstarken Sportpferden das Hinterbein um einen Sekundenbruchteil früher auf als das gleichseitig ausgreifende Vorderbein und löst den Pass in Richtung Viertakt auf, aber so deutlich, dass es hör- und sichtbar ist.

▶ GALOPP, CANTER, LOPE

ist eine gesprungene Gangart im Dreitakt, der in Rechts- oder Linksgalopp unterschieden wird, je nachdem, welches Vorderbein zuletzt auffußt. Im barocken Schulgalopp, bei Western- und Gangpferden kann der Dreitakt durch extrem langsames Reiten in Richtung Viertakt aufgelöst werden, eine Fußfolge, die auch beim gestreckten Renngalopp zu sehen ist – der schnellsten Fluchtgangart des Pferdes.

Rhythmus, Tempo, Takt

SCHRITT

TÖLT

TRAB

PASS

GALOPP

Das Bewegungsspektrum des Pferdes umfasst Schritt, Tölt, Trab, Pass und Galopp – aber nicht bei jeder Pferderasse sind alle Gangarten erwünscht. Je nach Herkunftsland und Zuchtziel werden Tölt und Pass – oder bei Gangpferden Trab und Galopp – als Spezialgangarten gesehen.

MIT ODER OHNE LEINE?

OVALBAHN UND SITZSCHULUNG AN DER LONGE

Eine Möglichkeit der Sitzschulung wäre das Handpferdereiten, bei dem jeweils ein Reiter einen Schüler an der Sicherheitsleine führt, während der Reitlehrer den Unterricht hält. Ein Luxus, den sich eine Reitschule über längere Zeit nur leisten könnte, die personalverwöhnt lebt – oder gelebt hat, denn auf diese Weise wurden früher bei der Kavallerie unerfahrene Reiter im Gelände und junge Pferde im Abteilungsreiten geschult. Üblicher ist der Einstieg in das Reiten an der Longe. Das ist eine lange Leine, an der das Pferd im Kreis um den Reitlehrer herumläuft, damit sich der Schüler ungestört auf den Unterricht konzentrieren kann. Und weil alles auf einmal zu kompliziert ist, werden Sitz, Gangarten und Einwirkung des Reiters zunächst getrennt und erst allmählich wieder zusammengesetzt. Die Sitzschulung an der Longe ist gut. Sie hat Tradition, weil sie sich bewährt hat, aber... und hier kommt ein ganz großes Aber:

Was fehlt, ist das Feedback des Pferdes auf die Einwirkung des Reiters in den einzelnen Ausbildungsstufen, denn an der Longe steht das Ross weitgehend unter Kontrolle des Reitlehrers. Das heißt, es macht selbst dann noch, was es soll, wenn der Schüler rücklings sitzend die Nationalhymne pfeift.

DAS INNERE FÜHLBILD TRAINIEREN

Erklärungen des Reitlehrers sind eine Sache; diese Korrekturen als Reitschüler umzusetzen eine andere, denn dazu gehört eine visuelle Vorstellung der verlangten Bewegung und Verständnis dafür, warum sie so und nicht anders auszusehen hat. Am leichtesten lässt sich das „innere Fühlbild" trainieren, wenn die Speicherung über möglichst vielfältige Eindrücke erfolgt. Beispiel:

▶ Theoretische Vorbereitung einer Lektion anhand von Dia-Serien oder eines Filmbeitrags mit gleichzeitiger Erklärung, worauf es ankommt, eventuell unterstützt durch eine vorbereitende Trockenübung,

▶ Vorführen des Reitlehrers in der Praxis, Verstehen durch Beobachten,

▶ Nachmachen und Ausprobieren unter Anleitung, während der Schüler auf Video aufgenommen wird,

▶ Nachbesprechung der Lernsequenz und Fehler erkennen anhand der Videoaufnahme,

▶ Festigung der Lektion durch verbesserte Wiederholung = Einstieg in die darauf aufbauende, nächste Lerneinheit.

Nicht zuviel auf einmal vornehmen: Je kleiner die einzelnen Lernstufen sind (z.B. Anreiten und Halten im Schritt), um so schneller werden sich Erfolge in komplexen Bewegungsmustern einstellen.

Doch diese Toleranz endet schlagartig, sobald der Reiter selbstständig zu reiten beginnt – und dann bekommt er die gesamten Außenstände in einem Aufwasch serviert. Und ist damit überfordert. Und weil der Reiter überfordert ist, überfordert er seinerseits das Pferd – und das gibt dann die unschönen Bilder, auf denen Mensch und Tier nicht miteinander, sondern gegeneinander arbeiten.

Um Missverständnissen vorzubeugen: Solche Vorfälle sind zwar schnöde Realität, sprechen aber nicht gegen den Longenunterricht! Allenfalls dafür, dass, wenn Sitzschulung an der Leine, diese lang genug durchgeführt werden muss. Das hieße, nach Auffassung der Wiener zum Beispiel, deren Reiter für ihren phänomenalen Sitz berühmt sind, rund drei bis sechs Monate ausschließlich Longenunterricht. Sofern täglich geritten wird, wohlgemerkt. Eine Geduld, die kein Anfänger aufbringt. Verständlicherweise, weil sein Ehrgeiz zu dem Zeitpunkt weder auf den perfekten Sitz noch auf die Hohe Schule, sondern schlicht auf das „Alleine-reiten-können" abzielt – und wenn er endlich von der Leine gelassen wird, kommt er so schnell nicht wieder.

Diese Aversion entsteht beim Reiten in der doppelt eingezäunten Ovalbahn erst gar nicht, da sie Pferd und Reiter etwas, aber nicht zuviel Freiheit einräumt, um sich gegenseitig auszutesten, und dem Reitlehrer die Möglichkeit gibt, jederzeit einzugreifen. Auch hier ist eine sorgfältige Sitzschulung samt den damit verbundenen Balanceübungen selbstverständlich Pflicht, aber sie lässt sich leichter in das kontinuierliche Abteilungsreiten integrieren und macht dem Reiter die Abhängigkeit zwischen Sitz und Hilfegebung durch die Reaktion des Pferdes deutlicher als an der Longe. Außerdem erlaubt sie eine Vorbereitung der Zügelführung auf Halfter – ein unschätzbarer Vorteil zum Schutz des Pferdemauls. Doch der Witz dabei ist, dass Reiter, die zuerst in der Ovalbahn geschult wurden, später nicht selten freiwillig an die Longe gehen, weil sie ihren Wert erst durch das selbstständige Reiten erkannt haben und schon so ausbalanciert sitzen, dass sie den größtmöglichen Nutzen daraus ziehen können. Dabei entwickeln sie sich erfahrungsgemäß um so eher zu wahren Longenfreaks, je höhere Ansprüche sie an sich stellen und je ehrgeiziger sie sind.

Nach moderner Auffassung kommt also zuerst die Ovalbahn und dann die Longe, bzw. eine Kombination von beiden. Doch ob mit oder ohne Leine: Die besten Erfolge wird man mit einer ganzheitlichen Schulungsmethode erzielen, die alle Sinne des Reiters anspricht und ihm hilft, ein inneres Fühlbild zur Selbstkontrolle zu entwickeln. Noch besser sind die Ergebnisse bei videogestütztem Bewegungslernen, weil sich so massive Fehler erst gar nicht festsetzen. Und mit anfängergerecht geschulten Lehrpferden, die dem Reiter nicht nur den Sitz, sondern auch die Logik der Hilfegebung erklären – ein Aspekt, der nur allzu oft zu kurz kommt. Wie das funktioniert, wird im nächsten Kapitel geklärt.

> ## Zwickmühle
>
> „Es klingt fast zu logisch, erst den Sitz zu perfektionieren, bevor es an das Eigentliche, die Hilfegebung geht. Ein Reitschüler und auch jeder fortgeschrittene Reiter wird häufig mit einer Situation konfrontiert, wo Hilfegebung dringend erforderlich ist, auch wenn der Sitz noch nicht hundertprozentig ist. Sitz und Hilfen gehören immer zusammen, je gefestigter der Sitz ist, desto feiner können die Hilfen werden. Im Grunde ist der Sitz selber eine wichtige Hilfe für das Pferd."
>
> **SUSANNE V. DIETZE**
> aus „Balance in der Bewegung"

Erst wenn die Anfängerphase überwunden ist, lohnt sich Longenunterricht zur Verbesserung von Sitz und Hilfegebung.

„Der Reiter sollte so durchtrainiert sein, daß er locker sein kann; er sollte so konzentriert sein, daß er zum Fühlen kommt; er sollte so viel von seinem Pferd wissen, daß er zum selbstbewußten Einwirken kommt. Sein Reiten wird damit für das Pferd klar und durchsichtig."

ARIANE POURTAVAF/HERBERT MEYER, AUS „DIE BRÜCKE ZWISCHEN MENSCH UND PFERD"

ERFOLGREICH IM SATTEL VON ANFANG AN

- 126 DIE KOMMUNIKATION MIT DEM PFERD
- 132 GUT IM GRIFF
- 138 ANREITEN OHNE STRESS
- 140 ANHALTEN OHNE ZIEHEN
- 144 BALANCE & GEFÜHL IM SCHRITT
- 148 INPUT-OUTPUT
- 152 KURVENTECHNIK
- 160 BALANCE & GEFÜHL IM TRAB
- 174 HERZ IN DER HOSE?
- 176 BALANCE & GEFÜHL IM GALOPP
- 184 ONLINE MIT DEM PFERDEMAUL
- 190 NIX WIE RAUS
- 192 DER KNIGGE IM GELÄNDE

DIE KOMMUNIKATION MIT DEM PFERD

HILFENGEBUNG FÜR EINSTEIGER

HILFEN & LOGIK, TEIL I

Mit dem Begriff „Hilfen" oder „Hilfengebung" wird die gesamte Kommunikationspalette zwischen Mensch und Pferd umrissen, die dem Reiter zur Verfügung steht. Dazu benutzt er in erster Linie seinen Körper: Gewicht, Arme und Beine. Er redet sozusagen mit Händen und Füßen, damit das Pferd begreift, was er will, und weil das nicht immer ausreicht, setzt er bei Bedarf zusätzliche Hilfen ein, wie Stimme, Gerte und Sporen.

Hilfen können aktiv fordernd oder passiv begrenzend wirken. So kann der Schenkel – je nachdem, ob er ein paar Zentimeter weiter vorne oder weiter hinten liegt – vorwärts oder seitwärts treibend eingesetzt werden oder nur das Ausweichen nach einer Seite verhindern. Ähnlich sieht es mit dem Zügel aus:

Wie Gewichtshilfen auf das Pferd wirken, lernt man am schnellsten auf einem Sitzball: Je nach Gewichtsverlagerung lässt er sich gezielt in jede beliebige Richtung rollen; so ähnlich reagiert auch ein fein ausgebildetes Pferd.

Die Kommunikation mit dem Pferd

Er kann dem Pferd den Weg nach vorne öffnen oder sperren, eine Pferdeschulter blockieren oder richtungsweisend nach links oder rechts deuten, je nachdem, wie kurz oder lang, tief oder hoch er gehalten wird.

Chef dieser Choreographie ist das Gewicht, weil es die einzige Hilfe ist, der das Pferd instinktiv zu folgen versucht, um seine Balance – die durch eine gezielte Gewichtsverlagerung des Reiters gestört wurde – wieder zu erlangen, indem es unter den Schwerpunkt des Reiters tritt. Auch das Gewicht kann natürlich vorwärts oder rückwärts, links oder rechts, belastend und entlastend verwandt werden. Und je nachdem, wie die Hilfen kombiniert werden, ob und wie sie mit Stimme, Gerte und/oder Sporen unterstützt werden, können die Anweisungen für das Pferd komplett unterschiedlich lauten.

Das alles sagt Ihnen zu diesem Zeitpunkt herzlich wenig, und das ist gut, weil es Sie dazu verleiten könnte sich im Detail zu verlieren, obwohl die buchstabengetreue Ausführung der jeweiligen Hilfen noch nicht mal ansatzweise verrät, was dahinter steckt. Denn Hilfen werden – egal, wie widersprüchlich sie in den einzelnen Reitweisen auf den ersten Blick aussehen mögen – alles andere als willkürlich kombiniert. Wenn Sie eine Hilfe nicht verstehen, fragen Sie also unbedingt nach, denn jede sinnvolle Hilfengebung muss logisch aufgebaut sein, um das Manko zu überbrücken, dass das Pferd den Reiter auf seinem Rücken nicht sieht. Und wenn die Zusammenstellung der fühl- und hörbaren Hilfen für das Pferd nicht nachvollziehbar ist und ihm keine Chance lässt, die Anweisung richtig auszuführen, ist alles, was der Reiter auf dem Pferderücken veranstaltet, nur Krampf.

Erst einmal sicherstellen, dass das Pferd Sie versteht.
Das ist die wichtigste Lektion in jeder Reitweise der Welt.

Sie laufen sonst immer Gefahr, dass das Pferd Ihre Anweisungen missversteht und falsch reagiert. Und wenn Pferde eins nicht vertragen können, dann, wenn sie für ein Verhalten einmal gelobt und einmal geknufft werden. Es ist ein todsicheres Mittel, um selbst das frömmste Tier binnen kürzester Frist in einen maulenden Widersacher oder ein hektisches Nervenbündel zu verwandeln. Langer Rede kurzer Sinn: Hilfen funktionieren nur unter der Voraussetzung, dass der Reiter sie kennt und präzise einsetzt und dass das Pferd sie versteht und in der Lage ist sie auszuführen.

Es gibt da allerdings ein mittelprächtiges Problem: Der Anfänger ist noch nicht imstande die dem Pferd vertraute Hilfengebung anzuwenden, weil ihm das nötige Gleichgewicht in der Bewegung fehlt. Denn dazu gehört ein bereits gefestigter Sitz, und den muss er ja erst lernen. Und da jede Gleichgewichtsstörung naturgemäß durch unwillkürliche Gegenreaktionen von Oberkörper, Armen und Beinen kompensiert wird, kann er dem Pferd weder Gewichts-, noch Schenkel-, noch Zügelhilfen verständlich übermitteln.

Schon daran gedacht?

„Versetze Dich bewußt in die Lage eines Pferdes unter dem Reiter. Auf Deinem Rücken sitzt ein anderes Lebewesen, dessen Vorstellungen Du in Bewegungen umzusetzen und dessen Befehle Du auszuführen hast. Dieses imaginäre Lebewesen gibt Dir keine erklärenden Zeichen oder Gesten, weil Du keinen Blickkontakt zu ihm hast. Daher beschränken sich die Verständigungshilfen auf mehr oder weniger starke Körperkontakte, die Du nur fühlen, aber nicht gleichzeitig beobachten kannst... Während Du eingehend über die tatsächliche Situation des Reitpferdes nachdenkst, wird Dir sicher immer klarer, wie schwierig es für ein Pferd ist, seinen Reiter zu verstehen."

REINHARD MEIER,
aus „Selbständig Reiten"

DER AUFBAU DER HILFENGEBUNG

Kniffelig

„Die Vorbereitung der Hilfen ist schwieriger als ihre Ausführung. Darin besteht die Finesse."

CHARLES DE KUNFFY,
aus „Die Deutsche Reitlehre"

Ein Zustand, der leider Gottes längere Zeit anhält und sich nur allmählich verbessert, so dass eine Vogel-Strauß-Politik unweigerlich zu Lasten des Pferdes ginge. Eine allgemeingültige Feststellung übrigens, die auf alle Reitweisen zutrifft.

Es wird Zeit, sich den Hilfen zuzuwenden, die auch ein Anfänger sicher einsetzen kann: Stimme und Gerte. Und der Frage, warum ausgerechnet diese beiden „unterstützenden Hilfen" so wichtig für den Aufbau einer sensiblen, für das Pferd nachvollziehbaren Hilfengebung sind.

So weit hergeholt ist es eigentlich nicht, obwohl der Einsatz von Stimme und Gerte oft misstrauisch beäugt wird. Sehen die einen in der Stimme eine „Pudeldressur", verteufeln andere die Gerte als Schlaginstrument. Beides kann, muss aber nicht zutreffen. Jedes Zugpferd ist auf Kommandos ausgebildet, in jeder Gebrauchsreitweise ist die Stimme obligatorisch und, soweit es das Sportreiten betrifft: Prominenteste Vertreterin dürfte das italienische Springwunder „Crispa" gewesen sein, eine übersensible Stute, der Marquese Borsarelli Rechnung trug, indem er sie mit unterschiedlichen Pfiffen über die Sprünge lenkte; das Paar war 1931 im Kampf um die Coppa d´Oro Angstgegner der legendären Kavallerieschule Hannover. Ähnlich sieht es mit der Gerte aus: Von der Spanischen Reitschule Wien als „Tupfer" bezeichnet, nach klassischer Auffassung ein verlängerter Arm des Reiters, sind Haselnussrute und die teuersten Exemplare dieser Schlaginstrumente so fragil, dass sie einen Missbrauch kaum unbeschadet überstehen. Davon abgesehen ist beides dem Pferd aus seiner Grundausbildung vertraut.

Es lernte zunächst ohne Reiter die Bedeutung einzelner Worte, wie Schritt, Trab, Galopp, Halt oder andere, adäquate Ausdrücke. Es lernte auch so lange

LEICHT KONFUS

Weil Gewichts-, Schenkel-, Zügelhilfen beim Reiten vorherrschen, werden sie auch als „natürliche Hilfen" oder „echte Hilfen" bezeichnet, während Stimme, Sporen und Gerte unter Begriffe wie „unterstützende Hilfen" oder „künstliche Hilfen" fallen. Diese etwas konfuse Klassifizierung stimmt allerdings nur bedingt: Schließlich ist der Gebrauch der Stimme, die im Umgang und bei der Ausbildung des Pferdes nahezu unersetzlich ist, absolut natürlich, was sich vom Zügel definitiv nicht behaupten lässt, weil weder Pferd noch Reiter damit geboren werden. Welche Hilfenkombination eingesetzt wird, hängt von der Reitweise und vom Ausbildungsstand von Pferd und Reiter ab. Festhalten lässt sich lediglich, dass

Gerte, Sporen und Zügel vom Pferd besonders schnell als schmerzhafte Strafe missverstanden werden, wenn ihre Verknüpfung mit anderen Hilfen nicht nachvollziehbar vorbereitet wurde. Bis der Reiter seinen Körper unter Kontrolle hat, sind deshalb ständiger Zügelkontakt und auf noch längere Sicht der Einsatz von Sporen tabu. Beim Westernreiten ersetzen übrigens die peitschenähnlich verlängerten Zügelenden die Gerte bei Bedarf, damit der Reiter beide Hände frei hat, wie es beim ursprünglichen Gebrauchsreiten notwendig war. Da die Handhabung der labilen Zügelenden jedoch eine ungleich höhere Körperkoordination verlangt als die Gerte, sind sie im Anfängerbereich nicht so gut geeignet.

Die Kommunikation mit dem Pferd

in der gewünschten Gangart zu laufen, bis das nächste Kommando kam und das Antippen mit Peitschenschlag oder Strick als treibende Hilfe ohne Stress zu respektieren, denn niemand käme auf die Idee, erst die Peitsche einzusetzen und dann das entsprechende Kommando zu geben oder gar jedem einzelnen Tritt mit einem Klaps nachzuhelfen. Das Stimmkommando gibt dem Pferd die Gelegenheit richtig zu reagieren, ehe es Ärger geben könnte, und schult es gleichzeitig im selbstständigen Arbeiten. So bekommt es auch keine Angst vor ungerechter Bestrafung, weil es die Logik aus seinem Herdenverhalten kennt: „Mach was du sollst, und du hast deine Ruhe; machst du das nicht, werde ich energischer – aber du wirst tun, was ich von dir möchte."

Hat es die Grundlektionen verstanden, werden sie auf das Anreiten übertragen, um das junge Tier, das sich unter dem ungewohnten Gewicht des Reiters erst ausbalancieren muss, nicht mit Schenkel- und Zügelhilfen zu verwirren, mit denen es nichts anzufangen weiß. Auch hier wird die Remonte zunächst hauptsächlich mit Stimme und Gerte dirigiert, indem ihm sein Reiter zu verstehen gibt: „Komm, an der Longe oder im Round Pen hast du das Kommando gelernt, jetzt versuche es mit mir obendrauf". Er muss also sehr viel weniger unbekannte Anforderungen stellen, die das Pferd überfordern könnten. Und erst wenn auch das klappt, lernt es, peu á peu, Gewichts-, Schenkel- und Zügelhilfen in immer feinerer Abstimmung richtig zu interpretieren.

Stimme, Gerte und selbstständiges Arbeiten kennt also jedes Pferd. Dass unterschiedliche Hilfen dieselbe Bedeutung haben können, weiß es auch, weil es ja die einzelnen Ausbildungsstadien durchlaufen hat. Und wenn man diese Abfolge auf den Reitunterricht überträgt und das Tier daran gewöhnt,

Unfair

„Damit das Pferd die Peitsche respektiert, darf es sie nicht fürchten. Niemals die Peitsche vor einer mündlichen Aufforderung einsetzen. Einen Schüler zurechtweisen, der gar nicht weiß, was von ihm erwartet wird, ist ein schwerer Fehler des Lehrers."

Zusammenstellung nach **PHILIPPE KARL,** langjähriger Reiter des Cadre Noir in Saumur, aus „Hohe Schule mit der Doppellonge"

Kein Schlagzeug: In der Spanischen Reitschule wird die Gerte auch als „Tupfer" bezeichnet, weil sie nur zur Feinabstimmung von Bewegungsabläufen eingesetzt wird.

Fortsetzung folgt

Mehr zur Hilfengebung finden Sie auf den Seiten 197 bis 203

sowohl mit signalartigen wie mit komplexen Hilfen zu arbeiten – dann hat man ein Lehrpferd, das dem Reiter die Hilfengebung von der Pike auf beibringt. Ohne Stress, ohne Missverständnisse und ohne gegenseitige Frustration. Das heißt, dass das Stimmkommando in den Grundlektionen eine noch unsichere Einwirkung so lange kompensiert, bis es mit fortschreitender Praxis überflüssig wird; im Bedarfsfall unterstützt durch die Gerte, die für das Pferd aussagefähiger ist als die noch unpräzisen Schenkelhilfen des Anfängers. Denn der kann noch nicht beurteilen, wie leicht, wie stark, wo oder wann er die Hilfen geben muss. Der das Stimmkommando begleitende Klaps tut dem Pferd ebenso wenig weh wie ein pointierter Schenkeldruck; er dient lediglich als Impuls. Mit zunehmender Körperkontrolle kommen immer mehr Details hinzu, bis der Reiter zum Schluss auch komplexe Hilfen bewusst einsetzen kann, weil er ihre Wirkung versteht.

Ein solcher Aufbau der Hilfengebung gehört noch nicht zum Standard, aber er macht Sinn: Denn a) lassen sich so die Anforderungen im Reitunterricht individuell den Fähigkeiten der Schüler anpassen und b) gehört das Wissen über die Ausbildung des Pferdes ja ebenfalls zu einer vollständigen Grundausbildung des Reiters, auch wenn es in der Praxis erst zu einem späteren Zeitpunkt gebraucht wird. Und wenn man obendrein weiß, dass viele der vorbereitenden Hilfen aus der Gebrauchsreiterei stammen, schon in den Handbüchern der Kavallerie vermerkt sind und oft eine verblüffende Ähnlichkeit mit der Hilfengebung beim Westernreiten haben, schlägt man gleich mehrere Fliegen mit einer Klappe. Weil man Einblick in verschiedene Reitweisen und Ausbildungsmethoden bekommt – und zwar ohne den geringsten Mehraufwand und ohne sich im geringsten festzulegen. Schuld an diesem Konsens sind natürlich (wer sonst?) wieder mal die Klassiker, die, ausgehend von Europa, in fast jedem Kontinent ihre Spuren hinterließen. So sieht, besser gesagt, so kann vernetztes Denken im Reitsport aussehen, wenn man die in Vergessenheit geratenen Ursprungstexte in eine moderne Basisausbildung integriert.

Beim Westernreiten dienen verlängerte Zügelenden bei Bedarf als Ersatz für die Gerte, aber sie sind schwieriger zu kontrollieren.

Voraussetzung dafür ist freilich, dass das Lehrpferd keine Angst vor der Gerte hat. Sie darf niemals ohne Vorankündigung, geschweige zum Verprügeln eingesetzt werden, sonst ist sie als Hilfe wertlos, weil das Tier in ständiger Anspannung lebt, weder weiß, was es tun soll, noch wie es die unverständliche Sanktion vermeiden kann. Versetzen Sie sich in die Rolle Ihres Pferdes, einfach indiskutabel. Und für die Stimme gilt: Pferde haben sehr gute Ohren und nehmen auch leise Töne wahr, so dass es nicht zwangsläufig zu einer Störung anderer Reiter kommt, aber die Anweisungen müssen eindeutig sein, also nicht einmal „Brrrh" und einmal „Ho" sagen oder zu ähnlich klingende Laute, wie „Stop" und „Trott". Doch jetzt zum Reiten und damit zum Gebrauch von Zügel und Gerte, denn beides haben Sie von Anfang an in der Hand.

Die Kommunikation mit dem Pferd

Alleskönner: Gut geschulte Lehrpferde gehen mit einem Minimum an Hilfen unter Anfängern oder bringen Fortgeschrittenen Geländereiten, Dressur und Springen bei.

AUS DER PRAXIS

„Gerade im Anfängerbereich ist die Hilfenkombination von Stimme und Gerte ein Mittel, um Missverständnisse zwischen Reiter und Pferd zu vermeiden. Das heißt für mich als Ausbilderin allerdings, dass die Vorbereitung stimmt und das Pferd den Ausbildungsablauf kennt. Wenn ich, zum Beispiel, ein Pferd im Grundkurs vorgeritten und angaloppiert habe, wissen die Pferde: „Aha, heute wird galoppiert". Unsere Pferde, die allesamt auch in Dressurkursen, im Gelände oder zum Springen eingesetzt werden, galoppieren im Grundkurs hauptsächlich auf Stimmkommando und Gerte an, weil sie darauf geschult wurden, und halten das Tempo ohne ständig treibende Hilfen. Das ist für Anfänger sehr viel leichter, als wenn sie laufend daran denken müssten: Der innere Schenkel treibt, der äußere liegt verwahrend zurück, ich muss beim Angaloppieren mit der Hand nachgeben, ich muss in der Kurve mein Gewicht nach innen nehmen, ich muss, ich muss... und jetzt auch noch lächeln! Er kann sich einfach darauf verlassen, dass das Pferd macht, was es soll, weil es weiß, was es tun soll, und sich auf seinen Sitz konzentrieren. Wenn der stimmt, ist immer noch Zeit für eine feinere Hilfengebung, weil der Reiter ja eine Einwirkungsmöglichkeit hat. Aufschlussreich finde ich übrigens die Reaktion der Pferde, wenn Anfänger noch keine korrekten Hilfen geben und die Gerte ohne Stimme verwenden. In dieser Situation reagieren selbst unsere erfahrensten und sichersten Lehrpferde ungehalten, weil sie nicht wissen, was von ihnen verlangt wird und den Klaps als ungerecht empfinden. Obwohl sie vielleicht eine Runde vorher, mit Vorbereitung durch Stimmkommando, bei derselben Lektion die Gertenhilfe anstandslos akzeptierten. Auch das gehört für mich zur Grundausbildung: Die Reaktion des Pferdes als Korrektur meiner Fehler zu erkennen; deshalb ist die Stimme für uns ein ganz wichtiges Element. Ohne Stimmkommandos ist die Gerte im Anfängerbereich praktisch nicht einsetzbar, weil die Pferde ganz schnell die Mitarbeit verweigern.

ANNA ESCHNER

Erfolgreich im Sattel von Anfang an

GUT IM GRIFF

GRUNDSÄTZLICHES ZUR ZÜGELFÜHRUNG

„Zügel aufnehmen", damit beginnt die Vorbereitung für das Anreiten. Das kann, statt der erwarteten Ledergurte, durchaus auch das Aufnehmen weicher Halfterstricke bedeuten. Und wenn das so sein sollte, steht dahinter weder eine Sparmaßnahme noch eine Geringschätzung Ihrer Person, sondern nüchternes Kalkül: Der Strick hilft, speziell Reitern mit großen Händen, in der Hand locker zu bleiben, so dass sie sich später einen Fehler weniger abgewöhnen müssen. Doch ob Lederzügel oder Strick, die Strippen müssen zuerst korrekt in die Hände genommen werden, um sie benutzen zu können. Korrekt heißt in der richtigen Länge, in beide Hände und möglichst in der Grundhaltung klassischer Zügelführung – egal wie man später zu reiten gedenkt. Das allein ist schon eine Wissenschaft für sich, aber es kommt noch dicker: Denn auch während des Reitens wird der Zügel ständig verlängert oder verkürzt, um sich mit dem Pferd zu verständigen. Wann welche Zügellänge gefragt ist, hängt in erster Linie von der Reitweise, der Gangart und vom Ausbildungsstand von Pferd und Reiter ab. Grundsätzlich unterschieden wird zwischen

▸ Reiten am hingegebenen Zügel: Der Zügel wird so lang gefasst, dass er dem Pferd die maximale Streckung des Halses erlaubt, ohne jegliche Verbindung zur Reiterhand. Diese Zügelführung ist nur für erfahrene Reiter

1 Reiten am durchhängenden Zügel
2 Reiten am hingegebenen Zügel
3 Reiten am langen Zügel

geeignet, die in Krisensituationen blitzschnell eingreifen können.

- Reiten am durchhängenden Zügel: Der Zügel wird so lang gelassen, wie es der natürlichen Hals- und Kopfhaltung des Pferdes in der jeweiligen Gangart entspricht und hängt ohne direkten Kontakt leicht durch. Diese Zügelführung ist die Gebrauchshaltung bei den Westernreitweisen.
- Reiten am langen Zügel: Auch hier wird der Zügel so lang gelassen, wie es der natürlichen Hals- und Kopfhaltung des Pferdes in den Gangarten entspricht, aber mit einem steten, leicht anstehenden Kontakt zur Reiterhand. Diese Zügelführung dient dem Lösen und Entspannen der Pferde bei klassisch orientierten Reitweisen.
- Reiten mit anstehendem Zügel: Der Zügel wird etwas verkürzt und hält eine weiche, stetige Verbindung zwischen Pferdemaul und Reiterhand. Diese Zügelführung hilft dem Reiter Haltung und Gangart seines Pferdes zu beeinflussen und wird erst nach gründlichem Aufwärmen, entsprechend dem Ausbildungsstand von Pferd und Reiter eingesetzt. Zum Reiten am anstehenden Zügel gehören unbedingt regelmäßige Entspannungsphasen am langen Zügel, damit die Muskulatur des Pferdes nicht verkrampft.

Die beidhändige, weich anstehende Zügelführung ist übrigens kein Privileg klassischer Reitweisen; damit werden zu Beginn fast alle Pferde geschult; auch solche, die später am durchhängenden Zügel einhändig geritten werden. Und sie gehört zur Grundausbildung des Reiters. Dessen ungeachtet kommt jedoch zunächst nur das Reiten am leicht durchhängenden Zügel in

> **Tipp**
>
> Für Kutschfahrer gibt es Fahrlehrgeräte; Reiteinsteiger können sich mit einem Rollladengurt, ausrangierten Zügeln oder einem Strick behelfen, der möglichst in Nähe eines Spiegels befestigt und als Reitlenkgerät benutzt wird. Damit lässt sich nicht nur das Aufnehmen, Umgreifen und Verkürzen des Zügels üben, sondern auch die Feinabstimmung der Zügelführung aus den nachfolgenden Kapiteln.

HANDHABUNG DES ZÜGELS IN DER GRUNDAUSBILDUNG

1 Die linke Hand hält beide Zügel, die rechte Hand greift hinein. Dann fasst die linke Hand beide Zügel, die rechte greift so hinein, dass der Zügel zwischen Ringfinger und kleinem Finger liegt, durch die Hand läuft und oberhalb des Zeigefingers wieder herauskommt.

2 Beide Hände werden mit dachförmig aufgelegtem Daumen zu einer locker geschlossenen Faust aufgestellt, der Rest des Zügels hängt rechts unter der Hand des Reiters am Pferdehals.

Die Zügelbrücke entspricht in etwa der beidhändigen Zügelführung beim Westernreiten; auf dem Mähnenkamm aufgelegt, dient sie der Stabilisierung des Reiters in allen Formen des leichten Sitzes. Sie wird gebildet, indem die unter dem Daumen herauslaufenden Zügelenden jeweils auch durch die andere Hand geführt werden, so dass beide Hände beide Zügel halten und das übereinandergelegte Mittelstück eine Brücke bildet.

Betracht, weil die gefühlvolle Einwirkung am anstehenden Zügel schon recht hohe koordinative Fähigkeiten voraussetzt. Der Aufbau dieser Zügelführung ist ein eigenes Kapitel, das einer sehr sorgfältigen Vorbereitung bedarf, um das Pferd nicht unnötig zu drangsalieren.

Alles in allem wird Ihnen ziemlich viel Fingerfertigkeit abverlangt. Und obwohl niemand erwartet, dass das Aufnehmen, Verlängern und Verkürzen auf Anhieb klappt, sollten Sie den Gebrauch der Zügel so schnell wie möglich automatisieren, um sich während des Reitunterrichts damit nicht zusätzlich zu belasten und weil eine ungeschickte Zügelführung das Pferd bestenfalls irritiert, meist aber unter schmerzhafter Einwirkung verbucht wird. Als kleine „Marscherleichterung" wird deshalb in der Basisschulung gern die Zügelbrücke eingesetzt, bei der beide Zügel durch beide Hände laufen. Mit freigetragenen Händen entspricht sie in etwa der beidhändigen Zügelführung

Gut im Griff

beim Westernreiten; beim konventionellen Reiten wird sie dagegen mit aufgestützten Händen eingesetzt, um sich in allen Formen des Entlastungssitzes kurzfristig zu stabilisieren. Noch einfacher als die Zügelbrücke ist der Zügelknoten. Reitanfänger, die ohnehin mit Schwierigkeiten ihrer Mehrfachkoordination zu kämpfen haben, finden damit in Trab und Galopp leichter das richtige Zügelmaß, verlieren den Zügel nicht so schnell, die Hand liegt ruhiger und sollte der Zügel wirklich einmal aus der Hand gleiten, fällt er nicht wie eine Girlande durch und erspart dem Pferd einen einseitigen starken Zügelzug.

Fortsetzung folgt

Mehr über Zügelführung finden Sie auf den Seiten 184 bis 189

Der Zügelknoten vereinfacht die Zügelführung für Reiteinsteiger und ist für alle Lektionen geeignet, bei denen noch keine Feineinstellung des Zügelmaßes verlangt wird. Einfache Korrekturen nach links oder rechts erfolgen durch Zeigefinger oder kleinen Finger; verlängert und verkürzt wird der Zügel durch Vor- und Zurückschieben des Knotens auf dem Mähnenkamm oder, wenn schnell verkürzt werden muss, durch ein seitliches Herabgleiten der Hände am Zügel.

ZÜGELSALAT

▶ **Aufnehmen der Zügel**
Vor dem Aufnehmen wird überprüft, ob die Zügel glatt vom Pferdemaul in die Hand laufen. Zuerst fasst eine Hand beide Zügel, während die andere die Enden auf das gewünschte Maß herauszieht. Dann greifen beide Hände nacheinander so in die Zügel, dass er zwischen Daumen/Zeigefinger und Ring- und kleinem Finger durch die Hand läuft. Diese wird zu einer lockeren Faust geschlossen, der dachförmig auf den Zügel aufgelegte Daumen verhindert ein Durchrutschen des Zügels. Bei geschlossenen Zügeln hängt der Rest auf der rechten Seite unter der Hand des Reiters am Pferdehals herab. Bei geteilten Westernzügeln werden die Enden der Zügelbrücke kreuzweise über den Hals gelegt.

▶ **Verlängern der Zügel**
Zum Verlängern wird der Daumen gelöst und erlaubt dem Pferd die Zügel auf die gewünschte Länge aus der Hand zu ziehen; danach fixiert der Daumen den Zügel wieder auf dem Zeigefinger und beendet den Vorgang.

▶ **Verkürzen der Zügel**
Wie beim Aufnehmen, hilft auch beim Verkürzen eine Hand der anderen. Daumen und Zeigefinger einer Hand ergreifen den zweiten Zügel, damit diese vorrutschen und den Zügel in der neuen Länge greifen kann. Eine zweite Möglichkeit ist das Herauszupfen des rechten Zügels auf die gewünschte Länge mit der linken Hand und umgekehrt. Die dritte Möglichkeit, das „Vorwärtskrabbeln" am Zügel, ohne Übergabe, sollte man sich möglichst nicht angewöhnen, weil es nicht nur unschön aussieht, sondern auch das Pferd stört.

EINSATZ DER GERTE IN DER GRUND-AUSBILDUNG

Der nächste Punkt betrifft den Einsatz der Gerte, und selbstverständlich gibt es auch hier Unterschiede. Spring- und Geländereiter im Entlastungssitz setzen sie meist an der Schulter ein, Dressurreiter im Vollsitz vorzugsweise hinter dem Schenkel, um das gleichseitige Hinterbein zu einem weiteren Untertreten zu aktivieren. Bei anstehendem Zügel gehört zu diesem Gerteneinsatz allerdings sehr viel Erfahrung, weil die gertenführende Hand einen Tick nachgeben und leicht seitlich geführt werden muss, sonst bekommt das Pferd gleichzeitig mit dem Klaps einen Ruck mit der Zügelhand. Das eine wirkt vortreibend, das andere ruppig zurückhaltend – und was das Pferd daraus schließen soll, ist schleierhaft. Um solche Irritationen zu vermeiden, hat es sich beim Einstieg bewährt beide Techniken zu kombinieren:

▸ Solange der Reiter beide Hände am Zügel oder im Sicherheitssitz die Hände aufgestützt hat, wird die Gerte an der Schulter eingesetzt.

▸ Ist der Reiter schon so ausbalanciert, dass er sich traut die Zügel in eine Hand zu nehmen, kann er die Gerte auch hinter dem Schenkel einsetzen. Voraussetzung dafür ist in der Grundausbildung natürlich ein leicht durchhängender Zügel, sonst macht es keinen Sinn

Wann was vorzuziehen ist, hängt davon ab, was bezweckt werden soll: So kommt der Gertenimpuls zum Stimmkommando, wie „jetzt antraben" eher an der Schulter; will man dem Pferd lediglich signalisieren, dass es etwas fleißiger gehen soll, ohne die Gangart zu wechseln, benutzen fortgeschrittene Anfänger die Gerte nach einer Stimmverwarnung, wie „vorwärts", an der Flanke – aber dann, wie gesagt, mit nur einer Hand am Zügel, und das ist beim Reiten mit Knoten erheblich einfacher als ohne.

Wichtig für Ihre koordinativen Fähigkeiten: Achten Sie darauf, dass Sie sich bei diesem Touchieren nicht in der Schulterpartie verdrehen oder mit dem ganzen Arm ausholen; der Arm wird in Körpernähe zurückgeführt, und der Klaps sollte möglichst nur aus dem Handgelenk erfolgen. Um die Armbewegung gering halten zu können, muss bei dieser Technik die Gerte allerdings mindestens 1,20 m lang sein, also deutlich länger als im Einsteigerbereich üblich. In der Grundhaltung wird sie entweder fast senkrecht an die Schulter oder schräg-rückwärts weisend an den Oberschenkel gelegt, aber keinesfalls waagerecht nach hinten, um nicht im Handgelenk abzuknicken. Außerdem wird sie zunächst nur auf der Seite eingesetzt, nach der das Pferd läuft: Linksherum also auf der linken Seite und rechtsherum auf der rechten. Das heißt, mit jedem Richtungswechsel in der Bahn – oder „Handwechsel", wie es Reiter zu nennen belieben – wird auch die Gerte gewechselt, und weil das sehr häufig vorkommt, ist die Schlaufe am Griff im Prinzip überflüssig. Da notabene auch zum Wechseln der Gerte die Zügel in eine Hand genommen werden müssen, ist das einhändige Touchieren so außergewöhnlich nicht, wie es Puristen alter Schule vielleicht scheint. Und es schont, wie gesagt, das Pferdemaul.

Kunststück

„Das Pferd mit der Gerte zu berühren, ohne gleichzeitig die Einwirkung mit den Zügeln zu behindern, ist ein Kunststück, das lange Übung erfordert und auch erfahrene Reiter nicht immer beherrschen."

ISABELLE V. NEUMANN-COSEL, aus „Reitersitz und Reiterhilfen"

Gut im Griff

In der Grundhaltung wird die Gerte etwas unterhalb ihres Schwerpunkts gefasst und liegt schräg abwärts weisend am Oberschenkel.

EIN STÖCKCHEN FÜR ALLE FÄLLE?

Gerte ist nicht gleich Gerte. Spring- und Geländereiter bevorzugen kürzere bis 0,75 cm mit „Schlag", das ist ein kleines Lederdreieck an der Spitze; Dressurreiter verwenden Gerten zwischen 1,10 m bis 1,20 m, die maximale Länge in Prüfungen laut Reglement. Das Mitführen einer Gerte im Dressurviereck ist auf sehr hohem Niveau oft nicht mehr erlaubt und führt zum Ausschluss des Teilnehmers (obwohl sich die Experten mit schöner Regelmäßigkeit darüber streiten). In internationalen Dressurprüfungen ist sie verboten; in nationalen Prüfungen auf Grand-Prix-Ebene kann sie per Ausschreibung ebenfalls untersagt werden.

Anfängern werden meist Gerten bis 1 m Länge empfohlen, um sie leichter von einer Hand in die andere wechseln zu können, aber da die Gerte zur besseren Handhabung nicht am Griff, sondern etwas unterhalb ihres Schwerpunkts angefasst wird, ist eine geringfügige Differenz nach oben nicht so relevant. Wichtiger ist die Qualität: Die Gerte sollte nicht zu dick am Griff, leicht, stabil und elastisch sein, aber nicht zu weich. Billige Gerten wippen oft zu stark, dadurch berühren sie das Pferd unbeabsichtigt und können nicht präzise eingesetzt werden; solche Gerten sind keine Hilfe, sondern irritieren Pferd und Reiter gleichermaßen.

ANREITEN OHNE STRESS

DAS ANREITEN MIT ENTLASTUNG

Um ein Pferd in Bewegung zu versetzen, gibt es zwei Möglichkeiten: Der klassisch ausgebildete, fortgeschrittene Reiter wird es mit einer Kombination von belastender Gewichts-, Schenkel- und Zügelhilfe zum Antreten auffordern, ohne seinen Vollsitz um einen Jota aufzugeben; das ist das Anreiten mit Belastung. Aber da der Anfänger noch keine Beckenhilfen kennt, weil

1 Sitz überprüfen: Befindet sich der Oberkörper schön senkrecht über den Gesäßknochen und Kopf, Arme und Beine genau da, wo sie hingehören?

2 Dann heißt es Oberkörper leicht nach vorne beugen, die Schenkel kurz andrücken und mit den Zügeln nachgeben, um dem Pferd die Richtung zu zeigen – Informationen, die jedes Pferd versteht.

diese erst sehr viel später auf der Tagesordnung stehen, kommt das vorerst nicht in Betracht. Denn um die Hinterbeine vorsetzen zu können, muss das Pferd den Rücken aufwölben. Und da die vorwärtstreibende Gewichtshilfe im Vollsitz, falsch verstanden, für das Pferd Rückenschmerzen bedeutet, würde es diesen nicht aufwölben, sondern durchdrücken, um dem Druck auszuweichen. Das merkt man übrigens daran, dass das Pferd unter dem Sattel bretthart oder im Rücken hohl wird und quasi nach unten sinkt, während es gleichzeitig Kopf und Hals hochnimmt. Das Dumme ist nur, dass es in dieser

Haltung aufgrund seiner Anatomie erst recht nicht untertreten kann, weil es sich selbst blockiert. Um das zu vermeiden, wird zunächst mit Entlastung angeritten.

Sie überprüfen also Ihren Sitz – Oberkörper schön senkrecht über den Gesäßknochen, Kopf, Arme und Beine genau da, wo Sie hingehören. Nun wird der Oberkörper aus dem Hüftgelenk ein wenig vorgeneigt, und dann drücken Sie Ihre Waden kurz und signalartig genau dort an, wo sie liegen, nämlich in der Grundposition am Gurt, während Sie gleichzeitig mit den Händen aus dem Ellenbogengelenk etwas nachgeben. Sobald das Pferd antritt, setzen Sie sich wieder aufrecht hin (aufpassen, dass das Pferd nicht durch einen unbeabsichtigten Zügelanzug irritiert wird) und sortieren geschwind erneut Ihren Sitz.

Damit haben Sie dem Pferd gleich mehrere Informationen gegeben:

1 Es soll, durch den Schenkeldruck angeregt, unter den Schwerpunkt treten, den Sie mit dem Vorneigen Ihres Oberkörpers vorgegeben haben und

2 es soll im Schritt weitergehen, weil Sie mit dem Nachgeben der Zügel den Weg nach vorne öffnen, ohne es zu einer schnelleren Gangart aufzufordern.

Das ist das Grundprinzip aller Hilfen: dem Pferd klarmachen, was es soll und die einzig mögliche Richtung freigeben. Worauf Sie jedoch beim Anreiten mit Entlastung achten sollten, ist:

▶ Den Oberkörper nicht zu weit nach vorne neigen. Erstens ist es nicht notwendig und zweitens geraten Sie dadurch aus dem Gleichgewicht.

▶ Und wenn's nicht klappt, bitte nicht mit Macht versuchen, das Pferd über die Schenkel vorwärts zu treiben. Ein elementarer Fehler von Anfängern ist, dass sie dabei immer die Absätze hochziehen, und damit ist die gesamte Sitzbasis perdu. In dem Fall sagen Sie besser deutlich „Scheeritt" oder das Kommando, das das Pferd kennt und geben ihm einen Gertenklaps an der Schulter, damit es kapiert, dass Sie es tatsächlich ernst meinen.

Diese Form des Anreitens ist übrigens nicht auf Reitanfänger beschränkt, denn sie ist identisch mit der Hilfengebung beim Westernreiten. Der einzige Unterschied ist, dass Westernreiter oft etwas runderem Rücken anreiten, was aus den im Kapitel „Sitzschulung" erwähnten Gründen in der Grundausbildung eine etwas zwiespältige Angelegenheit ist, die schnell weitere Fehler nach sich ziehen kann.

Davon abgesehen wird das Anreiten mit Entlastung (also im Remontesitz) auch bei jungen, erst kurz unter dem Sattel gehenden Pferden eingesetzt, um deren noch schwach entwickelte Rückenmuskulatur zu schonen, eine Rücksichtnahme, die ältere, rückenempfindliche Pferde ebenfalls zu schätzen wissen. Erfahrungsgemäß folgen fast alle Pferde dem Anreiten mit Entlastung gern und willig, weil es pferdelogisch ist: In die Richtung, in die der Reiter sein Gewicht verlagert, da will er hin. Also vorwärts.

Tipp

Wenn Sie zum ersten Mal auf ein unbekanntes Pferd steigen: Vergewissern Sie sich immer zuerst, wie Sie das Pferd in Gang und wie Sie es zum Stehen bringen, auf welche Hilfen es in welcher Stärke reagiert. Und falls es sich um eine andere Reitweise handelt: Es ist keine Schande nachzufragen, was das Pferd kennt und gewohnt ist und von seinem Reiter erwartet; das zeugt höchstens von Pferdeverstand.

Hilfe für Youngster

„Beim Anreiten sollte der Reiter dann eher etwas entlasten, um dem Pferd eine Dehnung in Richtung vorwärts-abwärts zu ermöglichen. Dabei wird er beobachten können, dass die Pferde viel gelassener und taktklarer losgehen, als wenn sie vom ersten Schritt an das schwere Gewicht im Sattel ausbalancieren müssen."

ANKE SCHWÖRER-HAAG/ THOMAS HAAG, aus „Reiten auf Islandpferden"

ANHALTEN OHNE ZIEHEN

DAS ANHALTEN MIT STIMME UND AUSATMEN

Wer Gas gibt, muss auch bremsen können, und mit feste am Zügel ziehen ist es nicht getan. Pferde sind in Kopf und Hals zwar nicht unbegrenzt, aber beweglicher, als es dem Reiter oft lieb ist: Der Hals kann rauf und runter gehen, links und rechts schwenken, und selbst wenn das Tier an den Stiefelspitzen des Reiters knabbert, ist das kein zwingender Grund zum Anhalten. Im Gegenteil: Je stärker Sie ziehen, um so stärker drückt das Pferd dagegen. Das ist beim Reiten auf Halfter vielleicht noch kein Drama, deswegen benutzen Sie es ja, aber sobald eine schärfere Zäumung einwirkt, hört der Spaß, soweit es das Pferd betrifft, auf. Denn dann tut's weh! Und wenn man Pferden weh tut, versuchen sie davon zu laufen. Das ist in diesem Fall zwar unlogisch, weil der Druck auf Nase oder Maul zunimmt, aber so reagieren Pferde nun mal.

Auch das Anhalten wird dem Pferd primär über den Sitz erklärt, Schenkel und Zügel verraten lediglich, wie es sich hinstellen soll. Letzteres ist für Sie noch nicht relevant; wichtiger ist eine andere Information:

Um beim Anhalten nicht auf die Nase zu fallen, muss das Pferd seinen Schwerpunkt rückwärts verlagern und sich neu ausbalancieren!

Und das kann es nur, wenn es mit den Hinterbeinen unter den Leib tritt – also erneut ungehindert den Rücken aufwölben kann. Ergo: Wer Gewichtsverlagerung nach hinten und Rückenaufwölben auf einen Nenner bringt, hält sein Pferd auch ohne großen Zügeleinsatz an.

Feeling

„Das berühmte Problem des Anhaltens: Wenn man versucht ein Pferd mit den Händen zu drangsalieren, das funktioniert doch nicht. Man kann ein Pferd nicht vom Pferd aus bremsen; ich müsste schon am Boden sein und mich verankern, um es zu stoppen. Wenn ich dem Pferd aber weh tue, wovon macht es Gebrauch? Von seiner Waffe, der Flucht. Wir werden uns also überlegen müssen, mit welchen Methoden wir Pferde bremsen können, ohne ihnen Schmerz zuzufügen. Die erfolgreiche Einwirkung am Zügel wird nicht an der Kraft gemessen, sondern am Feeling, am Touch, am leichten Kontakt im richtigen Moment."

JEAN-CLAUDE DYSLI,
Altmeister des europäischen Westernreitens

Vorbereiten zum Anhalten: Zügel nachgreifen (aber nicht so weit, dass die Arme gestreckt und die Schultern nach vorne gezogen werden), dann Einatmen, Aufrichten und ...

Anhalten ohne Ziehen

Die Vorbereitung erfolgt wie die zum Anreiten und – um es vorwegzunehmen, für jede andere Lektion auch – mit einer Überprüfung des Sitzes. Dann

1 fassen Sie die Zügel ungefähr eine Handbreit kürzer, ohne sie zurückzuziehen (Sie müssen dazu mit Unterarmen und Ellenbogen leicht vorgehen),
2 atmen tief ein und sagen
3 langgezogen „Whooaa", „Haaalt", „Pssst" oder ein anderes, dem Pferd bekanntes Kommando,
4 während Sie gleichzeitig in den Schultern breit werden und die Schulterblätter rückwärts-abwärts sinken lassen.
5 Sobald das Pferd stoppt, entspannen Sie sofort Ihre Schultern und sortieren, Sie ahnen es schon, wieder einmal Ihren Sitz.

Mehr nicht. Ihr Oberkörper bleibt schön senkrecht aufgerichtet über den Gesäßknochen und Ihre Hände bleiben locker geschlossen; nur die Daumen passen etwas mehr auf, dass die Zügel nicht aus der Hand gezogen werden. Das hört sich sehr leicht an, ist es im Prinzip auch, und enthält trotzdem die wichtigste Lektion zum Anhalten. Denn was ist passiert?

- Mit dem Einatmen haben Sie sich aufgerichtet, ohne sich zu verspannen und dem Pferd signalisiert: „Pass auf, gleich kommt was Neues".
- Mit dem langgezogenen Stimmkommando atmen sie aus, lassen die Spannung aus dem Körper fließen („hoffentlich hält das Pferd auch an?"), und werden schwer und passiv, ohne ein Hohlkreuz zu machen oder den Rücken des Pferdes zu blockieren. Für das Tier eindeutig: „Mach mal langsamer".
- Mit dem Zurücknehmen der Schultern nehmen Sie die Ellenbogen mit und verkürzen damit die Zügel automatisch bis zum Kontaktpunkt, ohne zu ziehen oder hart in der Hand zu werden. Aber gleichzeitig verlagert sich

> **Tipp**
> Üben Sie die Parade aus dem Schultergürtel vor einem großen Spiegel als Trockenübung, bis Sie sie verinnerlicht haben und auf dem Pferd automatisch aktivieren. Das gefühlvolle, unverkrampfte Durchparieren – sowohl in eine niedrigere Gangart, wie zum Halten – gehört zu den Lektionen, die auch fortgeschrittene Reiter noch zur Verzweiflung bringen, wenn sie zu viel mit der Hand arbeiten, statt Gewicht und Schultern einzusetzen

... beim Ausatmen langgezogen „Haaalt" sagen. Gleichzeitig werden die Schultern zurückgenommen und rückwärts-abwärts gesenkt. Sobald das Pferd steht, gibt die Hand nach.

Falsch: Wer zum Bremsen die Arme zurückzieht, lehnt sich oft mit dem Oberkörper zurück und treibt sein Pferd unbewusst vorwärts.
Wird der Pferderücken dabei belastet, kann das ein Abwehrverhalten auslösen.
Das Zurücklehnen bei dieser Demonstration wurde natürlich nachgestellt; der Herr kann es besser.

Ihr Gewicht nach hinten, und alles zusammen sagt dem Pferd: „Aha, anhalten", denn es versucht ja sich unter Ihrem Schwerpunkt auszubalancieren, und nach vorne wird der Weg durch den Zügel versperrt.

▶ Und mit dem Entspannen der Schultern geben Sie in der Hand nach und signalisieren dem Pferd: „O.k., das war´s, bleib stehen, wo du bist".

Wichtig für Ihre koordinativen Fähigkeiten: Achten Sie darauf, dass Sie sich nicht nach hinten lehnen oder die Wadenmuskulatur anspannen, weil Sie sonst das Pferd unbewusst vorwärtstreiben; speziell auf Halfter wird es eher weiterlaufen als stehenbleiben. In diesem Ausbildungsstadium wird von Ihnen noch kein aktives Untertreiben der Hinterbeine verlangt, sondern nur das Schwerwerden und gerade Sitzenbleiben im Sattel. Ebenso wichtig ist, dass Sie primär Ihre Schultermuskulatur zum Anhalten einsetzen, weil die viel größer ist und lange nicht so schnell verkrampft wie die kleine Handmuskulatur. Das so oft beschriebene Eindrehen der Fäuste, zum Beispiel, gehört zur Fortgeschrittenenschulung und nicht zur Grundausbildung, weil man am Anfang dazu neigt in der Bewegung „steckenzubleiben" und fest in der Hand wird, ohne es zu registrieren.

Sie dürfen sich nie, wirklich nie am Zügel festziehen. Zu keinem Zeitpunkt und in keiner Situation, sonst lösen Sie ein Abwehrverhalten des Pferdes aus.

Wenn das Pferd nicht anhält, wiederholen Sie die einzelnen Schritte zum Anhalten, bis das Pferd steht. Aber bitte immer erst den Sitz sortieren! Wenn die Grundhaltung nicht stimmt, geht das Anhalten unweigerlich schief. Mit dieser Stotterbremse erklärt man übrigens auch jungen Pferden das Durchparieren. Und auch hier gibt es eine Direktverbindung zum Westernreiten, allerdings mit einem gewaltigen Vorteil: Denn da voll ausgebildete Westernpferde gewohnt sind am leicht durchhängenden Zügel zu arbeiten, bringen sie ihren Reitern gleichzeitig bei, dass zwischen Anhalten und Rückwärtsgehen ein Zusammenhang besteht. Wird der Zügel beim Stop nicht weich und lädt zum Entspannen ein, weichen sie prompt in die Richtung aus, die noch offen steht, und das ist rückwärts.

Aus Sicht des Pferdes ist das diesmal sehr logisch.

Und unlogisch wäre, wenn der Reiter das nicht zur Kenntnis nähme.

Denn genau dieser Logik werden Sie später bei der kombinierten Hilfengebung wieder begegnen; dann allerdings unter so vornehmen Bezeichnungen „halbe Parade", „ganze Parade" und „Rückwärtsrichten".

WAS TUN, WENN'S NICHT KLAPPT?

- Überprüfen Sie, ob die Zügel weit genug nachgefasst wurden, damit sie beim Zurücknehmen der Schultern ausreichend verkürzt werden, also bis zum Kontaktpunkt auf Nase oder Maul.

- Achten Sie darauf, dass Sie nicht nur die Unterarme zurückziehen, statt den Schultergürtel einzusetzen. Dabei verspannen sich viele Reiter und machen ein Hohlkreuz. Der Sitz wird steif, die Hilfen werden widersprüchlich und der Druck im Rücken ist für das Tier sehr unangenehm.

- Drehen Sie in diesem Ausbildungsstadium noch nicht die Hände zum Durchparieren ein, denn dabei treten schnell zwei Fehlerquellen auf: Entweder blockiert der Reiter die Hände vor dem Bauch, dreht die Ellenbogen nach außen und sinkt mit krummem Rücken in sich zusammen, so dass die Hilfen widersprüchlich werden; ein nicht so gut geschultes Tier kann den Reiter dabei mit dem Zügel nach vorne ziehen. Bei der zweiten Variante lehnt sich der Reiter mit dem Oberkörper zurück, wenn das Pferd nicht sofort reagiert. Dabei wird die Hand hart, das Pferd versucht sich dem unangenehmen Druck durch Gegendruck zu entziehen, der Reiter verspannt sich noch mehr und treibt unbewusst; auch hier sind die Hilfen unverständlich.

ANNA ESCHNER

BALANCE & GEFÜHL IM SCHRITT

ZEITPUNKT DER ZÜGEL- UND SCHENKELHILFEN

> **Gewusst wo**
>
> „Nur wenn der Reiter zu jeder Zeit weiß, wo sich jedes einzelne Pferdebein befindet, kann er durch unmerkliches Mitschwingen die Bewegungen des Pferdes entweder verstärken oder behindern."
>
> **MICHAEL PUTZ**

Die erste Gangart, mit der Sie sich näher beschäftigen, ist der Schritt. An sich eine gemütliche Angelegenheit, denn weil das Pferd in einem klaren Viertakt jedes Bein einzeln aufhebt, vorführt und wieder absetzt, hat es immer zwei oder drei Beine am Boden und befindet sich damit in einem recht stabilen Gleichgewicht. Genau diese Eigenschaft macht den Schritt, in der dressurmäßigen Ausbildung, später zur schwierigsten Gangart überhaupt; die scheinbar anspruchslose Fortbewegung sollte Sie also nicht dazu verleiten, es sich allzu bequem zu machen. Außerdem haben Sie in diesem Schneckentempo die beste Gelegenheit Ihr Sitzgefühl in der Bewegung zu speichern und herauszufinden, was genau unter Ihrem Allerwertesten passiert. Woran man merkt, wann welches Bein gerade in der Luft ist oder sich stützend unter Ross und Reiter schiebt. Sie werden es später für die Abstimmung der treibenden und der verhaltenden Hilfen brauchen. Und zwar nicht nur im Schritt, sondern in jeder Gangart, aber weil die anderen allesamt schneller sind, wird die Zeit zum Nachfühlen und Überlegen knapp.

Das Bewegungsfühlen im Schritt beginnt damit, dass Sie zuerst Ihren gesamten Bewegungsspielraum austesten: Je passiver und buckeliger Sie sitzen, um so unangenehmer schaukelt es; richten Sie dagegen den Oberkör-

1 Nicht nur für den Anfang perfekt: Schrittreiten in der Ovalbahn und dabei locker im Becken den Bewegungen des Pferdes folgen, den Oberkörper ruhig halten.
2 Bewegungsfühlen der Vorderbeine: Der einzige Zeitpunkt, um die Bewegung des Vorderbeines mit einem gleichseitigen Zügelimpuls zu beeinflussen, ist, wenn es abfußt und unbelastet ist.

per auf, öffnen sich in der Leiste und sitzen breit und entspannt, mit locker am Pferderumpf hängenden Beinen, fließt die Bewegung, ausgehend vom Becken wie eine Ola-Welle durch ihren ganzen Körper: Sie werden vorwärts und rückwärts, von links nach rechts und wechselseitig auf und ab gewiegt. Sally Swift verglich es „mit Fahrradfahren rückwärts", und diese Definition ist so treffend, dass mittlerweile sogar Pedalos als Vorübung zum Schritt in der Basisschulung eingesetzt werden. Die dreidimensionale Bewegung hängt mit

Balance & Gefühl im Schritt

der Fußfolge zusammen, weil erst Hinter- und Vorderbein einer Körperseite und dann Hinter- und Vorderbein der anderen Körperseite vorgesetzt werden. Das ist zwar eine recht vereinfachte Darstellung, aber sie reicht im Moment aus.

VORDERBEINE Um die Bewegung der Vorderbeine zu erfühlen, gehen Sie zuerst in den Sicherheitssitz, Sie schieben also den Po etwas zurück, um trotz Vorneigung des Oberkörpers in der Rückenpartie gerade zu bleiben, und legen die Hände flach links und rechts des Widerristes an den Schulteransatz. So merken Sie am ehesten die Bewegung der Vorderbeine: Immer wenn sich ein Schulterblatt nach vorne bewegt, greift natürlich auch das dazugehörige Bein nach vorne aus; das heißt, es befindet sich in diesem Moment in der Luft, ist also unbelastet. Das ist der einzige Zeitpunkt, an dem Sie später (sehr viel später) mit einem gleichseitigen Zügelimpuls dieses Bein dirigieren könnten. Wird das Bein gerade aufgesetzt oder trägt schon Gewicht, ist das vollkommen unmöglich.

HINTERBEINE Sie werden aber noch etwas anderes feststellen: Dass Ihre linke und rechte Beckenhälfte einmal hochgehoben und einmal abgesenkt wird und der Gesäßknochen der tieferen Seite, quasi wie auf einer Schiene, in einer gleitenden Aufwärtsbewegung nach vorne geschoben wird. Das betrifft die Hinterbeine und die nächste Übung. Sie setzen sich wieder aufrecht in den Grundsitz und konzentrieren sich auf Ihre Gesäßknochen; zuerst rechts:

- Wenn das rechte Hinterbein abfußt, verliert das Pferd auf dieser Seite die Stütze, infolgedessen sinkt seine rechte Körperseite ab und damit auch Ihre rechte Beckenhälfte.
- Mit Vorschwingen dieses Hinterbeines wird Ihre rechte Hüftseite vom Pferd einseitig nach vorne verschoben.
- Sobald das Hinterbein aufsetzt und die Körperlast stützt, hebt sich die rechte Körperseite, damit Ihre rechte Beckenhälfte und die linke Seite fällt ab...

Auch daraus lässt sich natürlich eine Schlussfolgerung ziehen:

Der einzige Zeitpunkt, an dem eine treibende Hilfe das gleichseitige Hinterbein beeinflussen kann, ist, wenn es unbelastet ist. Unbelastet ist es immer auf der Seite, auf der Ihr Becken abgesenkt wird!

Das gilt nicht nur für den Schritt, sondern für jede Gangart; dabei müssen Sie die vortreibende Schenkelhilfe im Normalfall noch nicht einmal aktiv geben. Um herauszufinden, warum das so ist, nehmen Sie am besten beide Beine aus den Bügeln und lassen Sie einfach locker hängen: Immer wenn ein Hinterbein vorgeführt wird und die Beckenseite des Reiters tiefer sinkt, pendelt das Reiterbein automatisch an das Pferd, aber gleichzeitig wölbt sich

Schrittreiten von hinten, vorschwingendes Hinterbein und abgesenktes Becken. Um die Bewegung des Hinterbeines mit einem gleichseitigen Schenkelimpuls zu beeinflussen, muss das Hinterbein unbelastet sein. Über diesem unbelasteten Hinterfuß sitzt der Reiter tiefer als über dem stützenden Bein.

Tipp

Um die Beweglichkeit des Beckens und das Verständnis für die Schrittbewegung zu trainieren, bieten sich zwei Vorübungen an: Die erste ist das Beckenkreisen in beide Richtungen, dabei die Kreise kleiner werden lassen, bis man in eine Null-Bewegung kommt. Bei der zweiten Übung simulieren Sie das seitliche Beckenabkippen, indem Sie mit auf der Hüfte aufgelegten Händen auf der Stelle treten. Dabei merken Sie, wie die Beckenseite des jeweils entlasteten Beines deutlich absinkt; genau diese Bewegung gilt es auf den Pferderücken zu übertragen. Diese Übung sollten Sie anfangs vor einem Spiegel absolvieren, bis Oberkörper und Schultern dabei absolut ruhig bleiben.

auch der Pferderumpf auf dieser Seite. Anders gesagt: Das Pferd holt sich seine treibenden Schenkelhilfen selbst ab. Deshalb sieht man bei guten Reitern auf feingerittenen Pferden auch kaum oder gar keine treibende Schenkelhilfen. Es ist einfach nicht notwendig.

Bloß so weit sind wir noch nicht, denn zur zeitlich exakten treibenden oder verhaltenden Einwirkung gehört noch einiges mehr. Im Moment geht es nur darum, das Körperbewusstsein für die Schrittbewegung einzuspeichern, mehr nicht. Und das ist Ihr Übungsplan im Schritt:

▸ Versuchen Sie herauszufinden, wann das linke und wann das rechte Vorderbein vortritt und sagen Sie jeweils links oder rechts.

▸ Versuchen Sie herauszufinden, wann das linke und wann das rechte Hinterbein vortritt und sagen Sie jeweils links oder rechts (oder beziffern, wenn Sie sich alle vier Beine zutrauen, die Fußfolge von 1-4).

▸ Fühlen Sie, wie Ihr Schenkel beim Absenken des Beckens gegen den Pferderumpf fällt und sich der Bauch des Tieres gegen Ihren Schenkel wölbt, ohne die Beinmuskulatur anzuspannen oder aktiv einzuwirken.

▸ Folgen Sie der Schrittbewegung mit Ihrer Hüfte, indem Sie Ihren linken und rechten Gesäßknochen wechselseitig vom Pferd mitnehmen lassen, ohne dass sich diese Bewegung auf den Oberkörper überträgt.

Wichtig für Ihre koordinativen Fähigkeiten: Bei allen Beckenbewegungen muss der Oberkörper ruhig bleiben – also kein Mitschaukeln im Takt, weil das zu einem Hebeln des Oberkörpers gegen Becken und Beine führt. Vermeiden lässt sich der Fehler, indem man testweise die Fingerspitzen einer Hand auf das Brustbein legt, um etwaige Bewegungen zu registrieren. Diese Tendenz zum unruhigen Oberkörper ist auch der Grund, warum einige Schulen das wechselseitige Mitgehen der Hüfte in der Schrittbewegung ablehnen; umgekehrt lehnen Westernreiter dafür das wechselseitige, aktive Treiben mit dem Schenkel ab. Beide haben unter bestimmten Voraussetzungen recht, aber diese Kontroverse wird im Kapitel Bahn- und Dressurreiten geklärt. Einhellig gesichert ist jedoch, dass ein bewegliches Becken die Feinabstimmung der Hilfen in jeder Reitweise erheblich unterstützt, und solange sich der Reiter nur auf die Beckenverschiebung bei ruhigem Oberkörper konzentriert und entsprechend korrigiert wird, ist das selten ein Problem. Nebenbei: Man kann mit dem Oberkörper ohnehin nicht treiben, das funktioniert nur über Becken und Schenkel.

Und noch eins: Gerade beim Schrittreiten ist es wichtig zuerst am leicht durchhängenden Zügel zu reiten, weil die natürliche Nickbewegung des Pferdekopfes in dieser Gangart besonders ausgeprägt ist. Bei anstehendem Zügel müsste sich der Einsteiger von Anfang an einerseits auf seinen Sitz konzentrieren und gleichzeitig mit den Händen der Kopfbewegung von Schritt zu Schritt folgen, um die gleichmäßige Anlehnung zu erhalten. Und weil er mit dieser Mehrfachkoordination überfordert ist, kriegt das Pferd ständig einen bremsenden Ruck ins Maul oder auf die Nase. Um sich dem zu entziehen, hebt es den Kopf, drückt den Rücken weg und bekommt Taktprobleme – aber ein Pferd mit Taktproblemen belastet immer auch seine Gliedmaßen falsch, und das geht auf die Gesundheit des Tieres. Etwas weniger Ehrgeiz ist manchmal mehr, und mehr heißt in diesem Fall mehr Zügel, bis er durchhängt.

Um bei dem Thema zu bleiben: Ein gut geschultes Pferd ist ja gewillt, dem Reiter eine sensible Hilfengebung zu erklären – aber dazu gehört, dass dieser das Feedback des Pferdes zur Kenntnis nimmt. Und das wird ihm nur gelingen, wenn er sich nicht durch zu viele Anforderungen gleichzeitig ablenken lässt.

Fortsetzung folgt

Mehr zum Schritt finden Sie auf den Seiten 228 bis 229

Ausgebremst

„Der am meisten verbreitete Fehler, den viele Reiter im Schritt begehen, ist die zu starke oder gar rückwärts wirkende Handeinwirkung."

DR. REINER KLIMKE,
aus „Grundausbildung des jungen Reitpferdes"

Hilfreich: Ohne Sattel und mit Unterstützung des Lehrers findet jeder Schüler den Bewegungsrhythmus im Schritt.

WAS TUN, WENN'S NICHT KLAPPT?

Lassen Sie sich auf einem ungesattelten Pferd im Schritt führen, schließen Sie die Augen und versuchen Sie der Schrittbewegung des Pferdes mit Ihrer Hüfte zu folgen. Wichtig ist, dass Sie Gesäß- und Beinmuskulatur vollkommen entspannen. Sollten Sie trotzdem Schwierigkeiten haben, den Takt zu finden, kann Ihnen der Reitlehrer helfen, indem er neben Ihnen hergeht und Ihr Becken mit seinen Händen so lange überdeutlich bewegt, bis Sie den Takt gefunden haben. Das ist natürlich nur eine vorübergehende Hilfe, weil bei allen Beckenbewegungen ein ruhiger Oberkörper wichtig ist, aber es hilft, den Einstieg zu finden.

JOCHEN SCHUMACHER

INPUT-OUTPUT

DAS FEEDBACK DES PFERDES UND DER EINSATZ VON HILFSZÜGELN

Verständlich und angenehm für das Pferd sind alle Hilfen, denen es prompt und willig folgt. Es bewegt sich locker und flüssig, die Hufe werden rhythmisch im gleichen Takt aufgesetzt, Rücken und Hals schwingen zwanglos auf und ab, alle Körperlinien wirken rund und harmonisch. Die Ohren sind gespitzt mal nach vorne, mal nach hinten auf den Reiter gerichtet, der Schweif wird gerade gehalten und pendelt ruhig im Takt der Bewegung. „Das ganze Pferd trällert", um Klaus Balkenhols Definition aufzugreifen, „physisch und psychisch ausgeglichen vor sich hin." Und genau diesen Zustand sollten Sie als Bild und als Bewegungsgefühl im Allerwertesten speichern, denn diese Zwanglosigkeit nach Belieben abrufen zu können, das wird der wichtigste Prüfstein Ihres reiterlichen Könnens bis zu den schwersten Lektionen sein.

Genauso deutlich sind die Anzeichen für ein Unbehagen des Tieres: Alle Körperlinien wirken eckig, der Bewegungsablauf wird holperig und ungleichmäßig, der Schweif schlägt ärgerlich hin und her oder wird zwischen die Pobacken geklemmt. Man spürt, wie der Rücken hart und fest wird, statt zu schwingen, Kopf und Hals werden steif nach oben gedrückt oder unwillig geschüttelt; das Pferd „legt sich auf die Hand" und versucht Ihnen den Zügel aus der Hand zu ziehen. Je mehr solcher Unmutsäußerungen zu sehen oder zu fühlen sind, desto unbehaglicher fühlt sich das Tier. Und auch darauf sollten Sie möglichst früh achten – sowohl bei anderen Reitern wie bei sich selbst – denn das zeigt, dass irgendetwas falsch gemacht wird. Und was immer es ist, jedes Abwehrverhalten verrät nur eins: dass der Reiter einen Fehler macht und bei ihm die Korrektur ansetzen muss, nicht beim (gut geschulten) Lehrpferd.

Dieses Pferd widersetzt sich den Reiterhilfen. Die Körperlinien sind unharmonisch und eckig. Das Pferd schlägt unwillig mit dem Schweif.

Das Gefühl des Reiters für eine harmonische Verständigung mit dem Pferd auszubilden ist eine der wichtigsten Forderungen jeder Reitweise und der größte Vorteil der Ovalbahn. Aus diesem Grund sollte in dieser Ausbildungsphase auf Hilfszügel möglichst verzichtet werden. Einige Hilfszügel können in der Ausbildung Fortgeschrittener durchaus sinnvoll sein – aber erst bei korrekt treibender Einwirkung aus einem gefestigten Sitz heraus. So lange der Reiter das nicht kann, zwingt der Hilfszügel das Pferd in eine künstliche Haltung, die es freiwillig nicht einnehmen würde. Speziell der in vielen Reitschulen beliebte Ausbinder wirkt wie eine automatische Bremse und stört das Gleichgewicht der treibenden und verhaltenden Hilfen, wenn er nicht mit äußerster Vorsicht eingesetzt und zwischendurch ausgeschnallt wird, damit das Pferd die Nackenmuskeln dehnen kann. Wird das versäumt, verhält und verspannt sich das Pferd, kann sich nicht mehr locker bewegen – und damit hat der Anfänger keine Chance, Gefühl für einen harmonischen

Input-Output | 149

Dieses Pferd fühlt sich wohl: Alle Linien sind rund und harmonisch, die Ohren sind auf die Reiterin konzentriert und der Schweif pendelt ruhig in der Bewegung des Pferdes.

Bewegungsablauf zu entwickeln oder Unterschiede festzustellen. Statt dessen speichert er die verklemmten Bewegungen als normal ab, was ihm später als größter Fehler überhaupt angekreidet wird. Der lange Hals ist – solange sich das Pferd ungezwungen bewegt – das weitaus kleinere Übel, weil jedes solide ausgebildete Pferd gelernt haben sollte, sich auch ohne Zügelanlehnung auszubalancieren; immerhin ist es ein Grundpfeiler seiner Ausbildungsskala. Wenn ein Pferd so schwungvoll geht, dass es ohne Hilfszügel nicht zu regulieren ist, ist es für den Einstieg in das selbstständige Reiten ungeeignet. So einfach ist das.

Und vor einer anderen Untugend sollten Sie sich ebenfalls hüten: dem Treiben mit dem Schenkel. Sie ermuntern das Pferd zwar mit einer Schenkelhilfe zum Vortreten, wie Sie es beim Anreiten gelernt haben, aber das war's auch schon. Anfänger entwickeln, wenn Sie sich nur auf Ihren Sitz konzentrieren, normalerweise ganz schnell eine traumhafte Schenkellage: ruhig, gefühlvoll, einfach optimal für die spätere Feinabstimmung. Und die macht man sich kaputt (und zwar gründlich), wenn man zu früh zu viel mit dem Schenkel arbeitet. Sie können ihn natürlich ausnahmsweise einsetzen, um

Achtung Ausbinder

„Einer der häufigsten Hilfszügel im Unterricht ist der Ausbinder. Dabei ist gerade dieser Hilfszügel kritisch, weil der Anfänger schnell ein falsches Bewegungsbild speichert. Weitere Nachteile: Er liefert das Pferd nahezu hilflos jeder ungeschickten Einwirkung aus und es kann sich, wenn der Ausbinder nicht zwischendurch ausgeschnallt wird, keine Erleichterung verschaffen, indem es Kopf und Hals vorwärts-abwärts dehnt. Für uns ist der Ausbinder ein Hilfsmittel in der Arbeit an der Longe oder an der Hand – aber nicht beim Einstieg in das selbstständige Reiten. Wenn notwendig, leisten später ein gleitendes Ringmartingal oder Dreieckszügel bessere Dienste."

JOCHEN SCHUMACHER

150　　　　　　　　Erfolgreich im Sattel von Anfang an

Ihr Pferd aus einem vorzeitigen Nickerchen zu wecken, aber nicht zum permanenten Treiben! Einen unruhigen Schenkel, der sich in Ihrem muskulären Erinnerungsbild festgesetzt hat, wieder ruhig zu kriegen, ist eine Sisyphusarbeit; nachgetrieben wird, wenn notwendig, in diesem Ausbildungsstadium mit Stimme und Gerte.

Wechseln Sie das Pferd, wechseln Sie für den Einstieg notfalls die Reitschule, wenn es sein muss, aber halten Sie die Beine ruhig. Anfängerpferde müssen, unabhängig von der Reitweise, selbstständig arbeiten, damit sich die Reiter keine unnötigen Fehler angewöhnen, und der klopfende Schenkel gehört zu den größten Übeln: Weil er Ihren Sitz verdirbt, bevor Sie einen haben. Dabei brauchen Sie den, zum Beispiel auch, um links oder rechts abbiegen zu können, unserem nächsten Thema.

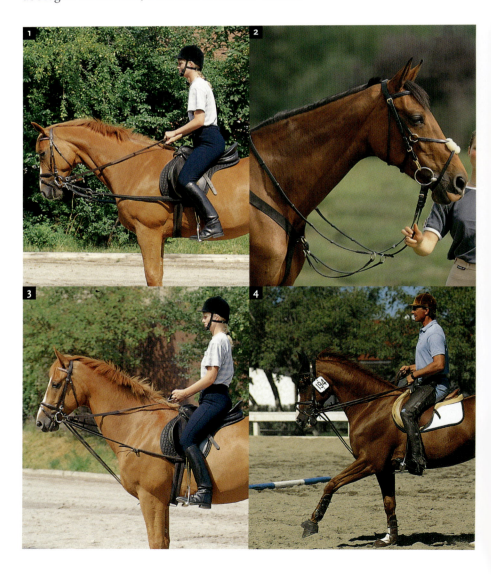

1　Ausbinder begrenzen die Bewegungsfreiheit des Pferdes; es kann Kopf und Hals nur noch in einem vertikalen Kreisbogen bewegen. Zu kurz verschnallt und ohne ausreichende Pausen verkrampft die festgehaltene Halsmuskulatur und blockiert Rücken und Hinterhand.

2　Das gleitende Ringmartingal verhindert lediglich ein zu weites Kopfaufwerfen. Es wird so lang verschnallt, dass die Zügellinie bei natürlicher Kopf- und Halshaltung nicht gebrochen wird.

3　Weil der Dreieckszügel nur lose durch den Trensenring läuft, erlaubt er dem Pferd die Dehnung des Halses nach unten und muss nicht laufend korrigiert werden.

4　Schlaufzügel werden leicht mit Dreieckszügeln verwechselt, aber sie sind nicht dasselbe. Die Schlaufzügel hält der Reiter in der Hand. Dabei wirkt der Trensenring in ungeübten Händen wie eine Umlenkrolle, so dass selbst kräftigen Pferden schnell der Kopf auf die Brust gezogen wird.

DER GRIFF ZUM HILFSZÜGEL

Sobald der Reiter über einen gefestigten Sitz verfügt und mit den treibenden und verhaltenden Hilfen vertraut ist, können ihm einige Hilfszügel, mit entsprechender Vorsicht eingesetzt, den Zugang zu einer sensiblen Hilfengebung erleichtern. Sie sollten jedoch so lang eingestellt werden, dass die Stirnlinie deutlich vor der Senkrechten ist, um die Bewegungen des Pferdes nicht zu behindern. Die häufigsten Hilfszügel in der Grundausbildung sind

▶ **Ausbinder** Einfache Ausbindezügel bestehen aus zwei Riemen, teilweise mit einem schwer elastischen Gummiring in der Mitte, die beiderseits im Trensenring und am Sattel oder Longiergurt befestigt werden. Da Ausbinder dem Pferd keine Dehnung des Halses erlauben und jede Kopfbewegung lediglich in einem vertikalen Halbkreisbogen möglich ist, dürfen sie im Laufe der Reitstunde nur sukzessiv verkürzt und sollten in Entspannungsphasen ganz ausgeschnallt werden. Ohne ausreichend vortreibende Hilfen, zu kurz oder zu anhaltend eingesetzt verkrampft die festgehaltene Halsmuskulatur und blockiert Rücken und Hinterhand.

▶ **Martingal** Eingesetzt wird meistens das „laufende Ringmartingal". Es besteht aus einem verstellbaren ungeteilten Stück, das unten im Sattelgurt eingehängt wird, durch einen lose um den Hals verschnallten zweiten Riemen führt und sich oberhalb des Halsriemens gabelt. Die Enden laufen in zwei eingenähten Ringen aus, durch die der Zügel gefädelt wird; „Martingalstopper" am Zügel verhindern, dass sich die Ringe vorne verhaken und zu Unfällen führen. Das Martingal wird so lang verschnallt, dass die Zügellinie bei normaler Kopf- und Halshaltung des Pferdes ungebrochen bleibt. Die Bewegungsfreiheit des Halses wird kaum eingeschränkt; es verhindert lediglich, dass sich das Pferd durch zu heftiges Kopfaufwerfen den Hilfen entzieht.

▶ **Dreieckzügel** Dieser Hilfszügel besteht aus einem ungeteilten Stück, das am Sattelgurt befestigt wird, durch die Vorderbeine führt und sich in etwa Brusthöhe gabelt. Die geteilten Enden werden von innen nach außen durch den Trensenring gezogen und seitlich am Sattel oder in der ersten Gurtstrupfe verschnallt. Weil der Dreieckszügel nur lose durch den Trensenring läuft, erlaubt er dem Pferd die seitliche Bewegungsfreiheit des Halses und vor allem die wichtige Dehnung nach unten, so dass die Einstellung nicht laufend korrigiert werden muss.

Langfristig abzulehnen, auch nach beendeter Grundausbildung, sind alle Arten von Hilfszügeln, die einen direkten Zugriff auf Hals- und Kopfhaltung des Tieres erlauben, wie Schlaufzügel, Gogue, Chambon und etliche andere aus dem Arsenal der Reitausstatter. Diese Hilfszügel gehören ausschließlich in erfahrene Profihände, weil sie ungeübte oder technisch nicht genug versierte Reiter verleiten, den Pferden den Kopf nach unten zu ziehen, da der Trensenring wie eine Umlenkrolle wirkt und den Krafteinsatz verstärkt. Zusammengezogen wie versandfertig geschnürte Pakete bewegen sich die Pferde dann auch: Stumpf, schwerfällig, mit weggedrücktem Rücken oder verspannten Tritten, heftig gegen die Hand drängend. Eine sensible Kommunikation ist nicht mehr möglich und auf Dauer leidet die Gesundheit der Tiere; Hilfszügel sind kein Ersatz für fehlende oder eine abgekürzte Grundausbildung.

KURVENTECHNIK

ABWENDEN, EINSEITIG BELASTENDE GEWICHTSHILFE UND ROTATION DES RUMPFES (DREHSITZ)

Wer immer geradeaus reitet, prallt irgendwann vor eine Wand. Dass auch beim Abwenden Zügel und Schenkel nur eine marginale Funktion haben und der Sitz den Ton angibt, erstaunt Sie wahrscheinlich nicht mehr sonderlich. Westernreiter demonstrieren speziell den Zügel mit Vorliebe, indem sie ihren Pferden das Zaumzeug abstreifen und dann munter links und rechts abwenden, langsam oder flott drehen, kreiseln oder gestochen gleichmäßige Zirkel nach Belieben wie eine Spirale verkleinern und vergrößern. Das Ganze vorzugsweise mit lässig in den Taschen versenkten Händen oder verschränkten Armen, um die Zuschauer gehörig zu beeindrucken.

1 Wer sein Pferd nur am Sitz kontrollieren kann, macht Eindruck.

2 Drehung mit gerader Körperachse: Hüfte und Schultern bleiben auf einer Höhe und der Schwerpunkt lotrecht über dem Bein, auf dem gedreht wird.

Bis Sie so weit sind, braucht es freilich ein wenig Geduld, weil das Reiten auf gebogenen Linien so grundverschieden vom Geradeausreiten ist und so wichtig für Ihre spätere Feinabstimmung mit dem Pferd, dass dieses Kapitel etwas länger ausfällt. Es setzt vor allen Dingen voraus, dass Ihnen schon vor dem Aufsitzen klar ist, warum Sie sich mit gerader Körperachse drehen müssen. Vor allem Erwachsene tendieren erfahrungsgemäß dazu, sich zu weit weg vom Gewicht zu drehen oder falsch zu belasten. Grund genug, um bei der Vorbereitung auf das Abwenden das gesamte Repertoire der Trockenübungen aufzurufen: Das beginnt mit Gewichtsverlagerungen auf das „Standbein" und Drehübungen auf dem Sitzbalken oder Holzpferd, und erst dann geht es an den Ernstfall. Natürlich im Schritt und am leicht durchhängenden Zügel, damit Zeit genug bleibt, die einzelnen Phasen nachzufühlen und zu verarbeiten.

Das Abwenden auf dem Pferd beginnt mit einer einseitigen Gewichtsverlagerung, denn auch hier gilt uneingeschränkt: Dorthin, wo der Reiter sein Gewicht verlagert, da will er hin. Wenn Sie rechts abbiegen wollen, muss das Gewicht also nach rechts verlagert werden, und wenn Sie links abbiegen wollen, nach links. Die Bewegung selbst ist ähnlich, wie Sie es (mit hoffentlich viel Akribie) beim Schrittreiten geübt haben, nur dass das Vorwärts-abwärts-Gleiten einer Gesäßhälfte jetzt unabhängig von der Bewegung des Pferdes erfolgt:

▶ Sie verlagern das Gewicht auf die Seite, nach der Sie abbiegen wollen, indem Sie den entsprechenden Gesäßknochen leicht vorschieben,

▶ dabei sinkt das gesamte Bein bis zur Ferse etwas tiefer, einen Hauch weiter vor und liegt in weichem Kontakt unmittelbar am Sattelgurt,

▶ der Druck auf diesen Gesäßknochen und Steigbügel wird verstärkt, und

▶ damit sich die Bewegung aus der Hüfte nicht auf den Oberkörper überträgt und zu einem seitlichen Einknicken führt, muss sich die gleichseitige Rumpfmuskulatur dehnen können; sie darf also nicht festgehalten werden! Denn dieses Einknicken in der Taille würde – Sie erinnern sich – Ihr Gewicht auf genau die falsche Seite bringen, nämlich entgegengesetzt zum geplanten Richtungswechsel; das kann das Pferd nicht verstehen.

Ergebnis der Aktion: Trotz Vorwärts-abwärts-Tendenz einer Beckenseite liegen beide Schultern weiterhin auf einer Höhe und parallel zu den Schultern des Pferdes. Sie sitzen also (noch) waagerecht und senkrecht über der Längsachse des Pferdes zentriert, denn die Hüftverschiebung ist so winzig, dass man sie als Zuschauer praktisch nur am tiefer ausgetretenen Bügel erkennt, beziehungsweise erkennen sollte, sonst haben Sie des Guten zu viel getan.

Das ist der erste Teil: Ein gut geschultes Pferd würde jetzt, in dem Bemühen unter Ihren einseitig verlagerten Schwerpunkt zu treten, auf einer Fläche ohne Begrenzung seitwärts abdriften. Und wenn man das später gezielt kultiviert, kann dabei wahlweise auch eine Hilfe zum Angaloppieren oder ein Seitengang herauskommen. Aber das nur vorneweg, denn hier geht es ums Abwenden, und das wird mit einer Körperdrehung eingeleitet; das ist der zweite Teil:

▶ Sie drehen sich aus der Hüfte heraus mit Ihrer gesamten Längsachse in die Richtung, in die Sie abbiegen wollen. Sie gucken dahin, wo Sie hinreiten wollen und drehen Oberkörper, Schultern und Arme in die Bewegung mit.

Im Reitunterricht hören Sie dazu sinngemäß meist den Hinweis, dass sich der Oberkörper mitdrehen muss, ohne an Länge zu verlieren. Noch einprägsamer ist vielleicht der Rat, sich neben den Augen im Kopf zwei weitere auf beiden Schultern und zwei auf beiden Hüftknochen vorzustellen, die beim Abwenden alle in dieselbe Richtung sehen sollen. Zwar wird die Hüfte durch die Rippenwölbung des Pferdes so stark gehalten, dass das Becken hinter der

Irrtum

„Erst einmal müssen wir uns davon trennen, dass ein Pferd am Maul gelenkt wird. Der Kopf hängt an einem Kragarm, dem Hals, der sehr flexibel ist – und ganz vorne, wo das Maul ist, da will ich steuern? Der Zügel hat selbstverständlich Funktionen, die der Halsbiegung, aber an der Steuerung ist er nur sekundär beteiligt."

JEAN-CLAUDE DYSLI

Grätsche mit Aha-Effekt: Die Wirkung der Drehung auf das Pferd kapiert man am schnellsten bei dieser Partnerübung im Selbsttest.

Oberkörperdrehung zurückbleibt, aber die Andeutung reicht aus, damit Ihr Gesäßknochen zum Drehpunkt wird. Diese Rotation des Rumpfes auf dem einseitig belasteten Gesäßknochen ist der ganze Trick bei der Geschichte. Ihr Gesäßknochen ersetzt das Standbein aus der Bodenübung, und das Pferd läuft dieser Drehung so lange hinterher, wie Sie den „Drehsitz" beibehalten. Sie bestimmen also nicht nur die Größe der Wendung durch den Grad Ihrer Körperdrehung, sondern auch, ob aus dem Abwenden ein Viertel-, Halb- oder Vollkreis wird. Soll das Pferd wieder geradeaus gehen, drehen Sie den Rumpf in den Grundsitz zurück, gucken wieder geradeaus, belasten wieder beide Gesäßknochen gleichmäßig, und damit ist die Wendung beendet.

Das ist zunächst alles. Und das ist Ihr erster Übungsplan:

1 Vorbereitung der Wendung durch einseitige Gewichtsverlagerung auf den Gesäßknochen der Richtung, in die Sie abbiegen wollen, ohne seitlich einzuknicken, eine Schulter abzusenken oder sich im Becken zu versteifen.
2 Einleiten der Wendung durch Drehen des Rumpfes nach links oder rechts; darauf achten, dass die Hüfte so weit mitgenommen wird, wie es die Rippenwölbung des Pferdes erlaubt, ohne das äußere Bein hochzuziehen.
3 Beenden der Wendung und Geradeausreiten, indem der Rumpf zurückgedreht und wieder über der Längsachse des Pferdes zentriert wird; darauf achten, dass beide Gesäßknochen gleichmäßig belastet werden.
4 Überprüfung des Grundsitzes vor dem nächsten Abwenden.

Damit sich die Reitschüler bei dieser Übung nicht allzusehr in links und rechts verheddern, integrieren listige Reitlehrer gerne Pylonen als Wendepunkte in den Unterricht und nutzen sie gleichzeitig zu einem ersten Ausflug in die Reitbahn. Als Pylone kommen sowohl die allseits aus dem Straßenbau bekannten Kegel infrage oder lange dünne Stäbe, die in den Boden gesteckt werden oder auf einem Ständer befestigt sind. Der Vorteil der Stangen gegenüber den Kegeln ist, dass sie sich im Blickfeld des Reiters befinden und ihn nicht dazu verleiten auf den Boden zu sehen und den Kopf zu senken, denn das ginge ja auf Kosten des Sitzes und ist folglich unerwünscht. Die Stäbe werden auf gerader Linie zuerst in weiteren und allmählich engeren Abständen zu einem kleinen Slalom-Parcours gesetzt, durch den es sich durchzuschlängeln gilt. Beispielsweise: Geradeausreiten – links abwenden – geradeausreiten – rechts abwenden und so weiter (ein Trick, der übrigens auch jungen Pferden das Verständnis für die Sitzhilfen des Reiters enorm erleichtert). Wer zum seitlichen Einknicken neigt oder dazu, den Kopf hängen zu lassen, kann übergangsweise bei jedem Abwenden mit waagerecht erhobenem Arm auf den Punkt zeigen, den er anzusteuern gedenkt, und mit dem Blick seinem ausgestreckten Zeigefinger folgen.

So trainiert man nicht nur das aufgerichtete, zügelunabhängige Abwenden, sondern auch, wie man sich solche Fehler erst gar nicht angewöhnt – bzw. wieder abgewöhnen kann

Kurventechnik

Sobald das Abwenden so flüssig klappt, dass Sie sich nicht jedesmal neu sortieren müssen, ist es Zeit, das Augenmerk auf ein paar weitere Details zu lenken. Nämlich, was mit Händen und Beinen in der Wendung passiert. Bei der Drehung um die Längsachse auf dem einseitig belasteten Gesäßknochen wird

- zusammen mit Schulter und Arm auch die äußere Hand so weit in die Bewegung mitgenommen, wie innere Schulter, Arm und Hand zurückgeführt werden, so als ob beide Hände durch eine Querstange verbunden wären, ähnlich wie beim Fahrradfahren. Sie verlängern also, zumindest in der Grundausbildung, automatisch den äußeren Zügel um genau so viel, wie Sie den inneren verkürzen und erklären damit dem Pferd, wie weit es Kopf und Hals in die Wendung mitnehmen darf und soll. Das registriert man am durchhängenden Zügel zwar noch nicht bewusst, aber spätestens beim Reiten mit anstehendem Zügel muss Ihnen klar sein, dass sich das Pferd in Wendungen nur dann ausbalancieren kann, wenn Sie ihm nicht den Hals verbiegen, weil ein Zügel zu kurz und der andere zu lang ist und in Widerspruch zu Ihren Sitzhilfen steht.
- Ihr inneres, in der Wendung liegendes Bein zu einer Art Widerlager, um das sich das Pferd biegt, also rund macht, weil es sich auch hier bei jedem Vortreten des gleichseitigen Hinterbeins ohne zusätzliche Aktivität Ihrerseits einen treibenden Schenkelimpuls abholt (s. Schrittreiten, S. 145). Sie werden dem Schenkel später als „biegendem Schenkel" wieder begegnen.
- Ihr äußeres Bein gestreckt. Gehalten durch die Rippenwölbung des Pferdes, gleitet der Oberschenkel – und zwar aus dem Hüftgelenk heraus, ganz wichtig! – in einer rollenden Bewegung minimal rückwärts-abwärts und liegt mit leicht verstärktem Druck am Sattel. Die Streckung setzt sich bis zur Ferse fort und damit liegt auch der Unterschenkel weiter hinten. Diese Schenkelhilfe werden Sie später zum „verwahrenden Schenkel" erweitern.

Nicht immer

„Die Wendungen werden durch ein leichtes Vordrehen der äußeren Körperhälfte eingeleitet. Der in Reitschulen oft zu hörende Hinweis, Schultern „immer" parallel zu den Schultern des Pferdes zu halten, birgt die Gefahr, daß der Reiter die Wendung nicht mit der Gewichtshilfe einleitet, sondern sich dem Pferd nachträglich anpaßt. Ein Radfahrer würde bei vergleichbarem Verhalten in der Kurve geradeausfahren. Die Wirkung von Fehlern wird in Wendungen noch verstärkt, wenn dabei unzweckmäßig am inneren Zügel gezogen wird; das Pferd driftet unkontrolliert nach außen."

RICHARD HINRICHS,
aus „Reiten mit feinen Hilfen"

Das Abwenden lässt sich am besten in einem Slalomparcours üben.

AUS DER PRAXIS

Wir beginnen die Wendungen am Boden, indem die Kursteilnehmer zuerst die Gewichtsverlagerung auf das Standbein und eine Körperdrehung üben, bei der die Körperachsen gerade bleiben: Die Schultern bleiben auf einer Höhe, die Hüfte bleibt auf einer Höhe und das Standbein bleibt gleich – das ist ganz wichtig, denn häufig ist es so, dass gerade Erwachsene aus Gewohnheit falsch belasten, sei es, weil sie den Kopf schief halten oder in der Wirbelsäule ausweichen. Um das gewünschte Bewegungsbild zu festigen und die Wirkung zu demonstrieren, folgt danach eine Drehübung mit Partner. Auf dem Sitzbalken wird es etwas schwieriger, weil die Hüfte vom Balken stark gehalten wird und die Reitschüler erst austesten müssen, wie sich das anfühlt, wenn man sein Gewicht im Reitsitz auf eine Seite nimmt, ohne dass der Körper in sich schief wird, um beim Abwenden Becken und Oberkörper in eine Position zu bekommen.

Im Reitunterricht bevorzugen wir bei der Schulung Lernspiele, um zu verhindern, dass sich die Teilnehmer verkrampfen, weil viele Menschen dazu neigen rechts und links zu verwechseln und das Abwenden im Drehsitz komplizierter machen, als es ist, sobald sie zu viel darüber nachdenken. Wir kombinieren das Slalomreiten deshalb mit Anhalten auf geraden Strecken, Übungen wie „Vorsicht Äste, ducken" oder das einhändige Reiten mit Zügelknoten. Später gilt es wie beim Stafettenlauf Fähnchen aufzunehmen, durch den Parcours zu transportieren und abzulegen oder Wasser aus einem Eimer auf einer Tonne zu schöpfen und in einen anderen zu leeren. Und weil die Teilnehmer das Spiel gewinnen wollen, konzentrieren sich nicht so stark darauf, „Oh Gott, ich will nach rechts – was muss ich tun?", und reagieren instinktiv richtig. Vorausgesetzt natürlich, die Vorbereitung stimmt.

ANNA ESCHNER

FAZIT Wenn der Sitz beim Abwenden stimmt, liegen Hände und Schenkel automatisch in der optimalen Ausgangsposition für jede zusätzliche Verstärkung der reiterlichen Hilfen – falls es notwendig sein sollte. Das Verständnis für diese Zusammenhänge ist so immens wichtig, dass Sie das Kapitel vorsichtshalber kenntlich machen sollten. Denn wann immer Sie später bei der diagonalen Hilfengebung in eine Sackgasse geraten (und Sie werden noch einiges darüber hören), erspart Ihnen eine kurze Wiederholung dieser Punkte sehr viel Frust.

WICHTIG FÜR IHRE KOORDINATIVEN FÄHIGKEITEN Jede einseitige Gewichtsverlagerung muss aus der Hüfte erfolgen; wenn Sie nur das Bein herunterdrücken, wird Ihr Sitz steif. Und halten Sie beim Abwenden zunächst strikt die Reihenfolge ein: Erst kommt das Gewicht, dann die Körperdrehung, dann wird die Zügelführung überprüft. Irgendwann machen Sie alles gleichzeitig, aber wenn Sie es von Anfang an versuchen, sind Sitzfehler fast vorprogrammiert. Entweder knickt der Reiter seitlich ein oder er vergisst die äußere Schulter in die Drehung mitzunehmen. Dadurch wird das Gewicht nach außen verlagert und der innere Schenkel übt verstärkten Druck auf das Pferd aus, während der äußere Schenkel den Kontakt verliert. In dieser Konstellation können Sie am inneren Zügel ziehen und am äußeren nachgeben, soviel Sie wollen – die Hilfenkombination ist für das Pferd so verquer, dass es zwar Kopf und Hals nach innen verbiegt, ansonsten aber dem Druck von Gewicht

Kurventechnik

Tipp

Üben Sie Abwenden und Richtungswechsel im Schritt zu Beginn jeder Reitstunde, um einseitig belastende Gewichtshilfen und Körperdrehung beim Reiten gebogener Linien zu automatisieren. Erweitern Sie das Programm durch Anhalten und Anreiten auf geraden Strecken an verschiedenen Punkten. Versuchen Sie dabei den Zügel so wenig wie möglich einzusetzen, bis Sie das Gefühl haben, das Pferd nur über Ihren Sitz zu lenken. Nebeneffekt der Sitzschulung: Das Pferd konzentriert sich von Anfang an auf Ihre Einwirkung.

Sitzbalken zum Ausprobieren: Beim Drehsitz wird der innere Gesäßknochen belastet und der Rumpf in die Bewegung gedreht. Gleichzeitig kann das Anlegen des inneren Schenkels am Gurt sowie das Zurücklegen des äußeren Schenkels simuliert werden.

Vorbereiten zum Abwenden nach rechts: Grundsitz und Aufrichtung überprüfen, dann zuerst das Gewicht auf den rechten Gesäßknochen verlagern. Jetzt Hüfte, Oberkörper, Schultern und Kopf in die Bewegungsrichtung nach rechts drehen; darauf achten, dass die Körperachse in sich gerade bleibt. Die äußere Hand gibt so viel nach, wie die innere Hand durch die Körperdrehung zurückgenommen wird (Fahrradlenker-Prinzip). Das Pferd folgt der Gewichtsverlagerung und Körperdrehung des Reiters und wendet rechts ab.

und Schenkel in Gegenrichtung weicht und entweder schräg über die Schulter oder geradeaus weiterläuft. Im Zweifelsfalle ist es allemal besser Schultern und Kopf zu überdrehen, um dem Pferd ganz deutlich die gewünschte Richtung zu zeigen, als zu riskieren, dass die Hilfen schwammig werden, denn diese Übertreibung relativiert sich mit der Zeit von allein. Und zwar so weit, dass bei fein eingestellten Pferden unter perfekt ausbalanciert sitzenden Reitern schon eine Kopfdrehung ausreicht, um das Pferd zum Abwenden zu bewegen.

Wenn Sie sich über Ihrem Schwerpunkt drehen und aufgerichtet bleiben, nehmen Sie das Pferd in die Wendung mit; wenn Sie seitlich einknicken oder die äußere Schulter zurückbleibt, schicken Sie das Pferd von sich weg!

INNEN- UND AUSSENPOLITIK

Für beträchtliche Verwirrung bei detaillierten Erklärungen einzelner Hilfen sorgt der ständige Wechsel zwischen „innen" und „außen":

▶ „Innen" ist immer die Seite, in die das Pferd blickt oder in die es sich biegt, es bezeichnet die „hohlgebogene" oder verkürzte Körperseite des Pferdes.

▶ „Außen" ist immer die entgegengesetzte Seite zur Blickrichtung oder Biegung des Pferdes; es bezeichnet die „vollgebogene" oder gedehnte Körperseite des Pferdes.

Beim Abwenden nach links wäre folglich links die innere und rechts die äußere Seite; beim Abwenden nach rechts sähe es genau umgekehrt aus. Je früher Sie das gedanklich einspeichern, um so leichter haben Sie es später bei der kombinierten Hilfengebung.

Kurventechnik

Das gilt speziell, wenn sich das Pferd bei höherer Geschwindigkeit auf einer gebogenen Linie bewegt und der Reiter durch die Fliehkraft nach außen gesetzt wird. Und deshalb stehen Trab und Galopp auch erst nach dem Abwenden im Schritt auf dem Programm.

Um die Wendung zu beenden dreht sich der Reiter in den Grundsitz zurück, belastet wieder beide Gesäßknochen gleichmäßig und das Pferd geht geradeaus.

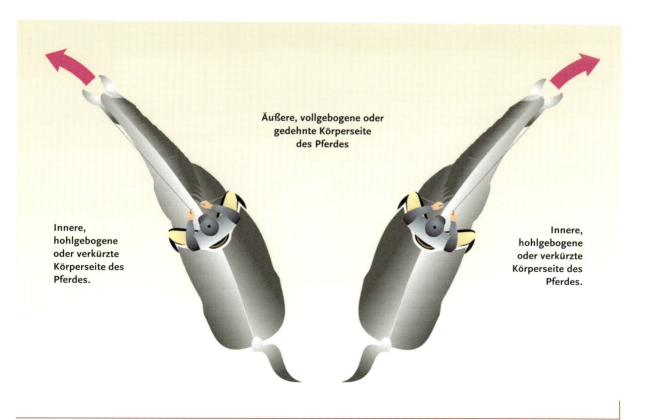

Innere, hohlgebogene oder verkürzte Körperseite des Pferdes.

Äußere, vollgebogene oder gedehnte Körperseite des Pferdes

Innere, hohlgebogene oder verkürzte Körperseite des Pferdes.

BALANCE & GEFÜHL IM TRAB

REIHENFOLGE DER SITZ-SCHULUNG IM TRAB

Die nächstschnellere Gangart, die Sie als Reiter kennenlernen, dürfte der Trab sein – allerdings hat auch der so seine Tücken. Vom Bewegungsbild her ist er leicht, weil es eine diagonale Fußfolge im Zweitakt ist, die ebenso gut zu sehen wie zu hören ist. Das Pferd wechselt überkreuz von einem Beinpaar auf das andere und dazwischen ist eine kurze Schwebephase, in der sich alle vier Hufe in der Luft befinden; vergleichbar, wie wir Menschen beim Joggen oder Laufen von einem Bein auf das andere wechseln. Doch weil das Pferd zwei Beine mehr zu synchronisieren hat, koppelt es linkes Hinterbein und rechtes Vorderbein miteinander, die jeweils gemeinsam vorschwingen, und umgekehrt, also rechtes Hinterbein und linkes Vorderbein.

Den Trab zu erkennen ist, wie gesagt, einfach – ihn zu reiten allerdings weniger, und der Grund dafür ist eben dieser Schwebemoment. Warum das so ist, kann sich jeder mühelos vorstellen, der schon einmal mit einem lose geschnallten Rucksack zu laufen versuchte; er knallt einem mit schöner

Balance & Gefühl im Trab

Regelmäßigkeit ins Kreuz, weil er der Aufwärtsbewegung unseres Körpers nicht gleichzeitig, sondern einen Tick später folgt und dummerweise auch einen Tick später wieder runterfällt – und das gibt eben diesen Knuff im Rücken. Je schwerer der Rucksack ist und je loser er geschnallt ist, um so nervender wird die Knufferei. Beim Pferd ist es im Prinzip dasselbe. Das heißt, bleibt der Reiter auch nur einen Tick vor oder hinter dem Trabrhythmus, fällt seine Abwärtsbewegung mit der Aufwärtsbewegung des Pferdes zusammen – und das ist für beide äußerst unangenehm. Diese zeitlich exakte Synchronisierung des eigenen Körpers in der Trabbewegung des Pferdes, das ist das erste Problem. Grundsätzlich gibt es drei Möglichkeiten sich im Trab fortzubewegen:

- Der Reiter bleibt im Grundsitz aufgerichtet mit seinem Gesäß im Sattel kleben und federt jedes „Werfen" in der Hüfte ab; das ist das „Aussitzen".
- Er entlastet den Pferderücken und lässt die Trabbewegung zwischen seinen Beinen hindurchfedern, ohne stoßenden Kontakt zwischen Sitzfläche und Sattel; das ließe sich vielleicht als „Schwebesitz" oder „Trabfedern" bezeichnen, weil es je nach Bügellänge zwischen Dressur- und leichtem Sitz angesiedelt ist und sich nicht immer eindeutig zuordnen lässt.
- Der Reiter kombiniert das eine mit dem anderen – also Voll- und Entlastungssitz im Wechsel – dann kommt dabei das „Leichttraben" heraus.

Mit welcher Version man startet, hängt von der Reitweise wie vom Vorverständnis ab. So rümpfen einige Western- und Gangpferdereiter die Nase über das Leichttraben, deren Gangbild das in jeder Lebenslage superbequeme Pferd suggeriert, während Reiter bewegungsstarker Sportpferde das Aussitzen als heikel beurteilen – eine konträre Auffassung, die sich am schnellsten mit einem simplen Pferdewechsel in gütlichem Einvernehmen löst. Optimal ist jedoch beides nicht, denn sowohl Aussitzen wie Leichttraben setzen ein bereits gefestigtes Rhythmusgefühl im Trab voraus, das der Einsteiger noch nicht hat. Woher auch? Und leider kann man ihm das mit keiner Trockenübung der Welt vermitteln. Das ist das zweite Problem.

Durch die Stöße des Pferderückens aus dem Gleichgewicht gebracht, sinkt er mehr oder weniger im Oberkörper zusammen, die Knie rutschen hoch, er versucht sich mit den Beinen festzuklammern – und egal, was der Reitlehrer in dieser Situation sagt, alle Ratschläge werden auf taube Ohren stoßen. Denn das Zusammenkrümmen ist ein so natürlicher Schutzreflex, dass er kaum zu unterdrücken ist und sich Anfänger obendrein meist komplett verkrampfen. Dabei werden, gerade bei Erwachsenen, binnen kürzester Frist genau jene unerwünschten Beugemuster geprägt, die man als Reitlehrer tunlichst zu vermeiden sucht. Der Schaden muss nicht irreversibel sein, aber die Prägung ist vorhanden, und sie muss wieder gelöscht werden. Das ist ähnlich, wie einen Nichtschwimmer ins tiefe Wasser zu schubsen und erst ein wenig ertrinken zu lassen, ehe man ihm das Schwimmen beibringt.

Leichttraben „English Style"?

„Nun soll kein Reiter denken, das sei „English" und komme deswegen in der Westernreitweise nicht vor! Richtig ist, daß das Leichttraben in keiner Western-Turnierdisziplin vorkommt... Das bedeutet aber noch lange nicht, daß das Leichttraben auch im Trainingsalltag des Westernreiters verpönt ist."

ANTJE HOLTAPPEL, aus „Go West"

Das Trabfedern wird nicht nur im Basisunterricht gebraucht, sondern auch im Gelände oder beim Traben über Hindernisse.

DER SCHWEBESITZ ODER DAS TRABFEDERN

Bliebe noch die dritte Möglichkeit, das „Trabfedern". Im Sicherheitssitz mit aufgestützten Händen stabilisiert, kann sich der Einsteiger in aller Ruhe an die einzelnen Schwierigkeitsgrade herantasten und gleichzeitig lernen, seine Schutzreflexe von Anfang an richtig zu konditionieren. Nämlich in die Länge, das einzige, was ihn später in prekären Situationen zu retten vermag.

Zur Vorbereitung gehört, wie üblich, dass Ihnen der Reitlehrer die Lektion vorreitet oder anhand eines Videos erklärt und die Wiederholung des Entlastungssitzes am Boden. Anschließend gilt es das Federn als Fühlbild einzuspeichern, eine ebenso wichtige Vorübung, weil es genau entgegengesetzt zu unserer sonstigen Wahrnehmung erfolgt. Beim Joggen oder Laufen geht ja der ganze Schwung nach oben, beim Reiten ist es umgekehrt. Da muss der

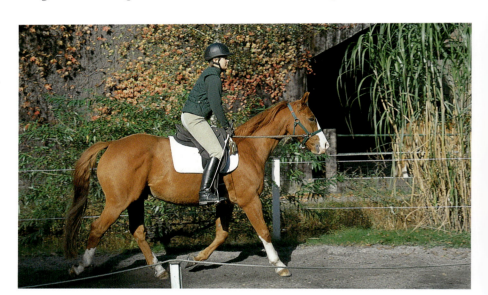

Trabfedern im Sicherheitssitz: Hier gilt es sich auszubalancieren und eine gleichmäßige Fußposition einzuhalten, also Knie-Wade-Fuß; dabei den Hosenboden dicht am Sattel und Oberkörper ruhig halten.

AUS DER PRAXIS

„Es gibt Trainer, überwiegend aus dem Westernbereich, die das Leichttraben kompromisslos ablehnen und ständiges Aussitzen fordern. Ehe ein solches Dogma übernommen wird, sollte man vielleicht zuerst einen 3-jährigen, knapp angerittenen Warmblüter auszusitzen versuchen, um sich eine eigene Meinung bilden zu können. Wir kennen es von Jean-Claude Dysli seit je her, dass er im Training leichttrabte, wenn es angebracht war. Wichtiger ist für uns bei dieser Diskussion jedoch etwas anderes: Wenn ich als Reitlehrer meine Schüler optimal fördern will und merke, dass sie etwas nicht ausführen können, weil sie motorisch überfordert werden, brauche ich eine Alternative. Viele Reitlehrer verhindern durch fehlende Alternativen im Unterricht einen richtigen und leichten Einstieg – besonders für Späteinsteiger; deshalb beginnen wir den Trab grundsätzlich aus dem Trabfedern im Sicherheitssitz, der – von den aufgestützten Händen abgesehen – im Prinzip dem Remontesitz entspricht. Erfahrungsgemäß haben die Schüler von dieser Basis aus die wenigsten Probleme."

JOCHEN SCHUMACHER

Balance & Gefühl im Trab

Schwung nach unten abgefedert werden, sonst wird der Oberkörper unruhig und eine gezielte Bewegungskoordination unmöglich. Für diese Simulation bietet sich der Trittbalken an, weil die Bewegungen flüssiger und in schnellerer Taktfrequenz trainiert werden können als auf dem Holzpferd oder beim Schrittreiten. Außerdem sollten Sie verschiedene Bügellängen ausprobieren, um die Einstellung zu finden, bei der Sie mit geringstmöglicher Anspannung Ihr Gewicht so auf Oberschenkel, Knie und Bügeltritt verlagern können, dass Sie weder nach vorne noch nach hinten kippen und die aufgestützten Hände – zumindest im Stand – überflüssig sind. Zur Erinnerung: Die Bügel dürfen weder so kurz sein, dass Sie zu hoch aus dem Sattel kommen, noch so lang, dass Sie beim Entlasten auf den Zehenspitzen herumkraxeln. Um sich im

> **Tipp**
>
> Nutzen Sie das Trabfedern, um Ihr dynamisches Gleichgewicht in der Bewegung des Pferdes zu schulen. Spielen Sie mit Ihrem Gewicht: Schieben Sie dazu die Gesäßknochen minimal vor und zurück, bis Sie Ihre Ideallinie gefunden haben. Versuchen Sie später als fortgeschrittener Reiter in ähnlicher Weise das Tempo im Trab zu regulieren, also dass das Pferd freier vorwärts läuft oder langsamer wird, ohne auf die Hände oder in den Sattel zu fallen. Das ist eine gute Vorbereitung auf die Feinabstimmung der treibenden und verhaltenden Hilfen in schnelleren Gangarten.

Der Trittbalken: Unscheinbar, aber nützlich. Eine seiner Trainingsmöglichkeiten ist das Federn der Beinmuskulatur nach unten als Vorbereitung auf den Entlastungssitz im Trab und das Leichttraben.

Sicherheitssitz gut stabilisieren zu können, muss man das Gesäß etwas zurückschieben; dazu ist eine Verkürzung von 1-2 Loch im Vergleich zum Dressursitz notwendig.

Mit dieser Vorbereitung dürfte die erste Trablektion keine Schwierigkeiten bereiten. Nachdem Sie sich schon im Schritt in den Sicherheitssitz gesetzt haben, um vom Antraben nicht überrascht zu werden, wird voraussichtlich zuerst Ihr Lehrer das Pferd antraben und durchparieren. Dann wäre das Ihr Ziel:

- Lassen Sie sich vom ersten Stoß aus dem Sattel werfen, und fangen Sie den Schwung über die aufgestützten Hände ab, um nicht nach vorne zu kippen.
- Lassen Sie den Aufwärtsschwung beim Traben ohne Verspannung in Gesäß und Beinmuskulatur nach unten federn, bis Sie den Trabrhythmus erfasst haben; achten Sie dabei auf ein lockeres Hüft-, Knie- und Fußgelenk.

SELBSTSTÄNDIGES ANTRABEN UND DURCHPARIEREN ZUM SCHRITT IM SICHERHEITSSITZ

▸ Versuchen Sie danach den Oberkörper möglichst ruhig zu halten und sich mit dem Gesäß dicht am Sattel so über Knie und Bügeltritt auszubalancieren, bis die Hände nur noch eine Sicherheitsfunktion haben.

Wichtig für Ihre koordinativen Fähigkeiten: Nicht mit den Knien klammern oder die Beine durchdrücken; zum Abfedern müssen alle Gelenke beweglich und das Bein gebeugt bleiben. Ebenso wichtig ist der gerade Rücken – also weder in ein Hohlkreuz noch in den Rundrücken ausweichen. Männer tun sich damit, aus Angst um Ihren Genitalbereich, am Anfang besonders schwer. Doch solange das Becken aufgerichtet und die Leiste geöffnet bleibt, ist der Trab fürchterlich unbequem, weil Sie wie im Vollsitz geworfen werden. Um das zu vermeiden, muss man im Hüftgelenk abknicken und den Winkel zwischen Becken und Oberschenkel verkleinern; so bleibt der Rücken trotz Vorneigung gerade, das Gesäß am Sattel und der Genitalbereich geschützt.

Sobald das klappt, sollte das selbstständige Antraben und Durchparieren auf dem Lehrplan stehen, damit Sie möglichst früh lernen Schrecksekunden bei schnellerer Geschwindigkeit notfalls allein zu entschärfen. Die einzelnen Elemente kennen Sie schon vom Anreiten und vom Anhalten, allerdings bleiben Sie bei dieser Version im Sicherheitssitz, und spätestens hier sollte der Zügelknoten auf die erforderliche Länge im Trab eingestellt werden, um Ihnen unnötige Zügelkorrekturen zu ersparen:

ANTRABEN Zur Vorbereitung greifen Sie vor dem Knoten in die Zügel und stützen die Hände auf. Aus dieser Haltung drücken Sie beide Unterschenkel kurz und impulsartig an und sagen energisch (das hat nichts mit Lautstärke zu tun) „Teerrrab" oder „Jog", notfalls verstärkt durch einen Gertenklaps an der Schulter. Die Schenkelhilfe zum Antraben entspricht also der zum Anreiten, sie ist nur etwas akzentuierter.

DURCHPARIEREN ZUM SCHRITT Um dem Pferd zu signalisieren, dass etwas Neues kommt, atmen Sie, wie gehabt, tief ein und sagen langgezogen das betreffende Kommando, während Sie die Schultern zurücknehmen und rückwärts-abwärts sinken lassen. Dabei gleiten die Hände mit dem Zügelknoten auf dem Mähnenkamm zurück und das Pferd pariert durch; einerseits durch das Verkürzen der Zügel, andererseits durch das Wegnehmen der Spannung beim Ausatmen und das Zurückverlagern Ihres Schwerpunktes. Sobald das Pferd in den Schritt fällt, geben Sie die Zügel nach, setzen sich in den Grundsitz (überprüfen nicht vergessen) und reiten mit frei getragenen Händen weiter.

Und das ist Ihr zweiter Übungsplan: Antraben, Trabfedern und Durchparieren im Wechsel. Wichtig für Ihre koordinativen Fähigkeiten: Achten Sie vor dem Durchparieren darauf, dass Sie sich genügend ausbalancieren, damit die Arme locker bleiben und der Zügelknoten zurückgleiten kann. Auch hier gilt: Weder nach hinten lehnen noch die Wadenmuskulatur anspannen, um

---

Von wegen Hilfe

„Wichtig für uns ist, dass Anfänger beim Durchparieren aus schnelleren Gangarten zunächst grundsätzlich die Hände aufgestützt halten und im Entlastungssitz bleiben, weil sie nur so die Kontrolle über ihren Sitz behalten. Beim Einsitzen in den Sattel würden sie zu stark geworfen und beginnen in ihrer Unsicherheit mit den Beinen zu klemmen. Zwar werden die Pferde dadurch zu Beginn verstärkt über Stimme und Zügel durchpariert, aber selbst da kommen die Tiere ohne die stoßenden Hilfen im Rücken besser zum Untertreten und parieren leichter durch als im Vollsitz... „Hilfen" ist in dem Zusammenhang übrigens gut gesagt."

ANNA ESCHNER

Balance & Gefühl im Trab

1 Das Durchparieren erfolgt im Entlastungssitz.

2 Erst im Schritt sitzt der Reiter ein und reitet mit frei getragenen Händen weiter; hier wird der Oberkörper allerdings etwas zu weit zurückgelehnt.

das Pferd nicht ungewollt vorwärts zu treiben. Außerdem sollten Sie zunächst nur im Sicherheitssitz zum Schritt durchparieren. Bevor es jetzt Proteste hagelt: Das ist natürlich kein Dauerzustand, sondern eine Übergangsphase, aber eine sinnvolle, weil oft genug auch später letzter Rettungsanker in der Not. Selbst die begabtesten Einsteiger haben ihren Muskeltonus weder im Trab noch im Jog auf Anhieb so unter Kontrolle, dass sie imstande wären immer weich einzusitzen. Aber bei einer harten oder gar schmerzhaften Belastung des Pferderückens wird das Durchparieren zur Strafe – ein schlechter Dank für Gehorsam. Ganz zu schweigen davon, dass Sie bei der Hoppelei unsicher würden, sich verkrampfen und genau das Gegenteil von dem tun, was angesagt ist: nämlich Oberkörper stabilisieren, Bein lang machen, Gewicht kontrollieren und Körperspannung reduzieren. Darauf reagiert das Pferd in erster Linie, nicht auf das Am-Zügel-Ziehen. Ob im Voll- oder Entlastungssitz, Trab oder Galopp. Sie haben bei den Sitzübungen alle Zeit der Welt, um das zu trainieren; also sollten Sie diese auch nutzen. Es lohnt sich.

ABGEHOBEN

Das Trabfedern oder der Schwebesitz wird schnell mit „über etwas thronen", „etwas nicht verbunden sein" assoziiert, aber es ist nicht das Ziel, möglichst hoch aufzustehen, sondern sich möglichst dicht am Sattel auszubalancieren. Gebraucht wird das Trabfedern in unebenem Gelände, um Baumwurzeln oder enge Bodenwellen zu überwinden; auch auf steilen Hängen trabt der Reiter weder leicht noch bleibt er voll aufgerichtet sitzen, sondern er entlastet. Man federt die Bewegung des Pferdes ohne schweres Einsitzen ab, wenn in der dressurmäßigen Ausbildung über Stangen geritten wird oder als Lockerungsgymnastik beim Springen. Alles in allem ein sehr vielseitiger Sitz mit hohem Gebrauchswert.

STABILISIEREN DER BEINE BEIM LEICHTTRABEN

Nur für Könner

„Wenn ein Reiter sich zum Beispiel übertrieben hoch und gerade aufrichtet und dann bei jedem Hinsetzen mit einem Plumps in den Sattel fällt, bringt das Leichttraben keine Erleichterung, im Gegenteil. Der Reiter hängt meistens gleichzeitig im Zügel, da er sich sonst nicht ausbalancieren kann. Das Reitergewicht wird zu weit nach hinten verlagert, das Pferd drückt den Rücken weg und geht mit hohem Kopf. Das aufrechte Leichttraben, wie es für eine Dressurprüfung verlangt wird, sollte deshalb nur von fest und sicher sitzenden Reitern auf ausgebildeten, gut bemuskelten Pferden geübt werden, niemals von Anfängern, die dabei nur sich und das Pferd versteifen würden."

leicht gekürzt nach **ANTHONY PAALMANN**, aus „Springreiten"

DAS LEICHTTRABEN

Aus dem ausbalancierten Trabfedern ein flüssiges Leichttraben zu entwickeln wäre ein nächstmöglicher, logischer Lernschritt. Logisch, weil es sich aus der Abfolge ergibt, aber auch, weil das Leichttraben die Bewegungskoordination und Reaktionsschnelligkeit des Reiters ungemein schult, was sich später nicht nur beim Aussitzen im Trab, sondern auch im Galopp auszahlt. Voraussetzung allerdings auch hier, dass die Hochschulreife nicht vor dem Buchstabieren des Alphabets verlangt wird. Das ist zum Beispiel beim Leichttraben mit senkrechtem Oberkörper der Fall – ein Balanceakt, der jeden Anfänger überfordert und deshalb von den meisten Ausbildern zurückgestellt wird. Erheblich einfacher ist der Einstieg mit Vorwärtstendenz, um daraus mit zunehmender Körperbeherrschung die Aufrichtung zu verbessern.

Beim Leichttraben bleibt der Reiter abwechselnd einen Trabtritt im Sattel sitzen und fängt den nächsten über Knie und Bügeltritt ab. Vereinfacht ausgedrückt entzieht er sich dem Werfen im Trab, indem er bei jedem zweiten Tritt aufsteht. Auf den ersten Blick wirkt das ständige Aufstehen und wieder Hinsetzen ziemlich ungemütlich und man kann sich kaum vorstellen, dass sich in dieser Art weite Strecken bequem zurücklegen lassen, aber der Eindruck täuscht, denn da es im Trabrhythmus des Pferdes erfolgt, brauchen die Bewegungen nur angedeutet zu werden. Das Aufstehen ist kein richtiges Aufstehen und das Hinsetzen kein richtiges Hinsetzen: Die Beine bleiben in Beugestellung, der Oberkörper wird nie vollständig aufgerichtet und der Hosenboden nur so weit gelupft, wie er vom Pferd aus dem Sattel befördert wird. Die Kunst beim Leichttraben besteht nicht im aktiven Aufstehen – das wäre sogar fehlerhaft, weil es ungeübte Reiter todsicher aus dem Rhythmus bringt – sondern im passiven Ausnutzen der Schwungentfaltung.

Nach dem ausgiebigen Training im Schwebesitz keine allzu schwere Aufgabe, sobald man die Auf- und Abwärtsbewegung seines Körpers zu kontrollieren weiß, also in jeder Phase beliebig abstoppen kann. Eine altbekannte und bewährte Vorübung hierfür ist das Leichttraben auf einem ungepolsterten Stuhl. Sowohl, um das sachte Einsitzen zu trainieren, wie um die Oberschenkelmuskulatur zu kräftigen, denn die wird beim Leichttraben ähnlich beansprucht wie beim Skifahren und protestiert bei Überforderung per Muskelkater. Wie beim Trabfedern verläuft auch hier die Schwerelinie nicht durch das Fußgelenk, sondern in etwa über Schulter, Knie und Bügeltritt, um die Vorneigung zu kompensieren; und wie beim Trabfedern erfolgt die Vorneigung aus der Leiste und nicht aus der Taille, um im Rücken gerade zu bleiben... also fast alles bekannte Inhalte. Ihr erster Übungsplan sieht folgendermaßen aus:

▶ Lassen Sie sich wie gewohnt beim Antraben aus dem Sattel werfen und fangen den Schwung über die aufgestützten Hände ab, aber im Gegensatz zum Trabfedern sinken Sie sofort in den Sattel zurück, um sich mit dem

Balance & Gefühl im Trab

nächsten Trabtritt erneut herauswerfen zu lassen. Wenn Sie aus dem Takt kommen, balancieren Sie sich im Schwebesitz aus und beginnen von vorn. Wichtig für Ihre koordinativen Fähigkeiten: Halten Sie vorerst die Hände im Sicherheitssitz aufgestützt, um die beiden häufigsten Anfängerfehler, ein zu hohes Aufstehen oder zu weites Durchschwingen des Beckens nach vorne zu

DER KNIESCHLUSS

Der Reiter in dieser Serie trabt auf dem rechten Hinterfuß. Achten Sie auf die Haltung: Der Winkel in Knie- und Hüftgelenk vergrößert und verkleinert sich, aber Unterschenkel und Absatz bleiben nahezu in derselben Lage. Er steht auf, wenn rechtes Hinterbein und linkes Vorderbein vorschwingen und sitzt ein, wenn rechter Hinterhuf und linker Vorderhuf den Boden berühren.

verhindern. Je geringer die Aufwärtsbewegung des Oberkörpers ist, um so einfacher ist es, sich in den Takt einzufühlen: Pferde mit großen, raumgreifenden Bewegungen schwingen Sie langsamer, aber stärker aus dem Sattel; auf Pferden mit flacheren Bewegungen werden Sie weniger geworfen, dafür kann die Trittfrequenz höher sein, so dass Sie schneller reagieren müssen.

Im nächsten Schritt gilt es die Unterschenkel zu stabilisieren, die bis dato ein recht unkoordiniertes Eigenleben geführt haben dürften. In der ersten Stufe sollten Sie versuchen im Aufwärtsschwung den Absatz nach unten zu federn, wie Sie es bei der Vorübung zum Trabfedern gelernt haben. Aber das ist noch nicht der Weisheit letzter Schluss, weil Sie damit zwar das Hochziehen der Absätze verhindern, nicht aber das Abspreizen der Unterschenkel.

Wer mit den Knien klemmt, verliert schnell das Gleichgewicht.

Der Knieschluss

„Viele Anfänger meinen, dass beim Springen oder im Gelände ein ständiger fester Knieschluss erforderlich wäre, aber sobald die Unterschenkel nach hinten rutschen, während der Oberkörper nach vorne fällt, gerät der Reiter aus dem Gleichgewicht. Sollte das Pferd in dieser Situation die Vierradbremse ziehen oder ausbrechen, ist ein derartiger Stop, verbunden mit der Eigendynamik des Oberkörpers oft die Ursache eines Sturzes."

JOCHEN SCHUMACHER

In den Griff bekommen Sie die unerwünschte Selbständigkeit Ihrer Beine, indem Sie

▸ beim Herausfedern aus dem Sattel die Oberschenkel kurz zudrücken und
▸ beim Einsitzen in den Sattel das Bein ebenso deutlich wieder entspannen, damit es seine ursprüngliche tiefe Lage behält.

Diesen Wechsel – der ansteht, sobald der Reiter einen flüssigen, gleichmäßigen Rhythmus beim Leichttraben einhalten kann – sollten Sie sehr bewusst üben. Es braucht zwar Zeit, um das rhythmische An- und Abspannen zu automatisieren, aber Sie werden merken, dass es Ihnen nicht nur die Kontrolle der Unterschenkel, sondern auch die des Oberkörpers erleichtert. Sie werden nicht mehr so stark auf die Hände geworfen, weil der Schwung im Becken aufgefangen werden kann, und das Zurückfallen in den Sattel wird mit zunehmender Routine zu einem kurzen Antupfen der Gesäßknochen, ehe Sie wieder herausgeworfen werden. Eine Wohltat für das Pferd, die es mit sichtlicher Entspannung quittiert.

Und nebenbei haben Sie noch zwei weitere, nicht unwesentliche Details entdeckt: Den berühmten Knieschluss und das Treiben mit dem Oberschenkel. Durch das Anspannen der inneren Oberschenkelmuskulatur, der Adduktoren, wird das Knie stärker an den Sattel gepresst und der Sitz stabilisiert. Für Springreiter zum Beispiel eine Grundvoraussetzung, um sicher im Sattel zu bleiben, aber auch sonst ist es ein nützlicher Reflex, falls das Tier einmal erschreckt seitlich ausbrechen sollte. Gleichzeitig wirkt der Druck auf die Muskelpartien unter dem Sattel, die Rumpf und Hinterhand verbinden, wie ein schwacher, treibender Impuls. Im Gelände reicht diese Hilfe im Entlastungssitz meist aus, um das Pferd in der gewünschten Gangart zu halten, weil die Pferde gehfreudiger sind als in der Reitbahn; Könner setzen das Treiben mit Oberschenkel und Knie aber auch im Vollsitz in der Dressurausbildung ein, um das Pferd auf immer feinere Hilfen abzustimmen, doch dazu später mehr.

Wichtig für Ihre koordinativen Fähigkeiten: Verwechseln Sie Ihre Knie nicht mit einem Schraubstock. Auch der stärkste Knieschluss ist kein statischer Druck, bei dem die Muskeln unweigerlich verkrampfen würden, sondern ein pulsierendes, taktmäßiges Element; man merkt es nur beim Reiten mit kürzeren Bügeln nicht so deutlich, weil die Grundspannung des Körpers allgemein höher ist. Ebenso wichtig ist das Entspannen der Beine beim Einsitzen, damit das Knie wieder nach unten gleiten kann (bei versierten Reitern spielt sich das im Millimeterbereich ab!); dadurch ergibt sich das gewünschte Durchfedern bis ins Fußgelenk automatisch, so dass der Unterschenkel auch hier in der optimalen Lage für eine eventuell notwendige Verstärkung der Hilfen zur Verfügung steht. Wird das unterschätzt, besteht gerade in schnelleren Gangarten die Gefahr, dass sich der Reiter unmerklich aus dem Sattel hebelt und zum „Hampelmann" wird: Mit dem Knie als Drehpunkt kippt der

Balance & Gefühl im Trab   169

Falsch: Dieser Reiter nimmt zur Demonstration sein Gesäß zu weit aus dem Sattel.

GREETINGS FROM OLD ENGLAND

Das Leichttraben kam Mitte bis Ende des 19. Jahrhunderts auf und wird englischen Kurier- und Relaisreitern zugeschrieben, die die Gespanne der Postkutschen auf dem Vorderpferd reitend begleiteten, worauf der in England noch geläufige Begriff „posting" verweist. Diese Form der Traberleichterung setzte sich im jagd- und rennbegeisterten England mit seinen langlinigen, schwungvoll trabenden Pferden allgemein durch, griff auf den Kontinent über und avancierte in der Kavallerie des deutschsprachigen Raumes zum Begriff „Englischtraben", bis es durch das heute gebräuchliche „Leichttraben" ersetzt wurde. Es gibt zwei Möglichkeiten des Leichttrabens:

- mit aufgerichtetem Oberkörper; dabei verläuft die Schwerelinie, wie im Vollsitz, über Kopf, Schulter, Hüfte und Fußgelenk. Das Leichttraben im Dressursitz erlaubt dem Reiter eine aktivere treibende Einwirkung, aber der ständige Wechsel von Voll- und Entlastungssitz bei senkrechtem Oberkörper erfordert eine extrem hohe Bewegungskoordination und wird im modernen Reitsport kaum noch gelehrt, weil es schnell auf Kosten des Pferdes geht

- mit leichter Vorneigung; dabei verläuft die Schwerelinie, wie im Entlastungssitz, über Schulter, Knie und Bügeltritt. Diese Version ist auch für Einsteiger geeignet, weil die Auf- und Abbewegung leichter zu kontrollieren ist.

Eingesetzt wird das Leichttraben im Gelände, zum Lösen oder Entspannen klassisch gerittener Pferde, in Trabreprisen beim Springreiten, beim Einreiten der jungen Pferde, um den noch schwachen Rücken zu schonen, teilweise beim Westernreiten oder bei trabveranlagten Gangpferden.

ERKENNEN DER FUSSFOLGE UND FUSSWECHSEL BEIM LEICHTTRABEN

Tipp

Wenn Sie Probleme mit dem Fußwechsel haben: Schielen Sie, möglichst ohne den Kopf zu senken, entweder auf die innere oder äußere Schulter des Pferdes, aber bleiben Sie bei der einmal gewählten Phase. Mit Vorgehen der äußeren Schulter stehen Sie auf; mit Vorgehen der inneren Schulter sitzen Sie ein. Fortgeschrittene Reiter sollten auch das gefühlsmäßige Erkennen der Fußfolge üben. Relativ einfach ist das beim Traben über Stangen oder Cavalettis, weil man durch die verlängerte Schwebephase eher merkt, wann die äußere und wann die innere Hüfte vorgeschoben wird. Durch die diagonale Fußung des Pferdes wird mit Vorgehen der linken oder rechten Pferdeschulter auch Ihre linke oder rechte Körperseite minimal vorgeschoben und entspricht dem Moment des Aufstehens oder Einsitzens.

Oberkörper vor und die Unterschenkel rutschen zurück; dann fällt der Oberkörper zurück, dafür pendeln die Unterschenkel vor. Erst im Wechsel von An- und Abspannen wirkt der Knieschluss wie eine Sperre, die nur die Bewegung der darüber liegenden Körperteile erlaubt. Der Reiter faltet sich, gleich einem Klappmesser, über Knie- und Hüftgelenk auseinander und wieder zusammen, ohne dass sich der Unterschenkel nennenswert bewegt. Daran erkennt man übrigens auch Meister beim Leichttraben; achten Sie darauf, um bei der nächsten Reitstunde auf diese visuelle Hilfe zurückgreifen zu können.

Parallel zu den einzelnen Trablektionen wird an Ihrer Bewegungskoordination gefeilt. Wann diese Koordinationsübungen gestartet, in welcher Abfolge und mit welchem Schwierigkeitsgrad sie abverlangt werden, hängt davon ab, wie schnell oder langsam sich der Reitschüler von der Stützfunktion der Hände löst. Dazu gehört auf jeden Fall das freihändige Reiten, weil man dabei sofort merkt, ob man im Knie zu fest ist, sich zu weit vorneigt oder

Balance & Gefühl im Trab

aufrichtet. Das Trabfedern und Leichttraben mit auf den Rücken gelegten Händen fördert den geraden Rücken, und wenn Sie sehr weit fortgeschritten sind, dürfte auch Leichttraben ohne Bügel auf dem Plan stehen oder das Jonglieren mit Bällen.

Möglicherweise geht Ihnen bei diesen Übungen die Puste aus, vielleicht bekommen Sie sogar Seitenstechen, und auch dagegen gibt es Mittel. Hilfreich ist es, zum Beispiel, laut den Takt zu sagen, wie sitz-auf-sitz-auf oder taktmäßig zu hecheln. Es soll sogar Ausbilder geben, die beim Leichttraben singen oder sprechen lassen – und selbst das würden Sie bald zu schätzen wissen, weil es Ihnen hilft sich zu entspannen und gleichmäßig weiterzuatmen, bis Ihr Muskeltonus kräftig genug ist, dass er längere Trabreprisen erlaubt. Eine weitere wichtige Sequenz ist das Leichttraben mit verändertem Rhythmus, zum Beispiel zweimal Stehenbleiben-zweimal-Sitzenbleiben et cetera. Und zwar nicht nur, weil es Ihre Reflexe auf Vordermann bringt, sondern auch, weil Sie dabei gleichzeitig den Fußwechsel üben.

Schließlich gibt es beim Leichttraben zwei Möglichkeiten einzusitzen: Wenn rechter Hinterfuß und linker Vorderfuß den Boden berühren oder umgekehrt, weil das Pferd im Trab Vorder- und Hinterbeine diagonal koordiniert. Dabei wird die belastete Beindiagonale stärker beansprucht als die andere. Und damit dieses Beinpaar nicht überanstrengt wird oder sich die Muskulatur des Pferdes ungleichmäßig entwickelt, muss regelmäßig der Fuß gewechselt werden. Im Gelände heißt das spätestens nach ca. 1 km und in der Reitbahn bei jedem Richtungswechsel. Üblich (wenn auch nicht überall) ist, dass der Reiter

▸ einsitzt, wenn innerer Hinterhuf und äußerer Vorderhuf auffußen und
▸ aufsteht, wenn inneres Hinterbein und äußeres Vorderbein vorschwingen.

WAS TUN, WENN'S NICHT KLAPPT?

▸ Wenn Sie grundsätzlich den Rhythmus beim Leichttraben nicht finden: Pferdewechsel. Reiter mit wenig Taktgefühl haben dieses Problem häufig auf sehr weich trabenden Pferden. Auf etwas härter trabenden Pferden spüren sie es eher, weil sie richtig herausgeworfen werden und in den Sattel zurückfallen. Das Pferd sollte allerdings weder einen zu kurzen, stuckernden noch allzu raumgreifenden Trab haben, weil das noch schwerer zu koordinieren ist.

▸ Wenn die Beine ständig vor- und zurückpendeln: Überprüfen Sie die Steigbügellänge; oft ist der Bügel zu lang. Einsteiger brauchen unbedingt genügend Halt im Steigbügel, um ein positives Spannungsgefühl zu entwickeln, damit sie lernen einen Teil des Gewichts auf Oberschenkel und Knie zu verlagern. Dabei kann die Bügellänge nicht nur von Pferd zu Pferd variieren, sondern auch im Verlauf der Reitstunde, sobald sich der Reiter gelöster bewegt.

ANNA ESCHNER

DER VOLLSITZ IN TRAB UND GALOPP GEHÖRT ZUR KOMBINIERTEN HILFENGEBUNG

Geduld zahlt sich aus

„Beim Aussitzen brauche ich ein lockeres Becken, um die Bewegungen des Pferdes zu spüren und mich dieser Bewegung anpassen zu können. Ein Reiter mit einem festen Becken kann das nicht. Obwohl viele unserer dreigängigen Schulpferde neben dem Trab auch im Jog geschult sind und beides beherrschen, haben wir bessere Erfahrungen damit gemacht, auf das Aussitzen in der Ovalbahn auf Halfter zu verzichten. Zwar gilt, dass der Vollsitz möglichst früh trainiert werden sollte, aber solange der Schüler nicht über die notwendige Bewegungskoordination in schnelleren Gangarten verfügt, ziehen wir den Entlastungssitz vor, weil sich die Reiter weniger Fehler angewöhnen."

ANNA ESCHNER

Je nachdem, ob auf der linken oder der rechten Hand geritten wird, steht bzw. sitzt der Reiter zu unterschiedlichen Zeitpunkten ein. Links herum sitzen Sie im Sattel, wenn linker Hinterfuß und rechter Vorderfuß auffußen; rechts herum, wenn rechter Hinterfuß und linker Vorderfuß auffußen. Der Hinterfuß entspricht beim Einsitzen folglich der Richtung, in die geritten wird, und daran kann man sich das ganz gut merken. Nicht so einfach ist es die Aufstehphase pünktlich zu erwischen, weil alles ziemlich flott geht und Sie bei verzögerter Reaktion auf dem „falschen" Fuß landen. Dann heißt es erneut umsitzen, also entweder zwei Takte trabfedern oder zwei Takte sitzenbleiben, um den Fuß zu wechseln. Und mit dem Sitzenbleiben ist das Thema Leichttraben vorerst beendet.

Die letzte Möglichkeit Trab zu reiten ist das Aussitzen. Richtig praktiziert, also elastisch jeder Bewegungsphase folgend, findet der Reiter im Vollsitz am leichtesten einen logischen Weg zur Abstimmung der Gewichts-, Schenkel- und Zügelhilfen, weil das Pferd im Trab besonders taktsicher, also nicht so leicht aus der Balance zu bringen ist. Der Grund, warum es in der Ausbildung einen extrem hohen Stellenwert hat, aber.... und hier kommt erneut ein großes Aber: Der Zeitpunkt, wann das Aussitzen in Angriff genommen werden sollte, ist vollkommen variabel, denn das hängt sowohl vom Bewegungsverhalten des Pferdes wie von den motorischen Fähigkeiten des Reiters ab.

Auf butterweich trabenden Pferden mit einem langsamen Bewegungsablauf, oder im Jog des Westernpferdes und mit sehr gut koordinierten, sportlichen Reitern kann und wird das schon früh erfolgen, teilweise bereits nach dem Trabfedern; wenn nicht, sollte darauf verzichtet werden. Ruhig auch für längere Zeit, weil es speziell erwachsene Reiteinsteiger mit schöner Regelmäßigkeit überfordert. Denn kompliziert beim Aussitzen ist, dass der Reiter das schnelle Anheben und Absenken des Pferderückens über die Hüfte ausgleichen muss. Das hört sich leichter an, als es ist: Von oben wirkt das Gewicht des Rumpfes, von unten kommen die Stöße des Pferderückens und damit das Gesäß nicht bei jedem Kontakt abprallt, muss das Becken wie ein Pendellager arbeiten. Exakt im Bewegungsrhythmus und ohne aus dem Takt zu geraten. Kann der Reiter das nicht, wird er durchgerüttelt wie ein Kartoffelsack oder „geworfen", eine dezente Umschreibung dieser bandscheibenschädigenden Staucherei.

Dazu kommt, dass das Aussitzen meist an der Longe trainiert wird, damit der Reitlehrer für einen möglichst weichen, gleichmäßigen Bewegungsablauf des Pferdes sorgen kann. Und selbst ein großer Kreis von 20 m Durchmesser ist und bleibt ein Kreis. Das heißt, dass der Reiter das Erlernen des Aussitzens mit dem Drehsitz aus dem Kapitel „Kurventechnik" kombinieren müsste, um in der Bewegung des Pferdes zu bleiben. Alles andere als eine Anfängerübung, selbst in bequemen Western- oder anderen Gebrauchssätteln, die eine weitaus höhere Stabilität bieten als flache Sportsättel. Ein sehr frühes

Aussitzen wirkt sich erfahrungsgemäß nur bei Kindern vorteilhaft aus, die ihre Balance ständig in allen möglichen und unmöglichen Situationen trainieren; bei Erwachsenen dagegen kann, bzw. führt es oft dazu, dass sie die fehlende Grundbalance durch Körperkraft kompensieren.

Erfolgversprechender ist es erst die Voraussetzungen für das Aussitzen zu schulen: eine bewegliche Hüfte, das Stabilisieren des Oberkörpers in der Bewegung, das Tiefersinken des Beines beim Einsitzen oder das unverkrampfte Ausbalancieren in Kurven. Alles Fähigkeiten, die man zum Aussitzen braucht, und die beim Trabfedern und Leichttraben in der Ovalbahn trainiert werden. Denn natürlich gilt auch hier: Einfach anfangen, gewünschte Bewegungsmuster prägen und die Anforderungen langsam steigern, um keine Haltungsfehler zu provozieren. Und da der Vollsitz in direktem Kontext zur kombinierten Hilfegebung steht, wird das Aussitzen in das Kapitel „Bahn- und Dressurreiten" verlegt; das erleichtert Ihnen auch das Verständnis so komplizierter Zusammenhänge wie dem Kreuzanspannen, den halben und ganzen Paraden und anderen Fragen. Zur Zeit dürfte der Muskelkater und das Problem, wie man ihn „bändigt", ohnehin dringlicher sein.

Jede Überforderung hat Rückschläge im Gefolge, und gerade beim Reiten lösen negative Erlebnisse schnell massive Ängste aus.

Keine Anfängerübung: Das Aussitzen an der Longe stellt hohe Anforderungen an die Balance des Reiters, weil er nicht nur die Auf- und Abwärtsbewegung des Pferderückens in der Hüfte auffangen, sondern gleichzeitig mit der Kurventechnik aus dem Abwenden kombinieren muss.

Fortsetzung folgt

Mehr zum Aussitzen finden Sie auf den Seiten 204 bis 211; mehr zum Trab auf Seite 230 bis 231

KATZENJAMMER

Das Problem beim Reiten lernen ist, dass Muskeln trainiert werden, von denen man gar nicht weiß, dass sie existieren. Jäh aus ihrem Dornröschenschlaf geweckt, rächen sie sich spätestens am zweiten Tag mit höllischen Schmerzen. Muskelkater entsteht, wenn ein Muskel über seine Elastizität hinaus gedehnt oder durch zu starke Beanspruchung überfordert wird. Durch die Ermüdung ist die Muskulatur nicht mehr zum Entspannen fähig; dadurch kommt es in der nachgebenden (dehnenden) Phase zu Zerreißungen feinster bindegewebiger Strukturen. Die Folge dieser Mikroverletzungen ist eine Entzündungsreaktion mit Schwellung, Rötung und Schmerz. Ganz vermeiden lässt sich Muskelkater selten, aber man kann ihn in einem moderaten Rahmen halten:

▶ Kurze Lerneinheiten, Pause, Gelenke lockern, ausschütteln, die gestellte Aufgabe gedanklich durchgehen und neu ansetzen. Achten Sie auf Druckstellen an Beinen und Gesäß: Sie zeigen, dass zuviel Kraft eingesetzt wird, sich der Reiter verkrampft oder mit dem Bewegungsablauf des Pferdes überfordert ist; ggf. Pferdewechsel und die Grundlektionen der Sitzschulung wiederholen.

▶ Vorbeugen durch regelmäßige Gymnastik zu Hause, wenn in den Reitunterricht keine Aufwärmgymnastik integriert ist.

▶ Zur Linderung der Schmerzen hilft am besten Wärme von innen und außen, um die Milchsäurekristalle auf Trab zu bringen: Heiße Bäder mit Badezusätzen gegen Muskelkater aus der Apotheke, viel trinken (warm), Massage oder Bandmassage im Fitnessstudio (kleinste Stufe wählen); eventuell ein bis zwei Tage aussetzen und mit heruntergesetzten Anforderungen neu beginnen.

HERZ IN DER HOSE?

ANGST, STRESS UND WIE MAN DAMIT UMGEHT

Männer haben keine Angst; Frauen, speziell reiferen, wird sie zwar zugestanden, aber recht zugeben mag sie keiner. Zu groß ist die Scheu, herablassend als Warmduscher oder typisch Frau belächelt zu werden und zu tief verankert der Reflex, sie zu verbergen. Das Ergebnis sind Reiter, die selbst dann noch Contenance vortäuschen, wenn sie schon am Hals des Pferdes hängen. „Haltung", schrieb Horst Stern, „ist vollkommen vergessen, dass man von einem Pferd herunterfallen kann. Und Anfängerreiten ist: vollkommen vergessen, dass man auf einem Pferd auch an etwas anderes denken kann als ans Herunterfallen."

Ganz so schlimm ist es zwar nicht, aber die Angst vorm Herunterfallen, die während der Reitstunde auftreten kann, weil das Pferd schneller wird oder der Reiter ins Rutschen kommt, ist vollkommen normal. Einen vernünftigen Aufbau des Unterrichts und sichere Lehrpferde vorausgesetzt, schmilzt sie meist wie Butter in der Sonne, sobald die Situation gemeistert ist. Bis zu einem gewissen Grad beflügelt dieses Kribbeln im Bauch sogar, weil es alle Sinne schärft und Erfolgserlebnisse besonders intensiv empfunden werden. Immerhin erfüllt es eine biologische Schutzfunktion, die einen davor bewahrt, unbedacht in gefährliche Situationen hineinzutappen.

Negativ wird Angst erst, wenn sie sich festsetzt; wenn Szenarien gedanklich durchgespielt werden, „Was wäre, wenn...?" und der Reiter in Ausreden flüchtet, weil er sich überfordert fühlt. Angst hat fast immer etwas mit Überforderung zu tun und Angst kann lähmen. Der Kopf ist blockiert und die Muskulatur verkrampft. Frei nach dem Murphy'schen Gesetz, „alles, was passieren kann, passiert", geht es dann tatsächlich schief, weil der Reiter seine Angst auf das Pferd überträgt. Verunsichert durch die Verkrampfung, beengt durch den Klammergriff am Zügel reagiert es, man möchte sagen menschlich, nämlich nervös: Ein Pferd stoppt vielleicht abrupt, das nächste versucht wegzulaufen, ein drittes wird irritiert zur Seite springen. Ohnehin in seinen Bewegungsabläufen blockiert ist dann die Gefahr groß, dass der Reiter runterfällt.

Das ansonsten probate Allheilmittel, postwendend wieder aufzusitzen, hilft in solchen Fällen nicht. Diese „General-vorwärts-Mentalität" greift erfahrungsgemäß nur bei Reitern, die schon früh reiten gelernt haben und denen der Sturz vom Pony so wenig ausmachte wie das Stolpern über eine Türschwelle, trotz der prächtig schillernden Beule, die vielleicht die Stirne zierte. Ähnlich negativ sieht es aus, wenn sich jemand ernsthaft weh getan hat. Dann kann es passieren, dass solche nicht wirklich verarbeiteten Erlebnisse in den unpassendsten Momenten an die Oberfläche gespült werden und die Angst nicht kleiner, sondern immer größer wird und einem das Reiten

---

Eine Frage der Lernsituation

„Nur wer sich wohl und sicher fühlt, kann sich innerlich und äußerlich loslassen. Daher ist es tatsächlich ein guter Rat, Losgelassenheit nicht aktiv betreiben zu wollen, sondern die Bedingungen zu schaffen, in denen sie sich einstellen kann. Dazu gehören eine Lernsituation, in der man sich rundum wohl fühlt, genauso wie das passende Pferd."

ISABELLE V. NEUMANN-COSEL
aus „Reitersitz und Reiterhilfen"

Geländegängig: Bei Ausritten kann es schon mal zu unvorhergesehenen Situationen kommen, vor allem, wenn man nebeneinander reitet und die Pferde zu eng aneinandergeraten.

gründlich vergällt. Verzichten Sie deshalb bei Angst auf unnötige Mutproben und sprechen Sie rechtzeitig mit Ihrem Reitlehrer. Wenn er bisher vertrauenswürdig war, wird er dafür Verständnis haben, weil er das Problem kennt. Er kann Ihre Angst nicht wegzaubern, aber mit Ihnen nach einer Lösung suchen. Viele Ängste entstehen, wenn Reiter nie Gelegenheit hatten, über intensive Beschäftigung und Pflege Vertrauen zum Pferd aufzubauen; manchmal hilft ein Pferdewechsel und manchmal Einzelunterricht. In kleine und kleinste Lernschritte aufgeteilt, immer vom Bekannten zum Unbekannten werden Sie sehen, dass es gar nicht so schwer ist, über seinen Schatten zu springen.

Eine besondere Rolle bei Angst- und Stressbewältigung spielt die Atmung, denn viele Muskeln arbeiten reflektorisch. Das heißt, sie verspannen sich unwillkürlich, sobald der Atem angehalten oder die Atmung flach und unregelmäßig wird. Deshalb klappt an Tagen, an denen man aufgeregt, ängstlich oder verärgert ist, oft rein gar nichts. Und da sich Stress nicht einfach negieren lässt, hilft nur ein paar Mal tief ein- und durchatmen, den Kopf leeren, versuchen sich soweit möglich zu entspannen und die Anforderungen für diesen Tag zu reduzieren. Das gilt auch bei späteren Unstimmigkeiten zwischen Reiter und Pferd. Wann immer das Ross mault, Gespenster sieht oder sich gar vehement widersetzt: Ruhe einkehren lassen, sich körperlich und geistig lösen, auch dem Pferd Gelegenheit zum Durchschnaufen geben und ganz locker wieder anfangen. Eine halbe Runde Schritt am langen Zügel hilft zwar nicht immer, wirkt aber manchmal Wunder, denn Gelassenheit kann man nicht erzwingen, dazu muss man die Lernsituation ändern.

Es gibt übrigens einen triftigen Grund, warum das Kapitel an dieser Stelle aufgegriffen wurde. Jetzt geht's an den Galopp – der gar nicht so schlimm ist, wie viele fürchten, denn die schlimmste Klippe haben Sie (zumindest theoretisch) schon hinter sich, das war der Trab.

Tipp

Wenn die Angst überwiegt: Es gibt, quer durch alle Reitweisen Ausbilder, die auf die Bewältigung unverarbeiteter Traumata beim Reiten spezialisiert sind und Angsttraining anbieten. Ansprechpartner finden Sie über eine Anfrage beim Verband, im Internet oder im Inseratenteil der Pferdezeitschriften. Dabei werden Sie im Freizeitreiterbereich voraussichtlich eher fündig als in turniersportorientierten Zeitschriften. Das soll keine Verallgemeinerung sein, trifft aber bisher erfahrungsgemäß zu, weil im Sportbereich das Thema Angst noch weitgehend tabu ist.

ABGESTÜRZT

Wenn das Vertrauen stimmt und der Ausbildungsstand des Pferdes dem Können des Reiters entspricht, verlaufen Stürze normalerweise harmlos. Sie passieren, weil das Pferd stolpert, der Reiter links und das Pferd rechts abbiegt und aus ähnlich nichtigen Gründen. Meist ist der Schrecken größer als der Schmerz, weil es so fix geht, dass man gar keine Zeit hat Angst zu entwickeln oder sich zu verspannen und sich – ups – nur darüber wundert, wieso man plötzlich auf der Erde sitzt. Aber wenn noch Zeit zum Überlegen ist, setzen Sie auf die Igel-Strategie: Füße aus den Bügeln, abstoßen, bei der Landung einkugeln und abrollen; Voltigierkinder lernen das von der ersten Stunde an. Vergessen Sie das Festhalten des Zügels, um das Pferd kann und soll sich zu diesem Zeitpunkt der Reitlehrer kümmern.

BALANCE & GEFÜHL IM GALOPP

VORBEREITUNG AUF DEN GALOPP

Die schnellste und für die meisten Menschen faszinierendste Gangart ist der Galopp. In keiner anderen Gangart ist Schönheit und Kraft des Pferdes so offensichtlich: Die geblähten Nüstern, das Trommeln der Hufe und der wehende Schweif signalisieren gerade bei freilaufenden Pferden eine Lebensfreude, die Visionen von endlosen Galoppaden an endlosen Stränden, über

Im Dreitakt

„Der Schritt hat einen langsam schwingenden Rhythmus im Viertakt und der Trab einen schnelleren Rhythmus im Zweitakt. Trotz der Wurfbewegung im Trab bleibt der Pferderücken in beiden Gangarten annähernd waagerecht. Im Galopp mit seinem Dreitakt-Rhythmus und der längeren Sprungphase hebt und senkt sich der Pferderücken dagegen wie eine Wippe. Das ist für Reitanfänger zwar erheblich angenehmer als der Trab, aber deswegen müssen sie sich trotzdem zuerst an das veränderte Bewegungsgefühl gewöhnen."

JOCHEN SCHUMACHER

sattgrüne Wiesen oder gelbe Stoppelfelder wecken. Ein Traum, der im Reitunterricht oft ein jähes Ende findet. Denn während ihn Kinder, durchdrungen von ihren Fähigkeiten, meist gar nicht abwarten können, ist er bei Erwachsenen mit der unterschwelligen Furcht durchsetzt, die Kontrolle über das Tier und die Situation zu verlieren; wie bei einem Auto mit defekten Bremsen. Einige geben sie zu, andere nicht – aber ein bisschen Bammel ist fast immer im Spiel. Dabei verspannt sich der Reiter, und das ist der eigentliche Knackpunkt. Es geht also auch hier erst einmal darum, geordnete Verhältnisse zu schaffen.

Geordnet betrifft hauptsächlich die Wahl des Lehrpferdes: So nervenstark, dass es nur durch ein mittleres Erdbeben zu erschüttern ist, gut ausbalanciert, mit einer rhythmischen, nicht zu raumgreifenden Galoppade und so gehorsam, dass es auf Stimmkommando ebenso prompt anspringt wie durchpariert. Ohne Hast, auf einem leicht und locker schwingenden Pferd, wird unter solchen Voraussetzungen der erste Galopp zum Höhepunkt der Sitzschulung schlechthin. Nicht zuletzt, weil das Bewegungsgefühl um so vieles angenehmer ist als der Trab, dass die Angst schnell verfliegt. Denn anders als im Trab, der eine werfende Bewegung ist, vermittelt der Galopp eher eine rollende, wiegende Bewegung, die an einen Schaukelstuhl erinnert. Das Wiegen kann sehr flach sein, wie im Lope, dem gemächlichen Galopp des Westernpferdes oder wie beim Tennessee-Walker so extrem, dass es sogar als Schaukelstuhl-Galopp bezeichnet wird. Aber bequem ist es allemal, solange das Pferd nur schön ruhig galoppiert.

Auch im Galopp gibt es zwei Arten der Fortbewegung:
- im mehr oder weniger ausgeprägten Entlastungssitz, wie er im Gelände, beim Springen oder zur Schonung des Pferdes eingesetzt wird und
- im Vollsitz, wie er bei der Feinabstimmung beim Dressurreiten, beim Western- oder Gangpferdereiten Verwendung findet.

Um den Bewegungsrhythmus als inneres Fühlbild einzuspeichern, empfiehlt sich auch hier der Einstieg im Entlastungs- bzw. Sicherheitssitz. Die Gefahr eines außerfahrplanmäßigen, härteren Kontakts zwischen Gesäß und Pferderücken ist geringer, außerdem hat der Reiter bei dem bisher beschriebenen Ablauf der Sitzschulung die notwendige Bewegungskoordination bereits weitgehend beim Trabfedern trainiert.

DER ENTLASTUNGSSITZ IM GALOPP

Für das Angaloppieren, Durchparieren wie für das Einhalten des Tempos ist zunächst der Reitlehrer zuständig; bewährt hat sich bei den ersten Übungen das Angaloppieren aus dem Trab:
- Zur Vorbereitung überprüfen Sie sicherheitshalber die Bügellänge. Wie beim Trabfedern sollten sie so weit verkürzt werden, dass bei Vorneigung die Gewichtsverlagerung auf Oberschenkel, Knie und Bügeltritt deutlich spürbar ist, ohne dass das Gesäß aus dem Sattel kommt.
- Danach setzen Sie sich schon im Schritt in den Sicherheitssitz, indem Sie den Po etwas zurückschieben, damit Sie kein Übergewicht nach vorne bekommen. Achten Sie auf einen geraden Rücken, um den Oberkörper stabilisieren zu können – also weder in ein Hohlkreuz noch in einen krummen Rücken ausweichen.
- Nach dem Antraben balancieren Sie sich im Schwebesitz aus; entspannen Sie soweit möglich Gesäß- und Beinmuskulatur.
- Fangen Sie den ersten und die nachfolgenden Galoppsprünge über die aufgestützten Hände ab, bis Sie den Galopprhythmus erfasst haben.
- Achten Sie auf ein lockeres Hüft-, Knie- und Fußgelenk, damit der Aufwärtsschwung des Pferdes nach unten abgefedert werden kann, so dass der Absatz in der Bewegung zum tiefsten Punkt des Reiters wird.
- Versuchen Sie, wie beim Trabfedern, durch ein leichtes Vor- und Zurückschieben der Gesäßknochen Ihren Schwerpunkt im Galopp genau über den Füßen auszutarieren, bis Sie weder auf die Hände fallen noch mit dem Gesäß im Sattel „klappern" oder die Unterschenkel unkontrolliert weggleiten.

Nicht übertreiben

„Der Oberkörper wird häufig zu weit gebeugt und die Gesäßknochen nicht im gleichen Maße zurückgeschoben. Damit wird das Reitergewicht vermehrt nach vorne gebracht, der Reiter bekommt Übergewicht nach vorne und stützt sich deshalb mit den Händen am Hals des Pferdes ab. Die Schenkel des Reiters rutschen leicht nach hinten, was den Sitz instabil werden läßt."

SUSANNE V. DIETZE,
aus „Balance in der Bewegung"

DIE HILFEN IM GALOPP

Natürlich wird nicht alles auf Anhieb umzusetzen sein und schon gar nicht beim ersten Galopp, der sehr kurz ausfallen dürfte, um den Reiter nicht zu überfordern. Doch obwohl das instinktive Festklammern mit Knie und Unterschenkel wie das Durchdrücken der Beine am Anfang vollkommen normal ist, sollten Sie sich möglichst früh davon zu lösen suchen. Das Knie bleibt zwar in ständigen Kontakt mit dem Pferd, darf aber kein Betonknie sein, sonst hebeln Sie sich aus dem Sattel. Auch im Galopp müssen alle Gelenke beweglich und das Bein gebeugt bleiben; erst dann ist es möglich den Aufwärtsschwung in den Absatz nach unten abzufedern und das Gesäß dicht am Sattel zu halten.

Wichtig für Ihre koordinativen Fähigkeiten: In Kurven muss die äußere Schulter mit nach vorne genommen werden, damit sie parallel zu den Schultern des Pferdes liegt. Dadurch bleibt Ihr Schwerpunkt auf dem inneren Gesäßknochen, so dass Sie nicht nach außen gesetzt werden und in der Bewegung bleiben; andererseits dürfen Sie sich auch nicht so weit nach innen lehnen, dass Sie in der Taille oder im Hüftgelenk abknicken. Das Ausbalancieren in Kurven bei höherer Geschwindigkeit funktioniert ähnlich wie beim

Dieses Pferd befindet sich im Rechtsgalopp; das rechte, innere Beinpaar greift weiter vor als das linke.

Fahrradfahren: Auch da muss man sich, entsprechend der Neigung des Fahrrads, etwas in die Kurve legen, aber nicht so weit, dass man dabei umkippt.

Sobald der Reiter etwas lockerer geworden ist, kann mit dem selbständigen Angaloppieren und Durchparieren in der Ovalbahn begonnen werden. Zwar wird man sich zunächst mit einer stark eingeschränkten Version begnügen müssen, da die Galopphilfen aufgrund der asymetrischen Fußfolge etwas komplizierter sind als in Schritt und Trab, dafür gibt das Bewusstsein, das Tempo beeinflussen zu können, dem Reiter sehr viel Sicherheit und das kommt seiner Bewegungskoordination zugute. Um zu verstehen, wie Galopphilfen wirken, braucht man eine ungefähre Vorstellung des Bewegungsablaufs.

Balance & Gefühl im Galopp

Im Galopp spricht man nicht mehr von Tritten, wie in Schritt und Trab, sondern von Sprüngen. Ein Hinterbein beginnt, dann werden gleichzeitig das zweite Hinterbein und das diagonale Vorderbein vorgeführt, und den Abschluss bildet das übrig gebliebene, letzte Vorderbein. Danach kommt eine Schwebephase, in der alle vier Beine in der Luft sind, ehe die Fußfolge von neuem beginnt. Heraus kommt ein Sprung, der auf hartem Boden als klarer Dreitakt zu hören ist. Je nachdem, ob das Pferd links herum oder rechts herum galoppiert, greift das innere Beinpaar weiter vor als das äußere. Dieses weitere Vorgreifen, besonders das des zuletzt auffußenden Vorderbeines vor der Schwebephase, ist leicht zu sehen und gibt dem Galopp seinen Namen.

- Greift der rechte Vorderfuß weiter vor, ist das Pferd im Rechtsgalopp.
- Greift der linke Vorderfuß weiter vor, ist das Pferd im Linksgalopp.

Beim Beobachten des Galopps in der Reitbahn ist es ein bisschen schwierig, die Pferdebeine zu sortieren, aber im Prinzip ist es nichts anderes als der Pferdchensprung von Kindern. Wenn Sie das ausprobieren, wird ein Bein immer etwas kürzer treten als das andere; denken Sie sich noch zwei Beine dazu, und Sie haben in etwa die Fußfolge. Und wenn Sie bei diesem Test

> ### Unterschiede beachten
>
> „Ähnlich wie im Schritt braucht das Pferd auch im Galopp unbedingt genügend Halsfreiheit, um sich sicher ausbalancieren zu können. Besonders bei jungen Tieren oder Pferden, die schwerpunktmäßig am durchhängenden Zügel arbeiten, ist eine deutlich stärker ausgeprägte Nickbewegung des Pferdekopfes zu beobachten als bei klassisch ausgebildeten Pferden auf hohem Niveau, die mit anstehendem Zügel geritten werden. Wird im Einsteigerbereich ein zu kurzer Zügel vom Schüler gefordert, ist die Gefahr groß, dass er auch gut geschulte Pferde in der Balance stört und es zu Unstimmigkeiten kommt."
>
> **ANNA ESCHNER**

genau in dem Moment abstoppen, indem Ihr führendes Bein den Boden berührt, haben Sie auch die Haltung, die Sie zum Angaloppieren brauchen: Die innere Hüfte ist durch das nach vorne gestellte Bein leicht nach unten gesenkt, das äußere Bein steht etwas zurück. Also:

RECHTSGALOPP Im Rechtsgalopp führt das innere rechte Beinpaar, folglich bleibt der rechte Schenkel am Gurt und der linke muss zurückgelegt werden.

LINKSGALOPP Im Linksgalopp führt das innere linke Beinpaar, folglich bleibt der linke Schenkel am Gurt und der rechte muss zurückgelegt werden.

Wenn Sie das realisiert haben, haben Sie zunächst das Wichtigste gelernt; die Feinheiten der kombinierten Galopphilfe werden im Kapitel Bahn- und Dressurreiten geklärt. Nach Möglichkeit sollte am leicht durchhängenden

SELBSTSTÄNDIGES ANGALOPPIEREN UND DURCHPARIEREN IM SICHERHEITSSITZ

Vorsicht mit der Hand

„Beginnt man mit der Galopparbeit, dann nur im Arbeitsgalopp, und zwar am langen oder hingegebenen Zügel, niemals am Zügel."

ANTHONY PAALMANN, aus „Springreiten" über die Ausbildung des jungen Pferdes

Zügel galoppiert werden. Das entspricht nicht nur der Zügelführung beim Westernreiten, es deckt sich auch mit den vorbereitenden Galopphilfen der Kavallerieschulen, die in der Remonteausbildung einen sehr langen oder gar hingegebenen Zügel forderten, um das Pferd beim Wechsel in den Galopp nicht durch einen unbeabsichtigten Zügelanzug zu irritieren. In der Grundausbildung des Reiters besteht folglich das einzige Problem darin, dem Pferd zu erklären, ob Links- oder Rechtsgalopp erwünscht ist. Deshalb wird zu Beginn des Galopptrainings stets eingangs einer Kurve angaloppiert.

Um herauszufinden, warum das besser funktioniert als auf einer geraden Strecke, sollten Sie erneut Ihre Beine zu Hilfe nehmen. Imitieren Sie zu Fuß den Rechtsgalopp in einer Rechtskurve, und versuchen Sie aus dieser Rechtskurve in eine Linkskurve zu wechseln. Das ist derart unbequem, dass man entweder mit einem Zwischentritt oder bereits in der Luft in einem „fliegenden Galoppwechsel" seine Beine neu sortiert und im schönsten Linksgalopp weiterläuft. Beim Nachstellen des Angaloppierens aus dem Trab sieht es nicht viel besser aus, weil man unmittelbar neben der Bande das Gefühl hat, gleich in derselben zu landen, wenn das „falsche" äußere Bein führt. Für ein Pferd ist dieser „Außengalopp" oder „Kontergalopp", wie er in der fortgeschrittenen Dressurausbildung genannt wird, noch komplizierter, weil es gleich vier Beine „um die Ecke" bringen muss. Und da ein in der Ovalbahn trainiertes Pferd weiß, dass es nicht abkürzen kann und sich in der Kurve etwas biegen muss, wird es in einer Linkskurve freiwillig den bequemeren Linksgalopp wählen und in einer Rechtskurve den bequemeren Rechtsgalopp. Voraussetzung dafür ist natürlich ein Lehrpferd, das Links- und Rechtsgalopp im Schlaf beherrscht und darauf geschult ist, auf Kommando sofort anzuspringen – also nicht erst nach der Kurve, um sich auf der geraden Strecke seine Schokoladenseite auszusuchen, die Pferde ebenso wie Menschen haben.

Das Angaloppieren erfolgt zunächst aus dem Sicherheitssitz und mit einem, durch den Reitlehrer passend eingestellten Zügelknoten:

▸ Zur Vorbereitung balancieren Sie sich mit aufgestützten Händen im Trabfedern aus.

▸ Kurz vor der nächsten Kurve legen Sie das äußere Bein etwas zurück. Das Zurücklegen muss aus dem Hüftgelenk heraus erfolgen und nicht aus dem Knie, damit die innere Hüfte etwas vorgeschoben wird; Sie merken es daran, dass der Druck auf den inneren Bügel etwas stärker wird.

▸ Achten Sie darauf, dass der Oberkörper mittig bleibt, also genau über der Längsachse des Pferdes zentriert; nicht in Taille oder Hüfte einknicken.

▸ Dann sagen Sie energisch „Galopp", „Lope" oder was das Pferd kennt und drücken impulsartig die Beine zu. Wenn es nicht reagiert wiederholen Sie das Kommando, unterstützt mit einem Gertenklaps an der Schulter.

▸ Fangen Sie den ersten Galoppsprung über die aufgestützten Hände ab; entspannen Sie Gesäß- und Beinmuskulatur. Balancieren Sie sich neu aus.

Balance & Gefühl im Galopp

Ob der innere oder der äußere Schenkel stärker einwirkt oder ob mit beiden Beinen gleichzeitig getrieben wird, ist im Moment ziemlich gleichgültig, da die Haupthilfe das Stimmkommando ist. Versuchen Sie auszuführen, was der Lehrer sagt, aber verrenken Sie sich nicht dabei. Wichtiger ist es, die Veränderung im Bewegungsrhythmus vom Trab zum Galopp beim Angaloppieren so fest einzuspeichern, dass Sie sie später unbewusst in die kombinierte Hilfengebung integrieren. Je schneller die Anpassung erfolgt, um so sicherer und verständlicher wird Ihre Hilfengebung für das Pferd. Dieses „Vorwegnehmen der erwarteten Bewegung", ohne sich zu verspannen, die Schultern hochzuziehen und anderen Fehlern lernt man am leichtesten, wenn die Hilfe, die der Reitschüler derzeit umsetzen kann, immer und hundertprozentig funktioniert, denn gerade das Angaloppieren wird schnell zu

Im Gleichgewicht: der Reiter sieht über die Pferdeohren hinweg in die Bewegungsrichtung.

> ### Sinnlos
>
> „Ein Anfänger, der nicht weiß, wie sich Galopp anfühlt, wird kaum in der Lage sein, die korrekten Hilfen zum Angaloppieren zu geben. Je öfter er galoppiert, desto besser lernt sein Körper sich der veränderten Bewegung anzupassen, bis er sie schließlich willkürlich beeinflussen kann."
>
> **SUSANNE V. DIETZE,**
> aus „Balance in der Bewegung"

einer verkrampften Angelegenheit, wenn zu viel zu früh auf einmal vorausgesetzt wird.

Ebenso wichtig für Ihre koordinativen Fähigkeiten: Nicht nach unten sehen, sonst wird die innere Pferdeschulter belastet und das freie Ausgreifen des Vorderbeines blockiert; ein Fehler, der sich besonders beim Angaloppieren störend bemerkbar macht. Der Kopf wird so weit angehoben, dass der Blick über die Pferdeohren hinausgeht. Und bleiben Sie beim Weitergaloppieren in der „Pferdchenhaltung" mit zurückgelegtem äußeren Schenkel, bis Sie tatsächlich durchparieren wollen. Sonst missversteht das Pferd Ihre Körpersprache und beendet die Übung früher als gewollt.

Das Durchparieren funktioniert zunächst ähnlich wie beim Trabfedern. Der Reiter lässt zuerst den äußeren Schenkel wieder in die Grundhaltung am Gurt gleiten, balanciert sich aus und sagt „Teerrab", „Jog" oder „Trote", während er gleichzeitig in den Schultern breit wird und die Schulterblätter rückwärts-abwärts sinken lässt. Dadurch rutschen die Hände auf dem Mähnenkamm zurück, das Gewicht wird minimal rückwärts verlagert, die Anspannung weicht aus dem Körper, die Beine sinken tiefer – und das Pferd fällt in den Trab. Vom Trab zum Schritt dasselbe Spiel: Ausbalancieren, Stimmkommando et cetera.

Es wird also stufenweise durchpariert, denn auch hier geht es primär um das Vorwegnehmen der gewünschten Bewegung. Sagen Sie nicht nur Teerrab, denken Sie Teerrab; sagen Sie nicht „Scheerritt", denken Sie Scheerritt. Ihr Körper stellt sich unbewusst darauf ein und lässt dem Pferd Zeit zu verstehen und zu reagieren. Wird das unterschätzt, indem zu früh vom Galopp

Der Vollsitz im Galopp

„Voraussetzung, um mit dem Galopp zu beginnen ist, daß der Reiter sowohl im Schritt als auch im Trab gut sitzen kann und in der Lage ist, sein Pferd ohne wilde Zügelaktionen zum Schritt bzw. zum Stehen durchzuparieren."

UTE TIETJE,
aus „Westernreiten"

direkt zum Schritt durchpariert wird, zieht man sich schneller fest als gedacht – und darf dann wieder ganz von vorne anfangen. Nie den zweiten Schritt vor dem ersten machen, das gibt immer Rückschläge. Und weil das sehr viel Konzentration verlangt, sollte spätestens hier ersichtlich werden, warum kurze, aber korrekt durchgeführte Lerneinheiten um so vieles wertvoller sind, als das Aneinanderreihen endloser Wiederholungen ohne Pause. Das gilt selbstredend auch für die spätere Ausbildung des Pferdes.

Natürlich beschränkt sich die Fortsetzung der Sitzschulung nicht allein auf das Angaloppieren und Durchparieren. Sobald sich der Reiter von der stützenden Funktion der Hände löst, wird das Programm durch die vom Trab bekannten Koordinationsübungen erweitert, bis er imstande ist sich freihändig in einem so flüssigen, gleichmäßigen Galopprhythmus auszubalancieren,

Balance & Gefühl im Galopp

dass er weder vor noch hinter die Bewegung des Pferdes gerät noch mit den Beinen klemmt. Ist das sichergestellt – aber erst dann! – können die Unterschenkel im Entlastungssitz ähnlich stabilisiert werden wie beim Leichttraben. Das heißt, dass die Oberschenkel im Aufwärtsschwung des Pferdes kurz zugedrückt und im Abwärtsschwung ebenso deutlich wieder entspannt werden. Das hilft dem Reiter die Galoppbewegung bereits im Becken aufzufangen und den Oberkörper besser zu stabilisieren. Und auch hier wirkt der Druck auf die langen Rückenmuskeln des Pferdes unter dem Sattel wie ein schwacher, treibender Impuls, der im Gelände meist ausreicht, um das Pferd im Galopp zu halten.

Für die zweite Sitzform im Galopp, das Aussitzen, gilt dasselbe wie für den Trab; der Vollsitz wird im Zusammenhang mit der kombinierten Hilfengebung behandelt, denn auch hier wird vom Reiter schon eine hohe Körperkoordination vorausgesetzt.

Fortsetzung folgt
Mehr zum Aussitzen finden Sie auf den Seiten 204 bis 211; mehr zum Galopp auf Seite 232 bis 233

AUS DER PRAXIS

Wenn Reiter sehr ängstlich oder verkrampft sind, galoppieren wir die Pferde an der Hand an – aber in der Ovalbahn auf der geraden Strecke, weil das dem Einsteiger leichter fällt, als wenn er sich zusätzlich auch noch in der Kurve ausbalancieren müsste. Diese erste Galoppübung ist sehr kurz und dient eigentlich nur dazu, dem Reiter die Angst vor dem schnellen Tempo zu nehmen. Das Pferd galoppiert nur drei bis vier Galoppsprünge alleine und wird eingangs der nächsten Kurve von einem Assistenten erwartet. Da unsere Pferde diese Übung kennen und wissen, dass sie dabei immer eine Belohnung erhalten, galoppieren sie vollkommen ruhig, locker und parieren freiwillig durch. Ein weiterer Vorteil des Galopptrainings in der Ovalbahn sind die relativ kurzen geraden Seiten, weil sich die Tiere in den Kurven biegen müssen und selbst temperamentvollere Pferde weniger zum Rennen neigen.

JOCHEN SCHUMACHER

AUFBAU EINER SENSIBLEN ZÜGELFÜHRUNG

ONLINE MIT DEM PFERDEMAUL

Sobald die Reiter über Grundfertigkeiten in Schritt, Trab und Galopp verfügen, also keine größeren Balanceprobleme mehr haben, ihr Gewicht einigermaßen kontrolliert einsetzen und die gröbsten Haltungsfehler beseitigt sind, kann an der Zügelführung gearbeitet werden, ein ähnlich zwiespältiges Kapitel wie das Aussitzen: So wird man beim Westernreiten, wo schwerpunktmäßig am durchhängenden Zügel geritten wird, eher den Vollsitz in Angriff nehmen und die Handkoordination zurückstellen, während bei klassisch orientierten Reitweisen die Zügelführung relativ früh im Vordergrund steht, um den Reiter an die kombinierte Hilfengebung mit anstehendem Zügel heranzuführen. Anstehend heißt, dass der Zügel eine weich-federnde, ständige Verbindung zum Pferdemaul hält. Also weder einmal durchhängt, um im nächsten Moment angezogen zu werden (springender Zügel), noch so lose, dass kein Kontakt besteht, noch dass der Zügel so straff gehalten wird, dass der Druck des Gebisses dem Pferd Schmerzen zufügt und es das Vertrauen in die Hand des Reiters verliert.

Das ist schwerer in den Griff zu kriegen, als man glaubt. Denn einerseits muss der Reiter der natürlichen Nickbewegung des Pferdekopfes mit der Hand folgen und andererseits die Bewegung von Schulter und Armen von den Schwingungen des Beckens sowie der Auf- und Abwärtsbewegung seines übrigen Körpers trennen, damit sich die Hand nicht taktmäßig rauf und

Tipp

Verbessern Sie die Beweglichkeit Ihrer Hände, indem Sie sie spreizen, fest schließen und wieder entspannen, die Handgelenke drehen, Ihre Knöchel biegen oder Ihre Koordinationsfähigkeit schulen, zum Beispiel mit dieser Übung: Strecken Sie eine Hand mit nach unten weggeklapptem Daumen aus; legen Sie jetzt die andere Hand quer so dazu, dass Zeige- und Ringfinger auf und Mittel- und kleiner Finger unter dem Handrücken zu liegen kommen; wechseln Sie die Stellung, also Mittel- und kleiner Finger nach oben und Zeige- und Ringfinger nach unten. Üben Sie solche oder ähnliche Fingerspiele mit beiden Händen, und steigern Sie das Tempo... Übrigens: Reiter, die ein Musikinstrument beherrschen, haben dabei erfahrungsgemäß die Nase vorn.

runter bewegt und ein Ruck auf das Pferdemaul übertragen wird; eine Gefahr, die besonders in Trab und Galopp besteht. Solange der Reiter noch keine korrekt vortreibenden Gewichts- und Schenkelhilfen beherrscht, sollte man sich außerdem auf das Reiten am längeren Zügel beschränken, sonst produziert man unweigerlich den Kardinalfehler, vor dem im Kapitel „Input-Output" so eindringlich gewarnt wurde: Dass der verhaltende Zügel die vortreibenden Hilfen überwiegt und den Bewegungsablauf des Pferdes ähnlich blockiert wie verfrüht oder falsch eingesetzte Hilfszügel. Das einzige Lernziel ist zunächst die Beweglichkeit der Hand bei permanentem Zügelkontakt zu schulen. Trotz dieser Vorsicht bleibt die Umstellung auf das Reiten mit Gebiss jedoch eine heikle Angelegenheit, die einen stufenweisen Aufbau verlangt.

Bewährt zum Aufbau einer sensiblen Zügelführung haben sich besonders Partnerspiele, bei denen wechselweise einer die Zügelübungen ausführt, während ein anderer mit den um das Gebiss geschlossenen Händen die Bewegungen des Pferdekopfes simuliert und die Zügeleinwirkungen seines Partners nachzuempfinden sucht. Zur Vorbereitung setzt sich der „Pferdemensch" mit umgehängter Trense auf einen Stuhl, während ihm der Zügelführende in ca. 1-1,20m Abstand gegenübersteht und ein Bein als fingierten Mähnenkamm auf einen zweiten Stuhl stellt. Eine zweite Möglichkeit ist die Simulation mit Hilfe eines Balkens, an dem das Kopfstück befestigt wird.

▸ Zuerst werden die Grundlektionen wiederholt, also Aufnehmen des Zügels, sanftes Verkürzen, Verlängern und die korrekte Handhaltung, ehe ein weich anstehender Kontakt hergestellt wird. Zur Erinnerung: Zügel,

Ein heikles Kapitel

„Die Umstellung auf das Reiten mit Gebiss kommt für einen Reitlehrer, aus Sorge um die Mäuler seiner Pferde, eigentlich immer zu früh, auch zu einem späteren Zeitpunkt. Andererseits sollte es nicht zu weit hinausgeschoben werden, um die Schüler von Anfang an auf eine feinere Zügelführung einzustimmen, als es auf Halfter möglich wäre. Dazu kommen versicherungstechnische Aspekte, weil viele Versicherungen das Reiten mit gebisslosen Zäumungen im Gelände, speziell im Anfängerbereich, oft nicht akzeptieren. Und für uns sind geführte Ausritte mit geringem Schwierigkeitsgrad eine immens wichtige Zwischenstufe für die weiterführende Ausbildung. Wichtig ist uns vor allem, dass den Reitschülern klar wird, warum sie etwas machen und dass der Zügel ihre Feinkoordination ist und nicht die Grobkoordination."

JOCHEN SCHUMACHER

Die Simulation des Leichttrabens am Balken verbessert die Koordinationsfähigkeit des Reiters.

Fingerspiele: Um der natürlichen Nickbewegung des Pferdekopfes elastisch folgen zu können, muss sich der Winkel zwischen Ober- und Unterarm im Ellenbogen öffnen und schließen.

Hand und Unterarm des Reiters sollten von oben wie von der Seite betrachtet eine ungebrochene Linie bilden; der Daumen fixiert dachförmig, mit mäßigem Druck den Zügel auf dem Zeigefinger; die Hand wird locker zu einer „hohlen" Faust geschlossen, damit das Handgelenk beweglich bleibt.

▶ In der nächsten Übung simuliert der Pferdepartner durch ein gleichmäßiges Vor- und Zurückbewegen des Gebisses die Nickbewegungen des Pferdekopfes im Schritt. Aufgabe des Reiters ist es mit freigetragenen Händen durch ein elastisches Nachgeben und Annehmen aus dem Ellenbogengelenk dieser Nickbewegung mit der Hand zu folgen, ohne „Zügellöcher" zu erzeugen. Das wird nicht auf Anhieb gelingen, so dass der Gebisshaltende zwangsläufig eine ausdrucksvolle Demonstration erhält, wie hart ein springender Zügel ist im Vergleich zur elastisch mitgehenden Hand.

▶ In der folgenden Sequenz geht es um das Aufmerksammachen des Pferdes zur feineren Abstimmung der Hilfen oder als Vorbereitung für eine neue Lektion. Das geschieht durch ein weiches Schließen und Öffnen der Hand, diesem berühmten „Schwammausdrücken" der klassischen Reitliteratur in den halben Paraden, bei dem der Zügel für Sekundenbruchteile minimal verkürzt wird. Geübt wird zuerst bei anstehendem Zügel ohne Simulation der Nickbewegung und später mit. Schließen und Öffnen der Hand und umgekehrt gehören immer zusammen; nie in einer Bewegung „steckenbleiben", sonst wird die Zügelführung hart: entweder, weil die Faust verkrampft oder weil den leicht geöffneten Mittel- und Ringfingern der Spielraum für das nächste Nachgeben fehlt und sie nur noch geschlossen werden können.

▶ Klappt auch das, kann das Eindrehen der Hand und das Ausdrehen in die Grundstellung trainiert werden. Damit wird der Zügel stärker verkürzt als beim Schwammausdrücken, aber ebenfalls ohne das Zügelmaß an sich zu ändern. Auch hier darf die Hand nie in der Bewegung steckenbleiben und,

Online mit dem Pferdemaul

ganz wichtig: Die Faust wird immer leicht schräg zur gegenüberliegenden Schulter eingedreht, also nicht senkrecht zum Bauch eingerollt, denn dabei würde automatisch das Handgelenk blockiert, der Ellenbogen ausgestellt und der Spielraum der Hand begrenzt.

▸ Den Abschluss der Übungen bilden Zügelfehler: Dazu gehört das Verkrampfen von Handgelenk und Unterarm, wenn die Hände irrigerweise zu einer allzu festen Faust geballt werden. Dazu gehört das „Riegeln", ein Hin- und Herziehen des Gebisses durch wechselseitiges Eindrehen der Fäuste, das oft mit dem Schwammausdrücken verwechselt wird und innerhalb kürzester Zeit jedes Pferd „maultot" macht, also gegen feine Zügelhilfen abstumpft, weil es mit ersterem nichts, aber auch gar nichts zu tun hat. Oder der „Insterburger", das scharfe Reißen am Zügel.

Wichtig ist vor allem der Austausch der Spielpartner, insbesondere der Kommentar desjenigen, der das Gebiss in den Händen hält, denn der merkt ja den Unterschied zwischen einer weichen und einer harten Hand, was angenehm empfunden wird und was nicht und hilft dadurch dem Zügelführenden seine Einwirkungen zu verfeinern.

Nach der Handkoordination geht es an das Zügelführspiel, bei dem der Zügelführende seinen vor ihm gehenden Partner durch einen kleinen Parcours zu lenken hat. Auch hier ist der gegenseitige Austausch die Seele der Lektion, weil der Gebisshaltende durch sein Feedback den Zügelführenden zwingt in sich hineinzuhorchen und bewusst zu agieren, was auf dem Pferd immer schwieriger ist. So lernen beide wechselseitig, wie widersprüchlich und kaum nachvollziehbar eine unpräzise Zügelführung ist, wie schnell man als Reiter in Kurven übersteuert, indem man zu grobmotorisch am Zügel zieht oder untersteuert, weil zu wenig gemacht wird. Ein häufiger Fehler ist, zum Beispiel beim Rechtsabwenden, dass der Zügelführende auch den linken Zügel nach rechts führt oder sogar die Handgelenke kreuzt und damit seinen Partner nach links zieht, also genau das Gegenteil von dem erreicht, was er wollte.

Tipp

Bei Umstellung auf das Reiten mit Trense ist ein vorn am Sattel befestigter „Angstriemen" oder ein um den Pferdehals verschnallter Bügelriemen bei kurzfristigem Gleichgewichtsverlust eine wertvolle Balancehilfe. Außerdem haben sich geflochtene, geringfügig dehnbare Zügel bewährt, die die Auswirkungen von Handfehlern oder springenden Zügeln etwas mildern, wenn auch nicht ganz aufheben. Eine weitere Hilfe, um das Pferdemaul vor ungeschickten Einwirkungen zu schützen, ist der Einsatz der Meroth'schen Kombination, deren Wirkung wahlweise auf Nase und/oder Maul des Pferdes eingestellt werden kann, abhängig vom Ausbildungsstand des Reiters. Eine dritte Möglichkeit ist der Einsatz des „Sidepulls", das Zügelanzüge abschwächt; diese Hilfe sollte allerdings nur kurz eingesetzt werden, da sie Anfänger schnell zu einer härteren Zügelführung verleitet.

Gar nicht so einfach: Das Öffnen und Schließen der Hand sollte weich und fließend ausgeführt werden; nie in der Bewegung steckenbleiben und beim Eindrehen der Hand darauf achten, dass sie zur gegenüberliegenden Schulter geführt wird.

Zügelführspiel im Stangengarten: Die Bewältigung des Stangenparcours erfordert sehr viel Konzentration; noch effizienter ist das Zügelführspiel, wenn es mit Anhalten und Antreten kombiniert wird.

Die Hand ist nicht an ihren Platz gebunden – weil sie ja die Kopf- und Halsbewegungen begleitet, den Weg öffnet oder sperrt und später auch die Haltung des Pferdes beeinflusst – aber immer an ihre Seite!

Sie ist der Gegenspieler Ihrer Schenkelhilfen aus der kombinierten Hilfegebung, und das funktioniert nur, wenn sie auf ihrer Seite des Pferdehalses bleibt.

Solche Grundsätze, die lernt man beim Zügelführspiel verstehen. Erfahrungsgemäß wird zwar bei diesen Bodenübungen das „Menschenpferd" in schnelleren Gangarten ziemlich schnell albern, aber es macht Spaß und der psychologische Effekt und das Wiederaufrufen der gewonnenen Erkenntnisse ist enorm. Die nachhaltige Wirkung zeigt sich später, wenn der Reiter bei Problemen nicht „irgendwie" einwirkt, sondern nachdenkt, leichter und kontrollierter in der Hand wird – und es dann meistens auch klappt. Aus der Grobkoordination entsteht mit der Zeit die Feinkoordination, bis die Zügelführung dem Reiter so in Fleisch und Blut übergegangen ist, dass er auch bei groben Fehlstörungen ohne Nachzudenken richtig reagiert.

Für den Einstieg auf dem Pferd empfiehlt sich erneut die Ovalbahn, mit dem bekannten, vom Reitlehrer passend eingestellten Zügelknoten. Wichtig für Ihre koordinativen Fähigkeiten: Bleiben Sie in Trab und Galopp zunächst im Sicherheitssitz. Zum einen, weil Ihnen das Öffnen und Schließen der Ellenbogenwinkel bei aufgestützten Händen bereits vertraut ist (wenn auch vielleicht ohne zu wissen, wofür es trainiert wurde), zum anderen, weil die

Bewegungen des Pferdehalses Ihre Hände automatisch mitnehmen, so dass Sie sich nur auf den gleichmäßigen Kontakt mit dem Pferdemaul zu konzentrieren brauchen. Achten Sie in Kurven und beim Durchparieren darauf, die Zügel nicht ruckartig nachzugeben oder anzuziehen, sondern die Bewegung fließend zu gestalten. Schließen und öffnen Sie die Hände beim „Schwammausdrücken" weich und gefühlvoll, es ist eine leichte, kaum sichtbare Bewegung, und lassen Sie in der „hohl" geschlossenen Faust die winzigen Vibrationen im Zügel zu, ohne sie „abzuwürgen" oder sich den Zügel aus der Hand ziehen zu lassen, weil Sie versehentlich auch den zügelkontrollierenden Daumen lösen.

Vergessen Sie dabei nicht Ihren Sitz und berücksichtigen Sie die Reaktionen des Tieres: Wird der Gang ungleichmäßig und holperig, schlägt das Pferd mit dem Kopf, „legt sich auf den Zügel" und übt verstärkten Druck aufs Gebiss aus, werden die Tritte hektischer oder das Pferd schneller, ist die Hand entweder zu unruhig, Sie halten den Zügel zu starr oder sitzen zu verspannt. Meist kommt alles zusammen, weil Handfehler selten isoliert auftreten. Das Pferd versucht Ihnen damit zu zeigen, dass es sich gestört oder beengt fühlt, und die Korrektur dagegen ist immer gleich: Schultern, Hände, Gesäß- und Beinmuskulatur entspannen, Aufrichtung und Gewichtsverlagerung überprüfen und ganz locker von vorne beginnen. Erst kommt die Körperkontrolle, dann der Zügel. Es macht nichts, wenn Körperkontrolle und Zügeleinwirkung etwas zeitversetzt erfolgen; das relativiert sich mit zunehmender Übung allein.

Fortsetzung folgt

Mehr zur Hilfengebung finden Sie auf Seite 198.

NIX WIE RAUS

DAS GELÄNDE ALS VORBEREITUNG AUF DAS BAHN- UND DRESSURREITEN

Damit ist der erste Teil der Grundausbildung beendet, jetzt hilft nur noch Üben, Üben, Üben. Das heißt, sein Pferd dahin zu reiten, wo man hin will, ohne es im Rücken zu stören, sich am Zügel festzuhalten oder mit den Beinen zu klammern. Sobald Sie Tempo, Gangart und Richtung auch außerhalb der Ovalbahn einigermaßen regulieren können, sollten Sie, wenn es sich irgendwie einrichten lässt, unbedingt ins Gelände gehen: Damit Sie locker werden, Spaß am Pferd kriegen und sich Ihrer Fähigkeiten bewusst werden. Vorzugsweise erst auf eine kleine hausinterne Strecke, um Verhalten und die wichtigsten Regeln beim Reiten im Gelände zu üben, ehe es wirklich in die „Pampa" geht. Voraussetzung dafür ist, dass

▸ geeignete Pferde zur Verfügung stehen, die regelmäßige Geländearbeit kennen, gewohnt sind in der Gruppe zu laufen, ruhig und gelassen sind und so verkehrssicher, dass ihnen hupende Autos, knatternde Motorräder oder auffliegende Vögel nicht mehr als ein interessiertes Ohrenzucken entlocken.

▸ Ihr Ausbilder oder ein vergleichbar qualifizierter Reiter den Ausritt führt, der Ihre Kondition und reiterlichen Fähigkeiten richtig einschätzt, um Sie nicht zu überfordern, und das Gelände wie seine Westentasche kennt.

▸ in kleinen Gruppen geritten wird, mehr als 5-6 Personen sollten es nicht sein. Außerdem ist ein zweiter qualifizierter Reiter als Schlusslicht notwendig, der die Gruppe absichert. Seine Aufgabe ist es rechtzeitig einzugreifen: Bei einem verlorengegangenen Steigbügel, zum Beispiel, einer unverhofften Schräglage in Kurven, einem zu späten Ducken vor herunterhängenden Ästen, um bei einer Panne Hilfe zu holen oder notfalls einen Teilnehmer als Handpferd an die Leine zu nehmen.

Unter solchen Bedingungen ist das Reiten im Gelände einfach. Diese geführten, speziell auf noch unsichere Reiter abgestimmten Ausritte haben wenig mit dem späteren, selbstständigen Geländereiten zu tun, aber sie sind eine gute Vorbereitung darauf und, davon abgesehen, ein immens wichtiger Ausbildungsschritt für das Bahn- und Dressurreiten, der allzu oft unterschätzt wird. Auf unebenen Wegen, beim Bergauf- und Bergabreiten werden Anfänger nicht nur beweglicher, sie gewöhnen sich auch an unterschiedliche Situationen und verkrampfen sich nicht unnötig; bei der Begegnung mit einem Trecker, zum Beispiel. Durch solche glücklich bewältigten „Abenteuer" bekommen die Reiter unwahrscheinlich viel Vertrauen zum Pferd, lernen es besser kennen und werden sicher. Ein weiterer Vorteil beim Hintereinanderreiten im Gelände sind die langen geraden Strecken, auf denen sich die Reiter in Trab und Galopp auf ihren Sitz konzentrieren können, denn Kurven sind bei schnellerer Geschwindigkeit auf dieser Ausbil-

---

Pferdewechsel

„Natürlich wird einem sehr stark Sicherheit vermittelt, wenn man immer nur ein Pferd reitet, aber man engt sein Bewegungsgefühl ein. Wenn man als fortgeschrittener Reiter später sein eigenes Pferd trainiert und ausbildet, wird man sich natürlich ausschließlich darauf konzentrieren – aber so lange man selbst noch als Reiter ausgebildet wird, ist es wichtig verschiedene Pferde zu reiten; um so leichter lernt man sich auf unterschiedliche Pferde einzustellen und sie individuell zu fördern."

ANNA ESCHNER

Handzeichen als Kommandosprache beim Ausreiten in Gruppe: Der Tetenreiter sagt, wo und wie es lang geht und verständigt sich mit der Gruppe per Handzeichen.

dungsstufe oft ein echtes Problem; speziell bei Späteinsteigern, jenseits der 30. Und nebenbei lernen die Schüler sich selbstständig zu korrigieren, denn im Gelände gibt es niemanden, der ihnen sagt „halt das Fußgelenk locker", „mach dich im Knie nicht so fest". Das war bisher in der Ovalbahn und ist auch später in der Reitbahn nicht unbedingt erforderlich, weil dort der Reitlehrer korrigiert und immer jemand da ist, der ihnen sagt, was sie tun müssen. Auch unter solchen Aspekten ist das Gelände nicht zu unterschätzen.

Wenn Sie es sich zutrauen und mehrere geeignete Lehrpferde zur Verfügung stehen, sollten Sie außerdem verschiedene Pferde reiten: Faule und fleißige, Pferde mit längeren oder kürzeren Schritten und mit verschiedenen Härtegraden. Es ist das beste Training, um seine Hilfen individuell auf das jeweilige Pferd abstimmen zu lernen. Nur vergessen Sie bei allem Spaß das Wiederkommen nicht. Auf dem Weg zur Harmonie ist die Ausbildung in der Reitbahn, nach der Gewöhnungsphase im Gelände, ebenso wichtig. Wie intensiv man in das Bahn- und Dressurreiten einsteigt, ist eine andere Frage, aber es gehört zur Grundausbildung.

> ## Immer schön locker bleiben
>
> „Sobald Anfänger einigermaßen sattelfest sind, rate ich ihnen immer erst eine Zeitlang ins Gelände zu gehen. Erst einmal locker werden und Spaß am Reiten kriegen – das bringt die Reiter viel weiter als nur verbissenes Üben in der Bahn."
>
> **WALTER FELDMANN**

Auf verkehrssicheren, gut geschulten Lehrpferden und unter Aufsicht können selbst unsichere Reiter schon ins Gelände; es ist ein wichtiger Ausbildungsschritt im Reitunterricht.

DER KNIGGE IM GELÄNDE

ALLGEMEINES VERHALTEN

- Der erfahrenste und sicherste Reiter einer Gruppe gibt an der Spitze Tempo und Richtung vor und ist für die Sicherheit verantwortlich. Die Nachhut bildet möglichst ein ähnlich versierter Reiter, der Gefahrensituationen rechtzeitig einschätzen kann; der Schwierigkeitsgrad eines Ausritts richtet sich nach dem schwächsten Reiter und dem schwächsten Pferd.
- Jeder Ausritt beginnt mit einer ausgedehnten Schrittphase; angetrabt wird erst, wenn die Pferde gut aufgewärmt sind. Galoppiert wird nur in übersichtlichem Gelände und auf geeignetem Boden, unkontrollierte Wettrennen sind tabu. Vor Erreichen einer Straße wird weiträumig durchpariert, ebenso vor verschlammten und steinigen Strecken. Auf Asphalt wird Schritt, kurzzeitig auch im leichten Trab geritten; bergauf wie bergab ist der Pferderücken zu entlasten, um das Tier zu schonen; in schwierigem Terrain wird abgestiegen und das Pferd geführt.
- Wenn nicht vom Tetenreiter anders bestimmt, wird hintereinander geritten. Jeder Reiter hält seinen zugewiesenen Platz, besonders der Tetenreiter darf auf keinen Fall überholt werden.
- Bei der Begegnung mit anderen Reitern, Fußgängern oder Radfahrern, wird zum Schritt durchpariert; ein freundlicher Gruß gehört zum guten Ton. Ebenfalls im Schritt vorbeigeritten wird an weidenden Tieren, um sie nicht in Panik zu versetzen oder zum Mitrennen zu animieren. Entstandene Flurschäden sind dem Grundeigentümer zu melden.

ZEICHEN UND KOMMANDOS

Üblicherweise wird zur Verständigung eine Zeichensprache benutzt, die vor Antritt des Rittes geklärt wird. Sinnvoll ist die Vereinbarung eines Notkommandos wie „Stop" oder „Halt", das jeder geben kann und für alle Teilnehmer ein sofortiges Durchparieren bedeutet.

- Ein kurzes Hochheben der Hand bedeutet Anreiten oder Aufschließen, ein mehrfaches kurzes Hochheben Antraben oder Angaloppieren.
- Die für längere Zeit erhobene Hand signalisiert das Durchparieren zum Schritt oder Halt.
- Ein Abbiegen nach links oder rechts wird durch den seitlich ausgestreckten Arm angezeigt, im Straßenverkehr in größeren Gruppen durch den ersten und den letzten Reiter.

REITEN ERLAUBT ODER VERBOTEN?

Das Bereiten öffentlicher Straßen ist generell erlaubt, soweit sie nicht ausdrücklich gesperrt sind. Andererseits ist der Erlass eigener Reitgesetze den Bundesländern freigestellt, so dass es keine einheitliche Regelung gibt. Detaillierte Auskunft erteilen Landratsämter, die VFD (Vereinigung der Freizeitreiter Deutschlands) oder der Landesverband der Deutschen Reiterlichen Vereinigung. In Jagdgebieten wird in der Morgendämmerung oder nach einbrechender Dunkelheit auf Ausritte verzichtet. Bei Problemen mit Jägern und Jagdpächtern hilft die VFD oder der Landesverband der FN.

- Reiten erlaubt: Weißer Reiter auf blauem Grund; die Wege sind für Fußgänger, Radfahrer und andere Verkehrsteilnehmer gesperrt.
- Reiten verboten: Schwarzer, rot umrahmter und durchgestrichener Reiter auf weißem Grund.
- Eingeschränkte Reiterlaubnis: Schwarzer Pferdekopf, schwarzes Hufeisen oder schwarzer Reiter auf weißem Grund; nicht in allen Bundesländern üblich. Bei Mitbenutzung durch Fußgänger haben diese grundsätzlich Vorrang.
- Fußgänger- und Radwege: Reiten und Führen von Pferden verboten, wird an stark befahrenen Straßen jedoch teilweise toleriert; zu Wanderwegen gibt es unterschiedliche Regelungen.

- Land- und forstwirtschaftlich genutzte Wege: In den meisten Bundesländern freigegeben, so lange keine Schädigung nach Nässeperioden zu befürchten ist; seitliche Wiesenstreifen an Wegrändern dürfen überwiegend beritten werden.
- Strände und Flussufer: Reiten grundsätzlich erlaubt, kann bei Badebetrieb verboten werden. Generell gesperrt sind Schutzgebiete, Stranddünen, Deiche und Hochwasserdämme.
- Landschaftsschutz- und Erholungsgebiete: Reiten nur auf ausgewiesenen Wegen erlaubt.
- Äcker: Reiten auf kultivierten Flächen verboten; lediglich das Reiten auf Stoppelfeldern ist in den meisten Bundesländern erlaubt.
- Brachland und stillgelegte Flächen: Reiten nur mit Erlaubnis des Eigentümers.
- Wiesen: Reiten nur außerhalb der Wachstumsperiode mit Erlaubnis des Eigentümers.

SICHERHEIT IM STRASSENVERKEHR

Trotz ihrer vier Beine müssen Pferde laut Straßenverkehrsordnung die Straße benutzen und sollten entsprechend verkehrssicher sein. Wird in Ausnahmefällen auf Bürgersteige ausgewichen, sollten Sie eine stichhaltige Begründung anführen können. Beseitigen Sie im Falle eines Falles eventuelle Hinterlassenschaften. Anwohner reagieren auf durch Pferdeäpfel verschmutzte Gehwege verständlicherweise ungehalten.

- Geritten wird in Verkehrsrichtung, also rechts am Straßenrand, im Schritt oder ruhigem Trab, nie im Galopp; Schnellstraßen, Autobahnen oder entsprechend beschilderte Straßen sind tabu.
- Vor dem Betreten einer Straße wird nebeneinander aufmarschiert und angehalten, ehe alle gleichzeitig losreiten und sich in den Verkehr einordnen. Beim Linksabbiegen auf Kreuzungen wird in Formation weitergeritten; beim Überqueren von Straßen biegt die Gruppe üblicherweise auf Kommando gemeinsam ab und ordnet sich auf der anderen Straßenseite erneut ein.
- Mehrere Reiter bilden immer einen geschlossenen Verband und können beim Umspringen der Ampel auf Rot noch gemeinsam Kreuzung oder Zebrastreifen überqueren. Bei wenigen Reitern wird mit einer Pferdelänge Abstand hintereinander, in größeren Gruppen kann paarweise nebeneinander geritten werden. Überschreitet der Verband 25 m (ca. 6-8 Einzelreiter bzw. Reiterpaare hintereinander) werden zwei Abteilungen gebildet und durch einen Abstand von ungefähr 50 m getrennt, damit Autofahrer gefahrlos überholen oder einscheren können.

SICHERHEIT BEI NACHT UND NEBEL

Verzichten Sie bei schlechter Sicht möglichst auf das Reiten im Straßenverkehr; lässt sich das nicht vermeiden, muss für eine ausreichende Beleuchtung gesorgt werden. Die gesetzliche Regelung schreibt eine weiße, nach vorne sichtbare Positionslampe und ein rotes Schlusslicht vor. Um sich besser abzusichern und von Autofahrern rechtzeitig als Reiter bzw. Reitergruppe erkannt zu werden, empfiehlt sich ein zusätzlicher Einsatz von Stiefellampen, Armbinden oder Sicherheitswesten mit Leuchtstreifen und/oder Leuchtgamaschen für die Pferdebeine.

Bei Nacht und Nebel möglichst auf das Reiten im Straßenverkehr verzichten und unbedingt dafür sorgen, dass man von anderen Verkehrsteilnehmern rechtzeitig erkannt wird; Pferde haben weder Knautschzone noch Airbag.

„Erhalte seine Bewegungen. Erhalte seine Persönlichkeit. Erhalte seinen Vorwärtsdrang. So wirst du Erfolge haben, denn du respektierst die Natur."

FRANZ MEIRINGER,
SPANISCHE REITSCHULE WIEN,
AUS „DIE REITKUNST IM WANDEL"

AUF DEM WEG ZUR HARMONIE

195

▸ 196 IM DIALOG MIT DEM PFERD

▸ 198 HILFEN & LOGIK, TEIL II

▸ 204 DER VOLLSITZ IN TRAB UND GALOPP

▸ 212 WAS TUN MIT DEM KREUZ

▸ 217 SPEED CONTROL

▸ 219 PARADEMEISTER

▸ 221 GESTELLT WIE GEBOGEN?

▸ 226 ANLEHNUNG IM DREI-STUFEN-PLAN

▸ 228 ANREITEN, SCHRITT UND HALTEN

▸ 230 TRAB FÜR FORTGESCHRITTENE

▸ 232 GALOPP FÜR FORTGESCHRITTENE

▸ 234 WIE GEHT ES WEITER MIT DEM REITEN?

IM DIALOG MIT DEM PFERD

HILFENGEBUNG FÜR FORTGESCHRITTENE

DIE KOMBINIERTE HILFENGEBUNG

Rhythmischer Hufschlag begleiten Reiter und Pferd, die, allein in der Bahn, komplizierte Muster in die glattgeharkte Fläche zeichnen. Mal geht's in frischem Tempo vorwärts, dann in verkürzten, kadenzierten Tritten oder seitwärts übertretend durch die Bahn tanzend. Immer wieder unterbrochen durch kurze Pausen, in denen das Pferd seinen Hals in weitem Bogen abwärts dehnt und sich prustend entspannt, ehe es der nächsten Aufforderung folgt. Nach einer letzten, besonders gut gelungenen Lektion wird die Arbeit abrupt beendet. Im lockeren Schritt am langen Zügel, mit sich und der Welt zufrieden, verlassen beide bald darauf den Platz. Ein anderes Bild: Diesmal

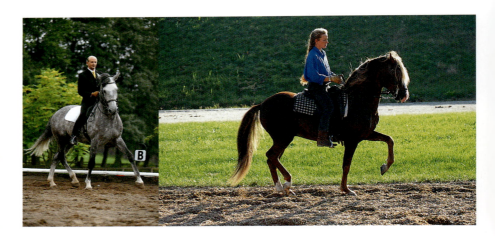

Unsichtbare Hilfen: Sie sind das Idealbild reiterlicher Perfektion und trotz bestehender Unterschiede in der Hilfengebung auf hohem Niveau kaum noch relevant.

sind es mehrere Reiter, die sich auf ein knappes Kommando des Reitlehrers zu einer Abteilung formieren und hintereinander reitend wie eine Schlange durch die Bahn winden. Nicht ganz so leichtfüßig, nicht ganz so geschmeidig, aber ebenso konzentriert. Auch hier bestimmen häufige Pausen das Bild. Während die Pferde mal stehend, mal im Schritt am langen Zügel verschnaufen und wie ihre Reiter die Muskeln lockern, wird die nächste Lektion erklärt. Manchmal schwingt sich der Meister oder die Meisterin selbst zur Demonstration in den Sattel, ehe die Schüler erneut an der Reihe sind. Einzeln beim Vorreiten, von den anderen aufmerksam beobachtet, um sich Details einzuprägen oder in Formation.

Über die Reitbahn schrieb Goethe: „Mensch und Tier verschmelzen hier dergestalt in Eins, dass man nicht zu sagen wüsste, wer denn eigentlich den anderen erzieht". Allerdings brauchte auch der Dichterfürst Jahre, bis er begriff, dass „Dressur" weder ein Kraftakt noch tumbes Abrichten des Tieres bedeutet, sondern spielerisches Training voll höchster Konzentration, das

Im Dialog mit dem Pferd

sowohl der Gymnastizierung des Pferdes wie der Verfeinerung gegenseitiger Kommunikation dient. Eine Faszination, der nicht jeder erliegt, denn für viele ist es bestenfalls ein lästiges Übergangsstadium auf dem Weg zum Springparcours oder ins Gelände. Oft genug Folge einer zu schweren, zu früh oder zu fade verabreichten Kost, die zu einer lebenslangen Allergie gegen die wichtigste Grundlage des Reitens führt. „Drinnen ist Pflicht, draußen ist Kür", fasst es Claus Penquitt kurz und bündig zusammen. Ein Ausbilder, der nicht nur zahlreiche Erfolge im Westernsattel während seiner aktiven Turnierlaufbahn vorweisen kann, sondern mit seiner Synthese aus altklassischen, altkalifornischen und iberischen Elementen selbst eingefleischten Geländefreaks das Bahn- und Dressurreiten schmackhaft machte. Allerdings erst ab einem Ausbildungsstand, der eine kombinierte Hilfengebung erlaubt. Die Mindestanforderung, die jeder Reiter erfüllen sollte, egal, ob das Kommando nun „Im Arbeitstempo Trab" oder „Jog please" lautet.

In der kombinierten Hilfengebung wird das Verhalten des Pferdes durch eine Vielzahl fein differenzierter Einzelhilfen beeinflusst, die sich gegenseitig ergänzen. Denn ähnlich, wie das einzelne Wort erst innerhalb eines Satzgefüges Bedeutung erhält, ist auch die einzelne Hilfe für das Pferd wenig aussagefähig. Um als klare Anweisung verständlich zu sein, müssen alle Hilfen zusammenwirken. Das ist der technische Aspekt, wie die grammatisch korrekte Verwendung einer Sprache, die über reines Vokabellernen hinausgeht. Welche Hilfenkombination eingesetzt wird, bzw. eingesetzt werden kann, hängt vom Ausbildungsstand des Pferdes, des Reiters, aber auch von der reiterlichen Zielsetzung insgesamt ab. Viele kontrovers diskutierte und scheinbar nicht unter einen Hut zu bringende Gegensätze in der Hilfengebung sind nichts anderes als vergessene Stationen eines Ausbildungsverlaufs, der durch die ursprüngliche Nutzung des Pferdes diktiert wurde und auf höherem Niveau wieder gemeinsame Nenner findet.

Und ähnlich, wie die Aussage eines Satzes durch entsprechende Betonung schwächer oder stärker ausfallen oder zum Imperativ gesteigert werden kann, passt auch der Reiter die Intensität seiner Einwirkung individuell dem jeweiligen Pferd in der jeweiligen Situation an. Dahinter steht das „reiterliche Gefühl": sich im Sekundenbruchteil jederzeit so auf die Reaktionen des Pferdes einstellen zu können, dass es aus eigenem Antrieb Freude an der Zusammenarbeit entwickelt und immer bereitwilliger und schneller reagiert. Kann die Hilfengebung im Idealfall so verfeinert werden, dass sie selbst für Fachleute kaum noch sichtbar ist, spricht man von „unsichtbaren Hilfen". Sie sind der Prüfstein reiterlicher Perfektion, weil sie ebenso hohe technische Präzision wie reiterliches Gefühl beweisen. „Die Besten der Welt", resümierte das portugiesische Genie Nuno Oliveira, „ähneln sich in ihrer Reitweise. Die riesigen und besorgniserregenden Unterschiede sind auf dem Weg nach oben und auf den unteren Ebenen zu sehen".

Was heißt Dressur?

„Die auf die Reiterei bezogene Ableitung kommt von dem französischen Wort „dresser". Während das englische Wort „to dress" geschichtlich in Verbindung mit Pferden Verwendung fand, wurde das Hauptwort „dressage" erst um die Jahrhundertwende populär.
Im 16. Jahrhundert hatte „to dress" die Bedeutung, „etwas in eine bestimmte Position, in eine gerade Linie zu bringen oder etwas nach bestimmten Richtlinien vorzubereiten", später auch des „Sich-Anziehens". Gegen Ende des 16. Jahrhundert beinhaltete es jedoch wesentlich mehr, nämlich Ausstaffieren, ausstatten oder schmücken."

nach **SYLVIA LOCH,**
aus „Die Reitkunst im Wandel"

HILFEN & LOGIK, TEIL II

GEWICHTS-
HILFEN

Beschränken sich die Grundlektionen vorrangig auf Körperkontrolle und Bewegungsgefühl des Reiters, geht es in der Fortgeschrittenenschulung um die Ergänzung noch fehlender Hilfen und ihre sinnvolle Zusammensetzung. Zur Verfügung stehen dem Reiter Gewicht, Schenkel und Hände sowie bei Bedarf Stimme, Gerte und – sofern es seine Körperkoordination erlaubt – Sporen. Hilfen können treibend oder verhaltend wirken, für ihren Einsatz gibt es jedoch eine Art Rangfolge. So haben treibende Hilfen grundsätzlich Priorität und setzen vor den verhaltenden Hilfen ein, weil sie das Pferd veranlassen sich in der Bewegung auszubalancieren. Denn ebenso wie ein Reiter mit massiven Gleichgewichtsstörungen unfähig ist Arme und Beine zu kontrollieren, kann auch ein schlecht ausbalanciertes Pferd verhaltende Hilfen oft gar nicht umsetzen.

Innerhalb dieser Vorgabe wiederum spielen die Gewichtshilfen eine zentrale Rolle, weil sie das Pferd nötigen der Gewichtsverlagerung des Reiters in der von ihm gewünschten Richtung zu folgen. Als kurzer vorwärts gerichteter Impuls wirken Gewichtshilfen treibend, verhaltend dagegen, wenn der Druck langsam und kontinuierlich aufgebaut wird und den Bewegungsablauf des Pferdes verzögert oder blockiert. Im Prinzip sind Gewichtshilfen also nichts anderes als ein wechselnder, stärker oder schwächer dosierter Druck der Gesäßknochen auf den Pferderücken. Dieser Druck kann, abweichend vom passiven Mitschwingen in der Bewegung des Pferdes, gleichmäßig be- und entlastend oder einseitig be- und entlastend variiert werden:

▸ Zu einer verstärkten Belastung richtet sich der Reiter betont im Vollsitz auf, um den Druck auf die Gesäßknochen zu erhöhen,
▸ zur Entlastung wird der Oberkörper etwas vor die Senkrechte genommen, ohne jedoch den Kontakt mit dem Sattel aufzugeben.
▸ Bei der einseitigen Belastung verlagert der Reiter durch das Vorschieben einer Hüftseite sein Gewicht etwas mehr auf einen Gesäßknochen, was zwangsläufig zu einer Entlastung der anderen Gesäßhälfte führt.

BEIDSEITIG BELASTENDE GEWICHTSHILFEN werden immer dann eingesetzt, wenn das Pferd etwas mehr Gewicht auf die Hinterhand verlagern soll, indem es mit den Hinterbeinen weiter unter den Schwerpunkt des Reiters tritt. Damit es sich zum Beispiel energischer abstoßen kann, um beim Verlangsa-

---

Der sanfte Zwang

„Das Bringen des Gewichts ist die einzige mechanische Hilfe des Reiters, der das Pferd zu folgen gezwungen ist. Deshalb sind die Gewichtshilfen die ausführenden. Sie wirken indes nur im Gang. Im Halten ist das Pferd zu sicher gestützt. Im Gang aber kann es der Reiter durch Verlegen der Schwere nötigen, dorthin stützend unterzutreten, wohin er es aus dem Gleichgewicht bringt. Dies geschieht am leichtesten im Trabe, in dem das Pferd durch die jeweiligen diagonalen Beine gleichmäßig wenig gestützt ist."

von einem alten Reiter aus „Die Bearbeitung junger Pferde mit der Trense" men oder Verkürzen der Tritte innerhalb einer Gangart nicht den Schwung zu verlieren oder um beim Durchparieren in eine niedrigere Gangart im Gleichgewicht zu bleiben.

BEIDSEITIG ENTLASTENDE GEWICHTSHILFEN erleichtern dem Pferd die Aufwölbung des Rückens. Bei jungen oder untrainierten Pferden, um die noch schwache Rückenmuskulatur zu schonen, oder in fortgeschrittenen Dressurlektionen, um einen lockeren Bewegungsablauf zu fördern. In Kombination mit Schenkeldruck und einem Nachgeben der Zügel wirken sie als Vorwärtsimpuls, wie beim Antreten oder Antraben bei der Sitzschulung.

EINSEITIG BELASTENDE GEWICHTSHILFEN werden benötigt, um das rechte oder linke Hinterbein zu mobilisieren, wie beim Angaloppieren, beim Abwenden und grundsätzlich auf allen gebogenen Linien, damit das Pferd unter dem Schwerpunkt des Reiters bleibt und nicht geradeaus weiterläuft.

EINSEITIG ENTLASTENDE GEWICHTSHILFEN sind eine Folgeerscheinung der einseitig belastenden Gewichtshilfen und erleichtern dem Pferd das Vorsetzen des entlasteten Hinterbeines. Wie beim Übertreten in Seitengängen oder Wendungen, wenn das äußere Hinterbein einen größeren Weg zurücklegen muss als das innere.

Das alles hört sich recht harmlos an, tatsächlich ist der Einfluss dieser wechselnden Gewichtsimpulse auf das Bewegungsverhalten des Tieres so immens, dass sie auch die „ausführenden" Hilfen genannt werden. Über die Gewichtshilfen sagten die alten Reitmeister, dass es die einzige mechanische Hilfe des Reiters sei, der das Pferd zu folgen gezwungen ist. Voraussetzung, damit das funktioniert, ist freilich, dass das Pferd in der Bewegung und damit

Tipp

Ein alter Hut, aber immer noch unübertroffen, um sich von der Wirkungsweise der Gewichtshilfen zu überzeugen, ist ein größeres Kind oder einen leichten Zeitgenossen auf seinen Schultern zu tragen. Je schneller Sie gehen, „traben" oder „galoppieren", um so einfacher fällt es selbst einem Leichtgewicht Sie aus der Balance zu bringen und durch ein Vor- oder Zurückneigen oder eine seitliche Gewichtsverlagerung in die gewünschte Richtung zu steuern. Ein Exempel, das man beim Reiten nie wieder vergisst.

selbst in einem labilen Gleichgewicht ist, um durch das relativ geringe Körpergewicht des Reiters im Vergleich zu seiner eigenen Körpermasse aus der Balance gebracht werden zu können. Solange das Pferd steht und alle vier Beine auf dem Boden hat, ist seine Unterstützungsfläche so groß, dass es auch Gewichtsverlagerungen eines schweren Reiters mühelos kompensiert. Damit Gewichtshilfen greifen können, muss das Pferd folglich zuerst in Gang gebracht werden, und dafür sind die Schenkelhilfen zuständig.

1 Entlastend: Auch im Vollsitz kann eine leichte Vorneigung des Oberkörpers dem Pferd bestimmte Bewegungsabläufe erleichtern.

2 Belastend: Mit zunehmender Aufrichtung wird der Pferderücken stärker belastet; in Abstimmung mit Schenkel- und Zügelhilfen kann das Gewicht sowohl vortreibend wie verhaltend wirken.

3 Einseitig belastend: Viele Lektionen werden dem Pferd erst durch eine einseitige Belastung verständlich; zum Beispiel beim Angaloppieren, in Seitengängen oder beim Abwenden.

SCHENKELHILFEN

Schlenkerschenkel?

„Die Schenkel müssen ungezwungen, aber doch ruhig gehalten werden. Wenn sie durch Herumschlenkern dauernd den Körper des Pferdes berühren, wird eine korrekte Einwirkung unmöglich."

FRANCOIS ROBICHON DE LA GUÉRINIÈRE,
aus „Die Reitschule", von 1733

Vorwärts treibender, verwahrender und seitwärts treibender Schenkel

Anders als Gewichtshilfen haben Schenkelhilfen keine mechanisch zwingende Wirkung. Zwar kann das Pferd auf einen rüden Gebrauch der Hacken durchaus mit wildem Davonstürmen reagieren, aber weder diese Praxis noch die stärksten, korrekten Schenkelhilfen können ein widersetzliches Pferd zu einem gezielten Richtungswechsel bewegen, weil sie lediglich ein antrainierter Bewegungsreflex sind. Aufgabe der Schenkel ist es, das Pferd in eine aktive Bewegung zu setzen, in einer aktiven Bewegung zu halten und passiv Fehler zu verhüten. Schenkelhilfen unterstützen das richtig platzierte Gewicht, ersetzen können sie Gewichtshilfen nicht, deshalb heißt es auch, dass Schenkelhilfen die Gewichtshilfen erklären. Man unterteilt Schenkelhilfen in vorwärts treibend, vorwärts-seitwärts treibend oder verwahrend, also in eine Richtung begrenzend:

▸ Der vorwärts treibende Schenkel liegt in der Grundposition am oder dicht hinter dem Gurt; er ist für die Vorwärtstendenz zuständig.

▸ Der vorwärts-seitwärts treibende Schenkel liegt 1-2 Handbreit hinter dem Gurt. Diese Schenkelhilfe wird stets einseitig eingesetzt, um das gleichseitige Hinterbein zu einem seitlichen Unter- oder Übertreten zu animieren.

▸ Der verwahrende Schenkel liegt ebenfalls 1-2 Handbreit hinter dem Gurt, im Unterschied zum vorwärts-seitwärts treibenden Schenkel wird er jedoch eher passiv eingesetzt. Seine Aufgabe ist es die Hinterbeine in der Spur der Vorderbeine zu halten, beim Reiten auf gebogenen Linien zum Beispiel, um beim Rückwärtstreten das Ausfallen eines oder beider Hinterbeine zu verhindern oder um den Schwung des seitwärts treibenden Schenkels abzufangen. Als Gegenspieler zum vorwärts-seitwärts treibenden Schenkel setzt der verwahrende Schenkel mit einer zeitlichen Verzögerung ein, damit sich beide Schenkelhilfen nicht gegenseitig aufheben.

Schenkelhilfen wirken übrigens weniger durch ihre Stärke, als durch die Richtung des Drucks; als vorwärts treibender Schenkel also von hinten nach vorne. Außerdem sollten sie immer von oben nach unten durch das ganze Bein fließen; genau genommen müssten sie also eigentlich „Beinhilfen" heißen.

Große Reiter auf kleinen Pferden können den Unterschenkel bspw. nicht einsetzen, ohne die Absätze hochzuziehen. Um korrekte Hilfen geben zu können, wird hier der Unterschenkel durch einen Druckimpuls mit Knie und Oberschenkel kompensiert, beim Reiten auf kleinen Gangpferden, zum Beispiel bei den Islandpferden ist das eine gängige Praxis.

Diese Technik kann bei sehr fein eingestellten Dressurpferden teilweise ebenfalls die Schenkelhilfe ersetzen. Damit das Pferd die unterschiedlichen Schenkelimpulse als klare Anweisung differenzieren kann, muss der Reiter außerdem imstande sein, das Bein weich, ruhig und ohne Druck am Pferd zu halten; folglich können sie vom Anfänger erst verlangt werden, sobald er im Sitz gefestigt ist.

ZÜGELHILFEN

Zusammen mit Gewichts- und Schenkelhilfen verdeutlichen Zügelhilfen dem Pferd in welchem Tempo und in welcher Haltung es eine Lektion ausführen soll. Man unterscheidet Zügelhilfen in

- nachgebend: ein- oder beidseitiges Verlängern der Halsfreiheit beim Anreiten, Wechseln in eine höhere Gangart, um beim Verstärken der Gangarten oder in Wendungen dem Pferd die Dehnung des Halses zu ermöglichen.
- Annehmend: ein- oder beidseitiges Verkürzen der Halsfreiheit, zum Beispiel beim Durchparieren in eine niedrigere Gangart, beim Anhalten, aber auch beim Abwenden oder in biegenden Übungen, um Gewichts- und Schenkelhilfen zu unterstützen. Annehmender und nachgebender Zügel gehören immer zusammen, damit sich der Reiter nicht festzieht.
- Seitwärtsweisend: einseitig richtungsweisender Zügel, um unerfahrenen Pferden beim Reiten von Wendungen oder beim Erlernen von Seitengängen die gewünschte Richtung deutlicher zu zeigen. Dazu wird die innere Hand mehr oder weniger ausgeprägt seitwärts geführt; der seitwärts weisende oder „öffnende" Zügel kann sowohl mit einer annehmenden wie mit einer leicht nachgebenden Zügelhilfe kombiniert werden.
- Verwahrend: einseitiges Begrenzen der Halsfreiheit, zum Beispiel in Wendungen oder biegenden Übungen, um ein Herumziehen des Pferdehalses zu verhindern. Der verwahrende Zügel ist der Gegenspieler des einseitig annehmenden oder seitwärts weisenden Zügels.
- Durchhaltend: ein- oder beidseitiges Begrenzen der Halsfreiheit. Der durchhaltende Zügel ist eine Verstärkung des annehmenden Zügels und erfordert eine besonders hohe Feinkoordination von Gewichts-, Schenkel- und nachgebender Zügelhilfe, er ist erst für weiter fortgeschrittene Reiter geeignet.

Bis auf die erste Möglichkeit – das Nachgeben der Zügel – wirkt also selbst die geringste aktive Zügeleinwirkung begrenzend und wird in dieser „verhaltenden Funktion" in der Regel erst nach den treibenden Hilfen eingesetzt, um Balance und Bewegungsfluss des Pferdes nicht zu stören.

Reihenfolge beachten

„Es ist einleuchtend, daß die Zügelhilfe der des Schenkels nicht zuvorkommen darf, weil sie in diesem Falle das Pferd zur Rückwärtsbewegung verleitet."

FRANCOIS BAUCHER, aus „Methode der Reitkunst"

AM ZÜGEL: Das Pferd geht locker vorwärts, Vorder- und Hinterbeine schwingen parallel.

HINTER DER SENKRECHTEN, FALSCHER KNICK: Der Rücken ist fest, die Hinterhand tritt nicht unter.

GEGEN ODER ÜBER DEM ZÜGEL: Das Pferd versucht sich den Hilfen des Reiters zu entziehen.

AUF DEM ZÜGEL: Das Pferd benutzt die Hand des Reiters als Stütze.

UNTERSTÜTZENDE HILFEN

Reif für Sporen?

„Früher hieß es, dass Anfänger mindestens zwei bis drei Jahre ohne Sporen reiten sollten. Nach unserer Erfahrung kann bei anstehendem Zügel ein früherer Sporeneinsatz eine feinfühlige Hilfengebung manchmal besser fördern als der Einsatz der Gerte. Voraussetzung dafür sind natürlich gut ausgebildete, erfahrene Lehrpferde und ausbalanciert sitzende Reiter. Der Einsatz von Sporen hängt also von Aufbau und Qualität der Grundausbildung ab."

JOCHEN SCHUMACHER

Zur Feinabstimmung der Kommunikation sind die unterstützenden Hilfen gedacht, allerdings mit einer anderen Gewichtung als im Anfängerbereich:

STIMME Mit zunehmender Übung treten die Stimmkommandos allmählich in den Hintergrund, bis sie zum Schluss überflüssig werden. Der überwiegende Stimmeinsatz beschränkt sich auf dunkle, langgezogene Laute zur Beruhigung, wie „Ho" oder „ruhig" und helle, kurze Ermunterungen, wie „komm", „vorwärts" oder ein kurzes, rhythmisches Zungenschnalzen.

GERTE Hauptzweck der Gerte ist es, dem Reiter feinere Schenkelhilfen zu ermöglichen und erst in zweiter Linie, die Aufmerksamkeit des Pferdes aufzufrischen. In ihrer unterstützenden Funktion kann die Gerte treibende Hilfen durch ein kurzes, pointiertes Antippen hinter dem Schenkel verstärken. Dazu wird sie mit dem Schenkel in dem Moment eingesetzt, wenn das Hinterbein vorsetzt, also entlastet ist, damit das Pferd die Verstärkung auch umsetzen kann. Ob die Gerte bereits zu Beginn der Fortgeschrittenenschulung eingesetzt werden sollte, ist allerdings fraglich: Sinn macht sie nach wie vor bei allen Reitweisen am durchhängenden Zügel und einhändiger Benutzung; bei anstehendem Zügel und beidhändiger Zügelführung dagegen provoziert der Gerteneinsatz sehr schnell Zügelfehler und eine rückwirkende Hand. Das Antippen mit der Gerte sollte unbedingt auf dem Holzpferd und einem ähnlichen Partnerspiel wie bei der Zügelführung trainiert werden.

SPOREN Sporen sind wie die Gertenhilfe eine Ergänzung korrekter Schenkelhilfen, um die Hilfengebung zu verfeinern; ihr Einsatz erfordert ebenso hohe Sensibilität wie Präzision. So lange der Reiter nicht in der Lage ist jede ungewollte Bewegung seiner Schenkel zu vermeiden, kann er folglich auch keine Sporen tragen. Ob und ab welchem Ausbildungsstand Sporen eingesetzt werden dürfen, kann nur ein qualifizierter Reitlehrer entscheiden. Es gibt eine Vielzahl verschiedener Sporen: Bei stumpfen Sporen besteht schnell die Gefahr, dass man sich festhängt und dem Pferd schmerzhafte, wenn auch nicht sichtbare Blutergüsse unter der Haut zufügt; eine Gefahr, die bei den gefährlicher aussehenden Rädchensporen kaum passiert, weil ein kleines Rad mit vielen stumpfen Zacken bei Druck einfach abrollt, sofern es „leichtgängig" genug ist. Als „Einsteigerklasse" empfehlen sich „Impulssporen" mit einer rollenden Kugel am Ende, die keine nennenswerten Verletzungen verursachen können.

Selbsttest: Bei starkem Druck können stumpfe Sporen schmerzhafter sein, als sie aussehen; dagegen rollen kleine stumpfe Sporenräder, Scheiben oder Kugeln bei Druck ab.

Aus den Ausführungen über Gewicht, Schenkel, Zügel und unterstützende Hilfen ergibt sich die Grundregel für die gesamte Hilfengebung:

Die Hand deutet an, die Schenkel erklären, der Sitz führt aus.

Dieses Zusammenspiel der treibenden und verhaltenden Hilfen nennt man auch das Pferd „an die Hilfen stellen" oder „zwischen den Hilfen einrahmen". Das Einrahmen kann so zurückhaltend sein, dass die Hilfen dem voll ausgebildeten Pferd ein nahezu selbstständiges Arbeiten erlauben oder jede Bewegungsphase kontrollieren, um Technik und Ausdruckskraft zu verbessern, aber sie sind immer vorhanden. Wie stark oder schwach Hilfen gegeben werden müssen, ist individuell verschieden. Bei gut eingespielten Paaren und sensibel reagierenden Pferden reicht eine bloße Andeutung; etwas dickfelligere oder nicht so gut geschulte Vertreter brauchen dieselbe Hilfe zu Beginn vielleicht deutlicher. Sobald das Pferd korrekt reagiert, wird sie jedoch sofort reduziert, um dem Tier zu signalisieren, dass es sich richtig verhält. Dieser psychologische Effekt wird beim Westernreiten mit einem simplen Satz auf den Punkt gebracht: „Nimm so viel Druck wie du brauchst, und dann nimm ihn wieder weg." Das ist der erste Part, ebenso wichtig ist aber auch der zweite: Denn wenn das Pferd die (bekannte) Hilfe ignoriert, wird der Druck nicht etwa kontinuierlich, sondern impulsartig verstärkt, da jeder Organismus auf einen länger anhaltenden Reiz abstumpft.

- Hilfen setzen möglichst sparsam ein und werden gesteigert, bis der Reiter „durchkommt" und das Pferd reagiert,
- werden passiv und zurückhaltend, wenn es sich wie gewünscht verhält,
- greifen bei Bedarf korrigierend ein, um die Bewegung zu erhalten und
- beenden die jeweilige Lektion.

Erstes Lernziel des Reiters ist es die Hilfenkombinationen der bekannten Grundlektionen klar und eindeutig zu geben, ohne grob zu werden. Denn solange das Tier nicht versteht, was der Reiter will, wird auch die stärkste Hilfe nicht zum Erfolg führen. Da Balanceprobleme oder Sitzfehler eine korrekte Hilfengebung jedoch nahezu unmöglich machen, beginnt der Einstieg in die Fortgeschrittenenstufe erneut mit einer Sitzschulung – diesmal allerdings an der Longe und mit Schwerpunkt auf den Vollsitz in Trab und Galopp.

DAS EINRAHMEN DES PFERDES ZWISCHEN DEN HILFEN

Weil Zügelhilfen naturgemäß nur verhaltend oder begrenzend einwirken können, müssen Sie besonders sensibel eingesetzt werden, um den Bewegungsablauf des Pferdes nicht zu stören.

Böhmische Dörfer

„Alle Widersetzlichkeiten, die ein Pferd unternimmt, rühren weniger von der Furcht vor dem Menschen, als vielmehr von der Ungewißheit dessen, was dieser von ihm verlangt oder auch vom Unvermögen her, das Geforderte zu leisten."

LUIS SEEGER
nach Kurt Albrecht, aus „Reiterwissen"

DER VOLLSITZ IN TRAB UND GALOPP

DAS AUSSITZEN IM TRAB

Unmöglich

„Es ist dem Pferd unmöglich, ein gemeinsames Gleichgewicht mit seinem Reiter zu finden, wenn der Reiter selber keines hat, sich somit nicht zentriert und kontrolliert bewegen kann. Es ist überfordert mit der nervenden Aufgabe, den reiterlichen Hilfen nachzukommen, da es diese immer erst mühsam suchen muss, kommen sie doch mal von hier und mal von dort. Der bewegliche Reiter, der seinen Schwerpunkt koordinieren kann, ist für sein Pferd schon rein physisch gesehen eine Vertrauensperson: Es weiß immer, wohin es seine Aufmerksamkeit zu wenden hat."

**ARIANE POURTAVAF
HERBERT MEYER,**
aus „Die Brücke zwischen Mensch und Pferd"

Im Gegensatz zum Entlastungssitz mit aufgestützten Händen erfordert der Vollsitz in Trab und Galopp vom Reiter eine weitaus höhere Balance, um ruhig und zentriert in der Bewegung des Pferdes zu bleiben – aber genau diese Fähigkeit ist die Grundvoraussetzung für eine präzise Hilfengebung.

Beim Aussitzen wird die dreidimensionale Schwingung des Pferderückens in der Hüfte aufgefangen, indem der Reiter mit dem Becken dieser Bewegung folgt. Damit das Gesäß nicht die Haftung zum Sattel verliert, muss dazu der Beckenkamm über den Gesäßknochen wie ein Pendellager vor- und zurückschwingen, aber das allein reicht nicht aus: Denn da sich jede Beckenschwingung sowohl auf die Lendenwirbelsäule als auch auf die Hüftgelenke überträgt, werden alle benachbarten Bereiche in diese Bewegung eingebunden, während umgekehrt jede Verspannung in Beinen oder Rumpfmuskulatur automatisch auch das Becken blockiert. Die Todsünde schlechthin wider einen losgelassenen Sitz ist zum Beispiel das Klammern mit Knie und Oberschenkeln, ein übertriebenes Aufrichten oder ein Nach-hinten-Lehnen des Oberkörpers.

Das ist die erste Komponente: ein bewegliches Becken und eine unverkrampfte Rumpf-, Gesäß- und Beinmuskulatur. Je freier die Hüfte spielen kann, um so weniger wird das Becken blockiert und um so elastischer ist das geforderte Mitschwingen in der Mittelposition. Die zweite ist die Stabilität des Oberkörpers, damit sich die Beckenbewegung nicht auf Schultern und Arme überträgt, und sie ist fast noch schwerer in den Griff zu kriegen. Denn das betrifft nicht allein eine korrekte Belastung der Sitzbasis und die Aufrichtung des Oberkörpers, sondern auch den individuellen Muskeltonus des Reiters, also seine Grundspannung der Muskulatur, die der Schwungentfaltung des Pferdes entsprechen muss. Wie es um den eigenen Muskeltonus bestellt ist, kann man mit dieser Übung testen: Legen Sie eine flache Hand auf den Rücken und die andere über den Bauchnabel. Und dann spannen Sie die Bauchmuskeln an, als ob Sie einen Schlag in den Magen abwehren müssten. Je höher die Schwungentfaltung des Pferdes ist, um so höher ist auch der erforderliche Muskeltonus beim Aussitzen. Bis man den entwickelt hat, ohne sich im Oberkörper, im Gesäß oder den Beinen zu verspannen oder den Atem anzuhalten, braucht es Übung und Geduld; erzwingen lässt er sich nicht.

Um die Interaktion bei der Beckenrotation zu vermitteln, gibt es verschiedene Möglichkeiten: Kippt man, auf dem Sitzbalken zum Beispiel, den Beckenkamm nach hinten, bewegen sich die Oberschenkel etwas nach vorne und einen Tick aufwärts; richtet man das Becken auf, sinkt das Bein nach unten. Zieht man im Gegentest die Knie hoch, kippt automatisch das Becken nach hinten, während es sich mit Senken der Beine aufrichtet. Weitere Schu-

Der Vollsitz in Trab und Galopp

lungshilfen sind das Reiten ohne Sattel, um neben dem Vor- und Zurückschwingen auch das seitliche Abkippen des Beckens zu fühlen. Dressurausbilder lassen ihre Schüler gern mit durchhängendem Zügel an der Hand piaffieren, um sie tief und ruhig hinzusetzen, während Gangpferdetrainer den Trab vielleicht im Tölt vorbereiten, der ebenfalls ein bewegliches Becken und einen lockeren Oberschenkel verlangt.

Zum Tiefersinken des Beines beim Aussitzen müssen Hüft-, Knie- und Fußgelenk beweglich sein.

▸ Zur Vorbereitung auf die Sitzschulung an der Longe überprüfen Sie im Schritt Ihren Grundsitz: Das weite Öffnen der Beine mit leicht nach innen geneigten Oberschenkeln und das unverkrampfte Ausbalancieren von Oberkörper und Kopf über den Gesäßknochen sind die halbe Miete. Achten Sie auf das leichte Zusammensacken nach dem Aufrichten; der Beckenkamm über den Gesäßknochen darf leicht nach hinten, aber keinesfalls nach vorne zeigen. Im Hohlkreuz haben Sie nicht die geringste Chance, die Trabbewegung abzufedern, es staucht fürchterlich.

Das Ablegen der Hände auf die Oberschenkel kann die Aufrichtung des Oberkörpers verbessern; dabei die Hände leicht auswärts drehen, um seine Streckmuster zu aktivieren; hier eine Demonstration im Jog.

- Belasten Sie Ihren inneren Gesäßknochen etwas stärker (nicht nach innen einknicken) und richten Sie Ihre Schultern parallel zu denen des Pferdes aus, damit Sie auf der Kreislinie der Longe nicht nach außen gesetzt werden. Richtig ist es, wenn der Longenführer durch das Vornehmen der äußeren Schulter eine Andeutung Ihrer Brust sieht.
- Lassen Sie die Arme locker aus den Schultergelenken hängen oder legen Sie die Hände, leicht auswärts gedreht, nahe der Leiste auf den Oberschenkeln ab, um Ihre Streckmuster zu aktivieren (kann auch später hilfreich sein, um sich kurzfristig zu stabilisieren).
- Entspannen Sie den Blick oder schließen Sie die Augen; atmen Sie ruhig und gleichmäßig und konzentrieren Sie Ihr Gefühl auf die Sitzfläche.
- Versuchen Sie beim Antraben nicht die Aufwärtsbewegung vorweg zu nehmen, sondern überlassen Sie das Vor- und Zurückschwingen des Beckens Ihrem Körper; er reagiert instinktiv richtig, wenn die Balance stimmt und die Gelenke nicht blockiert werden.
- Stützen Sie die Füße nur leicht in die Bügel, damit Gesäß und Oberschenkel locker bleiben. Achten Sie darauf, wie jedes Auffußen des Pferdes Ihre Beine nach unten zieht. Diese Bewegung müssen Sie zulassen; je betonter das Pferd schwingt, um so deutlicher ist das rhythmische Durchfedern bis in den Absatz, der dadurch zum tiefsten Punkt des Reiters wird.

Bei Problemen mit der Balance können Sie in den am Sattel befestigten Riemen oder an das Sattelhorn greifen, allerdings weniger, um sich festzuhalten, sondern um sich tiefer in den Sattel zu ziehen. Wenn die Knie hochzurutschen drohen: Gesäß- und Beinmuskulatur lockern, eventuell die Fersen leicht ausstellen. Stellen Sie sich vor, Sie wollten niederknien, dadurch gleiten die Knie automatisch in ihre tiefe Lage zurück, ohne dass das Bein durchgestreckt und das Fußgelenk steif wird. Und wenn Sie Schwierigkeiten mit dem Mitnehmen der äußeren Schulter haben, hilft es, sich mit der äußeren Hand am vorderen und der inneren Hand am hinteren Sattelrand festzuhalten.

Wichtig für Ihre koordinativen Fähigkeiten: Nicht die Absätze runterdrücken oder die Schultern hochziehen; damit blockieren Sie unweigerlich das Becken, so dass es nicht mehr schwingen kann. Nicht nach unten schauen, sonst wird die Mittelposition „zu lose". Diesen Fehler übersieht man zu Beginn oft, weil er nicht selten mit dem Hochgefühl einhergeht, dass man das mit dem Aussitzen endlich kapiert habe. Eine trügerische Hoffnung, wie die Videokontrolle beweist, denn durch das Ausweichen in der Wirbelsäule wird die Auf- und Abwärtsbewegung lediglich auf den Oberkörper umgeleitet. Das Ergebnis ist der Wackel-Dackel, eine taktmäßige Nickbewegung des Kopfes, die wie unruhige Schultern eine festgehaltene Hüfte entlarvt. Und nicht zu lange! Beim Aussitzen ist in erster Linie Einfühlungsvermögen gefragt und nicht Ausdauer.

Nicht verkrampfen

„Da die Trabbewegung am schwersten auszusitzen ist, wird entweder ein Schulpferd mit weichen Bewegungen ausgesucht oder aber das verkürzte Tempo so lange bevorzugt, bis der junge Reiter nicht mehr mit Sitzschwierigkeiten zu kämpfen hat. Das Verstärken des Tempos kommt dann mit den Fortschritten in der Beherrschung des Sitzes. Aber noch einen anderen Umstand darf ein guter Lehrer nie übersehen: Man kann nicht alle Fehler des Schülers auf einmal beheben. Dieser Versuch würde ihn nur konfus machen und außerdem eine physische und psychische Verkrampfung heraufbeschwören. Gerade aber das Reiten verlangt, soll es sich zur Kunst entwickeln, vollkommene Gelöstheit beider Partner."

Auszug nach **ALOIS PODHAJSKY**, aus „Die klassische Reitkunst"

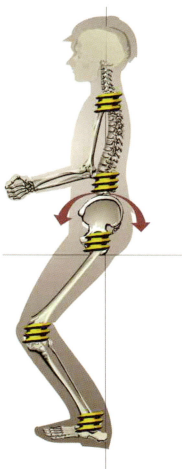

Die Bewegungen des Beckens beim Aussitzen werden durch ein ständiges, eher unbewusstes An- und Abspannen der Rumpfmuskulatur bewirkt, um das schnelle Anheben und Absenken des Pferderückens auszugleichen. Dazu müssen alle Gelenke beweglich bleiben; wird nur einer der eingezeichneten Bereiche festgestellt, wird der Sitz steif und unruhig.

Aha-Erlebnis mit Langzeitwirkung: Das Aussitzen im Jog mit vor den Sattel gelegten Beinen kann nur durch die Rotation des Beckens kompensiert werden.

Verzichten Sie darauf sich oder anderen etwas zu beweisen, auf das es gar nicht ankommt. Denn das Lernziel ist nicht allein das Sitzenbleiben, sondern ein so geschmeidiges Anpassen in den Trabrhythmus, dass sich das Pferd unter Ihrem Hintern wohlfühlt, entspannt und „den Rücken hergibt", damit Sie tatsächlich zum Sitzen kommen. Auf einem Pferd mit festgehaltenem Rücken kann der beste Reiter der Welt weder locker noch wirklich schön sitzen.

Mit diesem Rücken-Hergeben ist es jedoch wie mit dem berühmten Esel: Man kann ihn zum Wasser führen, aber nicht zum Trinken zwingen; das muss man hervorlocken. Wenige gut gesessene Tritte nach dem Antraben sind zehnmal mehr wert als zähes Durchhalten, bei dem sich nicht nur der losgelassene Sitz, sondern auch das Vertrauen des Pferdes zum Reiter verabschiedet. Der Lerneffekt ist gleich Null.

Sobald das Aussitzen unbequem und holperig wird, der Reiter nach außen rutscht, mit den Beinen zu klemmen beginnt oder das Pferd Anzeichen von Unbehagen erkennen lässt, hilft nur Abbrechen, Übergehen zum Leichttraben oder Durchparieren zum Schritt und ein erneuter Anlauf. Auch zum Aussitzen gehören eine Reihe von Balanceübungen – wie das Reiten mit abwechselnd nach oben gereckten Armen oder auf den Rücken gelegten Händen– und besonders das Reiten ohne Bügel, um das tiefe, entspannte Bein und das Durchfedern in den Absatz zu automatisieren.

Der Vollsitz in Trab und Galopp

WAS TUN, WENN'S NICHT KLAPPT?
Speziell zum Aussitzen im Trab hat jeder Ausbilder eigene Ratschläge parat; welcher Ihnen persönlich hilft, müssen Sie selbst herausfinden

- Empfehlen die einen das Anheben des Beckenrings auf der Seite, die durch das Auffußen des gleichseitigen Hinterbeines angehoben wird, schwören andere auf das Absenken beim Vortreten des Hinterbeines, um dem Stoß auszuweichen (Siehe auch Balance & Gefühl im Schritt, S. 144 f.).

- Fast Suggestivwirkung haben die Fühlbilder von Sally Swift: Allein die Vorstellung, man sei ein Baum, dessen Wurzeln in den Boden wachsen oder man hätte Eiscreme im Körper, die langsam schmelzend durch die Beine zu Boden tropft, bewirkt ein Schwererwerden und Tiefersitzen im Sattel.

- Beherrscht das Lehrpferd neben Trab auch Jog, sollte die folgende Führübung versucht werden: Dazu legt der Reiter beide Beine vor die Sattelpauschen; geführt vom Reitlehrer und eventuell gestützt von einem Assistenten, kompensiert er diesen extremen Stuhlsitz instinktiv durch die verlangte Rotation des Beckens. Das hört sich schwieriger an als es ist, denn da der Jog im Bewegungsablauf zwischen Schritt und Trab liegt, wird kaum ein Reiter überfordert.

Erfahrungsgemäß werden Sie nach solchen Reprisen Ihre Bügel freiwillig etwas länger schnallen. Aber Achtung, auch hier gilt, nicht übertreiben: Der Grat von einem losgelassenen, ausbalanciertem Sitz zum Spaltsitz beträgt manchmal nur zwei Loch Bügellänge.

DAS AUSSITZEN IM GALOPP

Tipp

Der Absatz kann bloß so weit durchfedern, wie es die Dehnbarkeit der Wadenmuskulatur erlaubt, und besonders die Achillessehne an der Ferse ist nur bedingt trainierbar. Wenn Sie kurze oder verkürzte Achillessehnen haben – als Folge permanenten Sitzens im Beruf, bei Frauen noch verstärkt durch hochhackige Schuhe – werden Sie möglicherweise nie einen tiefen Absatz haben, was allerdings kein Grund ist, die Beinmuskulatur zu vernachlässigen. Eine gute Übung ist der „Sonnenanbeter", der gleichzeitig auch die Rückenmuskulatur dehnt: Dazu bringt man den Rumpf in Schrittstellung über das gebeugte Knie, winkelt die Arme mit nach vorn weisenden Handflächen an und dreht Rumpf und Arme so weit es geht, langsam nach links und rechts. Nützlich ist auch das Treppensteigen, wenn man nur den Fußballen auf die Stufen aufsetzt und bei jedem Schritt die Ferse nach unten drückt (nicht federn).

Die Sitzschulung im Galopp entspricht in etwa dem Aussitzen im Trab, nur mit einem anderen Bewegungsrhythmus und mit erhöhten Anforderungen. Auch hier wird das Aussitzen vorzugsweise an der Longe trainiert, und auch hier sollte das Bewegungsfühlen auf dem ungesattelten Pferd erfolgen. Denn auf dem blanken Pferderücken sind die einzelnen Galoppphasen so ausgeprägt, dass man sie gut in ihre Bestandteile zerlegen kann. Die Reiter verstehen vor allen Dingen leichter, was das ominöse „Sattelauswischen mit dem Gesäß" bedeutet, das Generationen von Reitschülern dazu verführte im Sattel herumzurutschen wie ein Klecks Butter auf einer heißen Pellkartoffel.

Dabei ist es lediglich eine Umschreibung für das Mitschwingen in der Mittelpositur, das sich im Galopp anfühlt, als ob man nicht nur ein Pendel-, sondern gleich ein ganzes Kugellager im Becken hätte, das bei jedem Galoppsprung im Sattel abrollt, ohne von der Stelle zu kommen. Erst diese Rollbewegung des Beckens erlaubt es dem Reiter mit seinen Gesäßknochen am Sattel haftend der Bewegung zu folgen. Ein oft zitierter und bewährter Rat lautet: Stellen Sie sich vor, Sie hätten Saugnäpfe an den Gesäßknochen, die vom Pferd im Galopprhythmus bewegt würden, ohne die Bewegung aktiv auszuführen. Besser kann man es nicht erklären, aber das funktioniert erst, wenn die Oberkörperbalance stimmt und sich der Reiter traut, Gesäß- und Beinmuskulatur zu entspannen.

▶ Zur Vorbereitung auf die Sitzschulung an der Longe überprüfen Sie Ihren Grundsitz im Schritt. Legen Sie danach den äußeren Schenkel aus dem Hüftgelenk heraus zurück, aber nicht weiter, wie es die Rumpfwölbung des Pferdes erlaubt, ohne den Absatz hochzuziehen. Das sind oben nur wenige Zentimeter; erst durch die Streckung im Bein liegt der Unterschenkel unten ein bis zwei Handbreit hinter dem Gurt, ähnlich wie beim Abwenden.

▶ Achten Sie darauf, wie sich dadurch Ihre innere Hüfte vorwärts-abwärts schiebt und der Druck auf den inneren Gesäßknochen zunimmt, ohne dass der äußere Gesäßknochen den Kontakt verliert.

▶ Versuchen Sie beim Angaloppieren nicht die Aufwärtsbewegung vorweg zu nehmen, sondern überlassen Sie die Bewegung des Beckens Ihrem Körper.

▶ Achten Sie darauf, wie sich Ihre Hüftgelenke in der Auf- und Abwärtsbewegung automatisch öffnen und schließen und sich das Becken in einer leicht kreisenden Bewegung auch dem seitlichen Heben und Senken des Pferderückens anpasst; diese Bewegung müssen Sie zulassen.

▶ Nehmen Sie die äußere Schulter in die Bewegung mit.

▶ Versuchen Sie Oberkörper und Kopf senkrecht über den Gesäßknochen auszubalancieren, damit wirklich nur das Becken bewegt wird.

Übertreiben Sie das Mitschwingen in der Mittelpositur nicht, sonst finden Sie nie zu einem ruhigen, geschlossenen Sitz Und auch im Galopp gilt: Nicht zu lange, in kurzen Intervallen trainieren. Es braucht Zeit, bis der Muskeltonus kräftig genug ist, um mehrere Runden durchzugaloppieren, ohne wie

Der Vollsitz in Trab und Galopp

eine Dampflok zu schnaufen; eine Überforderung, die sich an den hochroten Köpfen der Schüler unschwer ablesen lässt. Aber ein losgelassenes Sitzen ist nur möglich, solange man gleichmäßig ein- und ausatmet, sonst verspannt sich die Muskulatur und die ganze Übung ist für die Katz.

Mit zunehmender Sicherheit und Lockerheit wird immer mehr Wert auf die Übergänge gelegt, also Schritt-Trab-Schritt, Trab-Galopp-Trab, Schritt-Galopp-Trab und so weiter, bis der Reiter wie ein stufenloses Automatikgetriebe von einem Gang in den anderen schaltet. Im Rhythmus der Bewegung, den Oberkörper senkrecht zum Pferderücken ausbalanciert, ohne die Beweglichkeit seiner Hüfte oder den Bewegungsablauf des Pferdes zu blockieren. Bei diesen Übergängen, besonders in eine niedrigere Gangart, ist es wichtig, dass Sie sich gut stabilisieren, um nicht vornüber zu fallen. Das funktioniert ähnlich wie die Anhalteübung zum Schritt: Zur Vorbereitung atmen Sie tief ein und senken im Ausatmen die Schulterblätter rückwärts-abwärts, aber gleichzeitig wird jetzt auch der Beckenkamm etwas nach hinten gekippt. Dabei sollte der Oberkörper senkrecht bleiben, und, ganz wichtig: Nicht mit den Beinen klammern, der Oberschenkel muss ausweichen, um die Bewegung im Becken auffangen zu können. Allmählich werden die Sitzphasen länger, und allmählich bleiben Sie auch beim Schneller- und Langsamerwerden im Gleichgewicht, weil Ihr Körper schneller reagiert. Wenn der Reiter so zum Teil der Pferdebewegung geworden ist, dass das Becken in jeder Bewegungsphase einen engen, ruhigen Kontakt zum Pferderücken hält und die entspannte Gesäß- und Oberschenkelmuskulatur den Sattel ausfüllt, hat er einen „geschlossenen Sitz" oder „sitzt im Pferd", wie es im Fachjargon heißt. Und erst dann lohnt sich im Prinzip eine intimere Auseinandersetzung mit dem „Kreuzanspannen", ein in der Tradition der klassischen Reitkunst geprägter Begriff, obwohl er sportphysiologisch gesehen falsch ist.

Zum Vertiefen
Mehr zum Vollsitz finden Sie auf den Seiten 230 bis 233; mehr zu Trab und Galopp auf den Seiten 96 und 204 ff.

WAS TUN MIT DEM KREUZ?

„KREUZ- ANSPANNEN" ODER DIE „ROTATION DES BECKENS"

Falsch ist der Begriff „Kreuzanspannen", weil der Mensch keine Kreuzmuskulatur hat; was landläufig darunter verstanden wird, ist die untere Rückenmuskulatur. Es gibt lediglich ein Kreuzbein, das ist der mit dem Beckenring verwachsene untere Teil der Wirbelsäule. Das Kreuzbein kann daher nicht isoliert, sondern nur mit dem gesamten Becken bewegt werden. Die beim Aussitzen geforderte Pendelbewegung des Beckens im Bewegungsfluss des Pferdes wird normalerweise durch ein mehr oder weniger automatisch ablaufendes, wechselseitiges Anspannen der unteren Bauch- und Rückenmuskulatur bewirkt. Verstärkt man beim Zurückschwingen des Beckens den Druck auf die vorwärtsweisenden Gesäßknochen, ist dieser Impuls für das Pferd eine Aufforderung, die Hinterbeine weiter unter seinen Schwerpunkt zu setzen, um sich unter dem Gewicht des Reiters besser auszubalancieren.

Dazu stabilisiert der Reiter seinen Oberkörper beim Abkippen des Beckenkamms wie bei den Übergängen und spannt gleichzeitig die Bauchmuskulatur an. In der Reitliteratur wird das meist als „vermehrtes Aufrichten" beschrieben, aber damit ist kein Größerwerden gemeint, bei dem sich der Reiter nur versteifen würde, sondern die Aktivierung der Streckmuster im Rumpf. Wichtig ist jedoch auch etwas anderes: Wenn beim „Kreuzanspannen" die Bauchmuskulatur angespannt und demzufolge verkürzt wird, muss sich zwangsläufig die untere Rückenmuskulatur als „Gegenspieler" dehnen und in die Verlängerung arbeiten. Demzufolge funktioniert das Kreuzanspannen genau umgekehrt, wie man es vermuten möchte.

Die Wirkung auf das Pferd wird meist anhand einer Kippübung demonstriert: Aufgabe ist es, einen Hocker nur durch Einsatz seines Beckens nach vorne zu kippen und dabei den Oberkörper senkrecht zu lassen. Wenn das klappt, kann man auch versuchen den Hocker durch ein einseitiges Vorschieben der Hüfte links oder rechts abkippen zu lassen, aber ebenfalls mit geradem Rücken und ohne seitlich einzuknicken. Geeigneter als Hocker sind übrigens Barhocker oder moderne Stehschwinger, weil man sich dabei nicht mit den Füßen auf dem Boden abstützen kann, denn genau das darf man später auf dem Pferd nicht. Sitzbälle eignen sich für das Training des Kreuzanspannens ebenfalls, während ein anderer Tipp, sich das Kreuzanspannen wie das Vorwärtsschwingen auf einer Schaukel vorzustellen, eher mit Vorsicht zu genießen ist, weil man sich dabei normalerweise zurücklehnt.

Diese Trockenübungen funktionieren auf dem Boden ganz gut, auf dem Pferd jedoch leider weniger, weil das „Kreuzanspannen" oder die „Rotation des Beckens", wie es auch genannt wird, eng mit dem Aussitzen verknüpft ist. Solange sich der Reiter im Vollsitz nicht mit ruhigem Oberkörper und entspannter Gesäß- und Oberschenkelmuskulatur ausbalancieren kann, wird

Kein Dauerzustand

„Auf keinen Fall darf der Reiter das „Kreuzanspannen" als dauernde Hilfe einsetzen. Durch dieses falsch verstandene Anspannen der Rumpfmuskulatur wird das Pferd abgestumpft und eher in der Vorwärtsbewegung blockiert als zum weiteren Vortreten veranlaßt. Der Reiter würde dadurch außerdem nicht mehr in der Mittelpositur mitschwingen können, was einen steifen und unelastischen Sitz zur Folge hätte. Diese Hilfe ist richtig angewandt, wenn sie kaum sichtbar durchgeführt wird."

aus „Die deutsche Reitlehre"

er es – zumindest in Trab und Galopp – nicht umsetzen können. Und sobald er das Aussitzen beherrscht, braucht man ihm das „Kreuzanspannen" nicht mehr beizubringen, sondern nur noch zu erklären, wie er diesen Gewichtsimpuls treibend oder verhaltend einsetzen kann:

Kipp den Stuhl: Mit leicht vorgeschobenem Gesäß einen Hocker nur durch das Anspannen der Bauch- und unteren Rückenmuskulatur zum Kippen zu bringen, ist eine der Vorübungen zum „Kreuzanspannen". Das funktioniert, indem der obere Beckenkamm wie beim Aussitzen nach hinten abgekippt wird.

- Als vorwärts treibende Gewichtshilfe wird der Druck, je nach Gangart, beid- oder einseitig kurz verstärkt und sofort wieder abgeschwächt. Unterstützt durch einen Schenkeldruck und dem Nachgeben der Zügel ist es für das Pferd das Signal: Aha, ich soll vorwärts.
- Wird der Druck im Rhythmus der Gangart verstärkt – also intermittierend von Tritt zu Tritt oder von Sprung zu Sprung wiederholt – und gleichzeitig der Zügel nachgegeben, um eine raumgreifendere Bewegung zu ermöglichen, stößt sich das Pferd mit den Hinterbeinen energischer ab und greift mit den Beinen weiter aus, weil es versucht, sich dem Rhythmus des Reiters anzupassen. Es „verlängert" die Tritte, wie die Reiter sagen.
- Wird der Druckimpuls intermittierend im Rhythmus der Gangart wiederholt, ohne den Zügel zu verlängern, wird der Schwung nach oben umgelenkt. Das Pferd tritt weiter unter, richtet sich im Hals mehr auf, die Bewegungen werden runder und erhabener. Man sagt auch, die Tritte oder der Galoppsprung werden „verkürzt".

Auf dem Weg zur Harmonie

Tipp

Um das „Kreuzanspannen" zu automatisieren, legen Sie beide Hände auf die Hüftknochen und kippen den oberen Beckenkamm nach vorne bis zum Hohlkreuz ab, um das Versteifen im Wirbelsäulenbereich zu spüren; lassen Sie dann das Becken wieder in 0-Stellung sinken, bis es annähernd gerade steht. Kippen Sie jetzt den oberen Beckenkamm nach hinten; achten Sie darauf, dass die Gesäß-Muskulatur weich bleibt und die Bewegungsfreiheit des Oberschenkels nicht blockiert wird; angespannt wird lediglich die untere Bauchmuskulatur, damit das Becken beweglich bleibt. Kombinieren Sie das „Kreuzanspannen" wechselweise mit einem Nachgeben der Zügel aus Schulter und Ellenbogen, wie beim Anreiten und dem Zügel-zwischen-die-Schulterblätter-Nehmen beim Anhalten (vergessen Sie dabei das Ausatmen nicht). Bauen Sie die Übung in Ihr Aufwärmprogramm ein; das erleichtert die Feinabstimmung der treibenden und verhaltenden Hilfen.

▶ Baut der Reiter den Druck dagegen langsam und stetig auf, ohne in den Rhythmus der Gangart einzugehen, hemmt er die Vorwärtstendenz. In Kombination mit einem begrenzenden Zügelimpuls ist das für das Pferd ein Signal zum Durchparieren – aber diesmal mit schön untergesetzter Hinterhand.

Bis auf die verhaltende Funktion beim Durchparieren wird das Kreuzanspannen also auch bei hintereinander folgenden Schritten, Tritten oder Sprüngen immer nur als kurzer Druckimpuls eingesetzt, weil der Reiter sonst nicht nur sein eigenes Becken, sondern auch die Rückentätigkeit des Pferdes blockieren würde. Außerdem stumpft ein ständiges Anspannen der Rumpfmuskulatur das Pferd auf feine Gewichtshilfen ab.

Wichtig für Ihre koordinativen Fähigkeiten: Die Gesäßknochen gehören beim „Kreuzanspannen" nach vorne und der Beckenkamm nach hinten, im Hohlkreuz funktioniert es nicht; ebenso wenig, wenn man mit den Knien klemmt oder den Po zusammenkneift. Außerdem dürfen Sie nicht mit runden Schultern im Oberkörper zusammensacken, sonst fehlt die notwendige Grundspannung für den Druckimpuls. Nicht die Schultern hochziehen, nicht mit dem Oberkörper zurücklehnen oder die Füße in die Steigbügel stemmen, sonst blockiert man seine Hüfte und wird steif; als Ergebnis würde ein sensibles oder rückenempfindliches Pferd den Rücken durchdrücken und könnte in dieser Haltung erst recht nicht untertreten. Das Gewicht wirkt senkrecht nach unten nur durch die Richtung des Drucks; der Oberkörper bleibt aufgerichtet und die entspannte Gesäß- und Beinmuskulatur lässt dem Pferderücken Platz zum Aufwölben. Bis man das alles auf einen Nenner bringt, braucht es einige Zeit. Deshalb ein guter Rat: Üben Sie das „Kreuz-

Was tun mit dem Kreuz?

Beim Reiter nix zu sehen: Runde und harmonische Bewegungen des Pferdes in den Übergängen, beim Verstärken oder Verlangsamen innerhalb einer Gangart sind das einzige Merkmal richtig eingesetzter „Kreuzhilfen".

anspannen", aber übertreiben Sie es nicht. Achten Sie lieber auf die Reaktionen des Pferdes:

- Reagiert das Pferd prompt und bleibt der Bewegungsablauf locker und flüssig, machen Sie es richtig.
- Wehrt sich das Pferd, schlägt mit dem Kopf, drückt den Rücken nach unten durch oder wird der Bewegungsablauf steif, halten Sie den Druck zu lange aufrecht oder verspannen sich.

KREUZANSPANNEN: MISSVERSTÄNDNIS MIT FOLGEN

Leider verführt der unglückliche Begriff „Kreuzanspannen" viele Reiter zum fälschlichen Anspannen der Gesäßmuskulatur. Dabei wird jedoch die Sitzbasis verengt, die Hüfte festgestellt und die Gesäßknochen verlieren den Kontakt, während gleichzeitig die Beine nach außen rollen, so dass die Innenseiten von Oberschenkel und Knie ebenfalls den Kontakt zum Pferdeleib verlieren. Viel instabiler kann man gar nicht mehr sitzen! Einen gezielten Druckimpuls in dieser Haltung auszuüben, ist erst recht unmöglich.

Um solche Fehlinterpretationen zu vermeiden, wurde das „Kreuzanspannen" in älteren Reitlehren deshalb schamhaft als „Ehestandsbewegung" umschrieben. Ursula Bruns, mit einem lockeren Mundwerk gesegnet, nannte es dagegen „Mekka vor" und brachte damit ihren (erwachsenen) Schülern etwas frecher, aber genauso zutreffend bei, wie die Bewegung auszusehen habe.

Leider ist der Begriff „Kreuzanspannen" so stark in der klassischen Reiterei verankert, dass er alle Bemühungen ihn zu eliminieren ebenso überlebte wie verwandte Wortschöpfungen, bspw. „Kreuzanziehen" oder das „Reiten mit mäßig angespanntem Kreuz". Letzteres ist in etwa identisch mit dem Rat vieler Westerntrainer, sich beim Aussitzen mehr auf die Gesäßtaschen der Jeans zu setzen, um eine bessere Haftung der Gesäßknochen am Sattel zu erzielen. Der einzige Unterschied liegt in der Grundspannung der Muskulatur, die auf Pferden mit flachen, weichen Gängen niedriger ist als auf Pferden mit sehr hoch schwingenden Bewegungen und ein weiteres Abkippen des Beckens erlaubt.

Auf dem Weg zur Harmonie

- Passiert überhaupt nichts, weichen Sie wahrscheinlich im Oberkörper nach hinten aus, während das Gesäß im Sattel nach vorne rutscht. Das sieht für Zuschauer zwar sehr aufwendig aus, so als ob der Reiter das Pferd mit dem Oberkörper anschieben wollte, hat aber keine Wirkung.

Das richtig umgesetzte „Kreuzanspannen" erkennt man praktisch nur an der Bewegung des Pferdes. Geschmeidig und dynamisch in der Vorwärtsbewegung, harmonisch beim Durchparieren in eine tiefere Gangart, ohne holperiges Auslaufen. Aber das klappt, wie bereits gesagt, in der Bewegung erst, wenn der Reiter seine Körperspannung im Vollsitz willkürlich beeinflussen kann, ohne aus dem Takt zu geraten. Männern fällt das Anspannen der Rumpfmuskulatur übrigens meist leichter als Frauen, weil sie – im untrainierten Zustand – von Natur aus einen höheren Muskeltonus haben; Frauen haben dafür weniger Schwierigkeiten mit dem Entspannen, es gleicht sich also wieder aus. Grundsätzlich gilt jedoch: Um das „Kreuzanspannen" zu trainieren, muss am Aussitzen gearbeitet werden; isoliert lässt es sich nur schwer üben. Dieses gezielte Auf- und Abbauen der Körperspannung im Rhythmus der Bewegung ist übrigens auch der Schlüssel für die Feinabstimmung der treibenden und verhaltenden Hilfen.

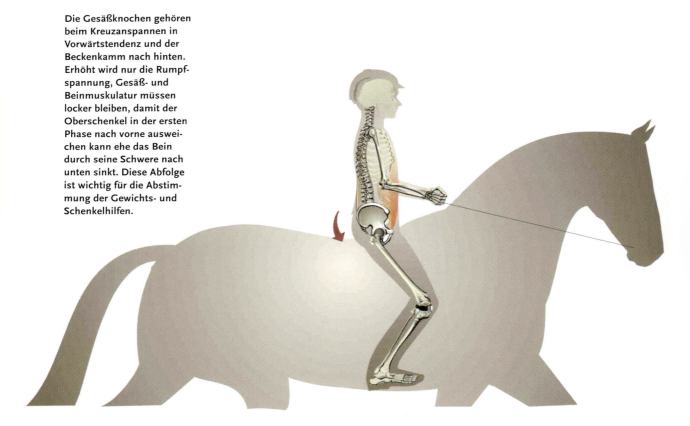

Die Gesäßknochen gehören beim Kreuzanspannen in Vorwärtstendenz und der Beckenkamm nach hinten. Erhöht wird nur die Rumpfspannung, Gesäß- und Beinmuskulatur müssen locker bleiben, damit der Oberschenkel in der ersten Phase nach vorne ausweichen kann ehe das Bein durch seine Schwere nach unten sinkt. Diese Abfolge ist wichtig für die Abstimmung der Gewichts- und Schenkelhilfen.

SPEED CONTROL

Damit Hilfen vom Pferd verstanden und richtig umgesetzt werden können, müssen sie zeitlich exakt aufeinander abgestimmt sein. Dass letzteres weder einfach noch selbstverständlich ist, zeigt der Einsatz von Kreuz- und Schenkelhilfen, deren Abstimmung meist erst einleuchtet, sobald man realisiert hat, dass es sich um zwei getrennte Bewegungsabläufe handelt:

- Das Abkippen des Beckens beim Kreuzanspannen und
- Das Absinken des Beines beim Schenkeldruck.

Die Phasen liegen zwar nur Sekundenbruchteile auseinander, aber wenn man die nicht abwartet, funktioniert beides nicht. Es ist anatomisch nicht möglich Beckenimpuls und Schenkelhilfe gleichzeitig zu geben, weil der Oberschenkel beim Beckenabkippen erst nach vorne ausweicht, ehe das Bein nach unten sinkt. Und erst wenn der Absatz auf dem tiefsten Punkt ist und das Bein mit genügend Grundspannung in optimaler Länge den Pferderumpf umschließt, ist das der Zeitpunkt, an dem die Schenkelhilfe einsetzen sollte. Dann fließt sie auch, wie gefordert, von oben nach unten und ergänzt die Gewichtshilfe als Impuls an die Hinterbeine: „Vorwärts mit euch, unter den Bauch!". Mit Zurückschwingen des Beckens entspannt sich die Beinmuskulatur, statt dessen setzt die Gewichtshilfe ein und das Spiel beginnt von vorn...

Würde man dagegen Beckenimpuls und Schenkelhilfen gleichzeitig geben, ist erstens das Bein noch nicht an seinem tiefsten Punkt und hat nicht genügend Grundspannung, und zweitens würgt man seine Gewichtshilfe ab, weil sie gar nicht mehr ans Pferd kommt. Ob zuerst Gewicht und dann der Schenkel einsetzt oder umgekehrt, darüber kann man sich streiten, meist erfolgt das situationsabhängig - aber wichtig ist zu wissen, dass beides gleichzeitig nicht funktioniert, weil der Reiter sonst „klemmt" und steif wird.

DIE ABSTIMMUNG DER TREIBENDEN UND VERHALTENDEN HILFEN

Gefühl & Geduld

„Der Erfolg der Hilfen ist abhängig von ihrem richtigen Zusammenwirken. Jedoch nicht Kraft, sondern Geschicklichkeit führt zum Erfolg, also das Mindestmaß an Anstrengung des Reiters zum Höchstmaß an Leistung beim Pferde. Hierzu gehört auch wohl das Schwierigste in der Reiterei, sich in jeder Lage richtig tragen zu lassen und warten zu können. Hierbei ist zu betonen: Die treibenden Hilfen müssen stets einen Augenblick zeitiger einsetzen als die verhaltenden und länger anhalten, mit Ausnahmen bei Paraden."

SIEGFRIED V. HAUGK
aus „Das Reiter-ABC"

Von hinten nach vorne: Die Abfolge von treibenden und verhaltenden Hilfen nennt man auch „von hinten nach vorne" reiten, um den Rücken des Pferdes nicht zu blockieren. Richtig ist es, wenn die gerade vorschwingenden Hinter- und Vorderbeine in etwa im gleichen Winkel zueinander vorgreifen.

So sieht ein ausbalanciertes Pferd mit einem fein einwirkenden Reiter aus.

Hier ist Technik gefragt, nicht Kraft; nebenbei der Grund, warum sich erfolgreich reitende Frauen gegen körperlich stärkere Männer behaupten können. Die Effizienz von Gewicht- und Schenkelhilfen hängt also weniger vom Druck ab, sondern davon, dass sie jeweils mit genügend Grundspannung in Rumpf- oder Beinmuskulatur im richtigen Moment einsetzen. Wenn man das verstanden hat, ist es auch leichter nachzuvollziehen, warum eine verhaltende Zügelhilfe ebenfalls zeitverzögert einwirkt:

In der Bewegung kann sich das Pferd unter dem Reiter nur ausbalancieren, indem es mit den Hinterbeinen unter seinen und den Schwerpunkt des Reiters tritt. Ohne Schaden für seine Wirbelsäule kann es jedoch nur untertreten, wenn es die Oberlinie streckt, also die Kruppe rückwärts-abwärts und den Hals vorwärts-abwärts dehnt, und dazu braucht es die der Lektion entsprechende Halsfreiheit. Demzufolge darf ein auffangender Zügelimpuls nicht vor den treibenden Hilfen einwirken, weil er sonst die Dehnung des Halses verhindert.

Vorstellen kann man sich diese Feinabstimmung wie einen Kreislauf oder ein Jojo, das sich durch seinen eigenen Schwung immer wieder aufrollt und durch winzige Impulse in Bewegung gehalten wird. Der treibende Impuls von Gewicht und Schenkel aktiviert die Hinterhand, den „Motor" des Pferdes. Dieser Vorwärtsimpuls fließt durch die Streckung des Pferdekörpers von der Hinterhand über Rücken und Hals nach vorne und landet im Pferdemaul, respektive der Hand des Reiters. Ist der damit verbundene Raumgewinn vom Reiter gewünscht – zum Beispiel beim Anreiten, beim Verlängern der Tritte oder beim Wechsel in eine höhere Gangart – begleitet die Hand diese Vorwärtsbewegung passiv. Will der Reiter jedoch das Tempo regulieren, fängt er den durch die treibenden Hilfen initiierten Schwung durch ein kurzes Schließen der Hand ab. Die Wirkung ist ähnlich, wie wenn man in ein zähes Gummiband springt; man federt zurück, ob man will oder nicht. Und je mehr Schwung vorhanden ist, desto stärker prallt man ab.

Anders gesagt: Nicht der Reiter bremst das Pferd, weil selbst der stärkste Mann an Körperkraft dem Pferd unterlegen ist, sondern das Pferd bremst sich durch sein eigenes Gewicht aus, wenn es im richtigen Moment mit genügend Schwung auf den verhaltenden Zügel trifft. Ganz ohne Schwung klappt das jedoch nicht, und den leiten die treibenden Hilfen ein. Es ist also erneut eine Frage des Timings. Und eine Frage der Geduld: abwarten können, bis die Reaktion eintritt, um dann erst einzuwirken. Fast immer werden zu Beginn die Hilfen zu schnell aufeinanderfolgend und zu hektisch gegeben, überfallen das Pferd und lassen ihm keine Reaktionszeit – und dann wundert man sich, wenn sie nicht greifen. „Lentemant", langsam, gehört zu den Lieblingsaussagen aller bedeutenden Reitmeister, aber warum das so ist, muss man zuerst verstanden haben. Dieser im richtigen Moment hingehaltene Zügel, das sind die halben und ganzen Paraden.

PARADEMEISTER

„Mache dich zum Herrn über die Hinterbeine, und du bist Herr über das ganze Pferd! Der Weg zu ihnen aber führt über das Genick." Luis Seeger, von dem der Satz stammt, starb 1865, seine Aussage hat ihn überlebt. Gemeint ist damit dieses feine Wechselspiel zwischen treibenden und verhaltenden Hilfen: Gewichtsimpuls und Schenkel schicken das Pferd nach vorn, die sich weich schließende Hand fängt den Schwung ab. Ein ausbalanciertes und gut ausgebildetes Pferd respektiert diese Sperre, indem es die Hinterbeine weiter untersetzt, um sich abzubremsen; das ist das „Abstoßen des Pferdes am Gebiß". Es ist daran zu erkennen, dass das Hinterteil des Pferdes durch die stärkere Winkelung der Gelenke leicht nach unten wippt:

- Wird die Hand bereits in der Abbremsbewegung weich und gibt den Weg nach vorne frei, und schicken Sitz und Schenkel des Reiters das Pferd erneut nach vorne, wirkt das Gewicht des Tieres auf die gebeugten Gelenke wie das Zusammenpressen einer Feder, so dass der nächste Tritt schwungvoller ausfällt.
- Wirken Gewicht und Schenkel etwas gemäßigter, und wird die Hand einen Hauch später weich, damit sich das Pferd leicht zurücknimmt, ehe erneut treibende Hilfen einsetzen, ist das der Übergang in eine neue Lektion.
- Wirken Sitz und Schenkel dagegen verhaltend und überdauert die geschlossene Hand die Abbremsbewegung, bleibt also stehen (oder „stet", wie es in älteren Reitlehren genannt wird), bremst das Pferd endgültig ab. Die Kruppe sinkt noch etwas tiefer und das Pferd pariert zum Halten durch.

Der ganze Unterschied zwischen halben und ganzen Paraden besteht also darin, wie schnell die Hand weich wird und ob der Reiter mit Gesäß und Schenkel vorwärts gerichtete oder verhaltende Impulse gibt. Eine halbe Parade führt immer nur zu einer Konzentrierung der Kraft für die nächste Anforderung, während die ganze Parade zum Anhalten führt. Beides wird immer mit treibenden Gewichts- und Schenkelhilfen eingeleitet und die Hand fängt immer nur so viel Schwung ab, wie ihn das Pferd in die Hand legt, um es nicht aus dem Gleichgewicht zu bringen. Man nennt es auch, das Pferd „zwischen den Hilfen einschließen".

HALBE PARADEN werden je nach Lektion ein- oder beidseitig so oft wie nötig gegeben, um das Tempo innerhalb einer Gangart „einzufangen" oder um das Pferd auf neue Aufgaben vorzubereiten, wie das Abwenden, ein Verlängern der Tritte, aber auch auf das Durchparieren in eine niedrigere Gangart.

GANZE PARADEN führen grundsätzlich zum Halt. Und da auch das Anhalten eine Lektion für sich ist, wird sie mit einer oder mehreren halben Paraden vorbereitet. Je besser die Vorbereitung ist, um so flüssiger wird das Anhalten. Die ganze Parade setzt erst ein, wenn sich das Pferd etwas zurückgenommen

HALBE UND GANZE PARADEN

Jede Parade wird eingeleitet durch den Sitz

„Die Parade ist eine ganze, wenn die verhaltende Zügelhilfe die vortreibende Wirkung des Sitzes überdauert – also, wenn das Pferd zum Halten kommt – und eine halbe, umgekehrt, wenn der vortreibende Sitz länger wirkt als die verhaltende Zügelhilfe."

von einem alten Reiter aus „Die Bearbeitung junger Pferde mit der Trense"

Paraden können ein- oder beidseitig gegeben werden. Beim Reiten in Stellung, auf gebogenen Linien oder in Seitengängen, wie hier im Schulterherein, erfolgen sie meist am äußeren Zügel.

Auf dem Weg zur Harmonie

Tipp

Schulen Sie Ihre Wahrnehmung für die Veränderung der Körperspannung in Übergängen per Video, indem sie entsprechende Sequenzen sehr guter Dressurreiter in Zeitlupe ablaufen lassen. Nachhaltigen Eindruck hinterlassen meist auch die klassischen Ausbildungsstätten, wie Wien, das Egon v. Neindorff-Institut, Jerez oder Saumur. Wenn Sie das regelmäßig wiederholen, werden Sie schon nach kurzer Zeit eine Verbesserung Ihrer eigenen Körperkoordination feststellen; unabhängig von der individuell favorisierten Reitweise.

Schwungvolles nach vorne Treten als Reaktion auf die treibenden Hilfen, dann setzt der verhaltende Zügelimpuls ein, das Pferd fängt sich über die tief untergesetzte Hinterhand ab und steht. Halten als angehaltene Bewegung.

hat. Außerdem wird in der Regel nur auf geraden Linien zum Halten durchpariert, damit das Pferd nicht mit der Hinterhand seitlich ausweicht.

Wichtig für Ihre koordinativen Fähigkeiten: Halbe und ganze Paraden dürfen nie ohne Gewichts- und Schenkelhilfen gegeben werden, noch darf der Zügel stärker einwirken, sonst fließen die Hilfen nicht mehr von der Hinterhand zum Genick und Maul des Pferdes durch, und dann wird daraus ein Ziehen am Zügel. Das ist das falsche Reiten von „vorne nach hinten". Der losgelassene Schwung des Pferdes wird blockiert, es macht sich im Hals fest und das überträgt sich auf Rückenmuskulatur und Hinterhand. Die Rücken- und Beinschäden, die dadurch entstehen können, nennt man übrigens „Zügellahmheit". Das gleiche passiert, wenn beim Annehmen des Zügels das Nachgeben vergessen wird oder zu spät erfolgt.

Die Zügelhilfe wird – wie jede andere Hilfe auch – in dem Moment beendet, in dem sich die Reaktion abzeichnet, also nicht erst, sobald das Pferd durchpariert hat oder schon steht.

Erstens, weil Pferde eine viel schnellere Reaktionszeit haben als Menschen, und zweitens, weil sie den Restschwung beim Zurücknehmen oder Anhalten mit dem Hals ausbalancieren. Kommt das Nachgeben zu spät, ist das ungefähr so, als würde man ungebremst vor einen Laternenpfahl laufen. Das Pferd bekommt Angst vor der Hand des Reiters, verspannt sich und traut sich nicht mehr an den Zügel „heranzutreten". Außerdem müssen Sie berücksichtigen, dass dieses federnde Auffangen des Körpergewichts auf den Hinterbeinen, die „Hankenbeugung", sehr anstrengend ist. Nicht so gut gymnastizierte Pferde können das in schnelleren Gangarten oft kräftemäßig nicht auf Anhieb umsetzen, und dann wird das Tempo erst über halbe Paraden „abgebremst", bis die ganze Parade den Schlusspunkt setzt. Und da dieser Wechsel der treibenden und verhaltenden Hilfen der Prüfstein Ihrer gesamten Hilfengebung wird, sollten Sie gute Reiter besonders beim Reiten von Übergängen beobachten. So oft es geht und immer wieder, bis Sie das Bild eingespeichert haben; dahinter steckt ein Langzeiteffekt, mit einem Blick allein ist es nicht getan.

GESTELLT WIE GEBOGEN?

Die letzte Komponente, die Sie kennen sollten, ehe es erneut zu den Gangarten geht, sind die Unterschiede zwischen einem „gerade gestellten", „gestellten" und „gebogenen Pferd" in den einzelnen Lektionen. Dabei werden besonders Stellen und Biegen leicht verwechselt, denn während es eine Stellung ohne Biegung gibt, gibt es keine Biegung ohne Stellung:

„STELLEN" UND „BIEGEN" DES PFERDES

Gestellt: Das Stellen bezieht sich nur auf Kopf und den vorderen Teil des Halses. Es wird beim Reiten in Stellung, Übungen wie der Vorhandwendung oder als Vorstufe zur Biegung geritten.

Gebogen: Die gleichmäßige Biegung der Längsachse vom Genick bis zum Schweif wird bei jedem Reiten auf gebogenen Linien verlangt oder in den echten Seitengängen, wie hier im Travers.

GERADE ist ein Pferd, wenn man eine schnurgerade Linie vom Genick bis zum Schweif ziehen könnte; der Reiter sieht von oben nur den Mähnenkamm, die Ohren und die seitliche Backenlinie links und rechts. Folglich müssen beide Zügel gleich lang sein. Bei einem gerade gestellten Pferd wirken Schenkel- und Zügelhilfen „lateral", also linker Schenkel und linker Zügel zusammen sowie rechter Schenkel und rechter Zügel, während beide Gesäßknochen gleichmäßig belastet werden, wie beim Anhalten. In der weiter fortgeschrittenen Dressurausbildung gibt es außerdem den Begriff „Gerade richten". Das bedeutet, dass das Pferd in jeder Lektion mit den Hinterhufen exakt in die Spur der Vorderhufe tritt, das wird in der Grundausbildung aber noch nicht verlangt.

GESTELLT ist das Pferd, wenn es den Kopf im Genick geringfügig nach links oder rechts wendet. Die Stellung bezieht sich nur auf Kopf und vorderen Teil des Halses, während der Rumpf annähernd gerade bleibt. Eingeleitet wird es durch das Annehmen des inneren Zügels und Nachgeben des äußeren Zügels, wobei sich „Annehmen" und „Nachgeben" die Waage halten müssen: Was der innere Zügel verkürzt, muss der äußere Zügel nachgeben. Von oben sieht der Reiter bei einer korrekten Stellung lediglich inneres Pferdeauge und inneren Nüsternrand leicht schimmern und beide Ohren auf

Tipp

Um zu verstehen, warum auf Kopf- und Halsstellung beim Stellen und Biegen so viel Wert gelegt wird, bietet sich ein Selbsttest an: Laufen Sie mit leicht zur einen Seite gewendetem Kopf geradeaus und Kurven zur Blickrichtung. Und dann versuchen Sie dasselbe Spiel mit weit zur Schulter gedrehtem Kopf. Schon als Zweibeiner werden Sie dabei in den Wendungen mehr oder weniger seitlich übertreten und haben Mühe die Kreislinie zu halten.

Ecken, Wendungen und Volten

„Um diese wenigen Übungen genau ausführen zu können, ist ein längerer Zeitraum erforderlich, als dies auf den ersten Blick notwendig erscheinen mag. Daher waren auch die früher zur Spanischen Hofreitschule kommandierten Offiziere, die schon vorher hervorragende Reiter sein mußten, immer wieder erstaunt daß sie erst nach wochenlangem Üben diese einfachen Figuren in jeder Hinsicht korrekt auszuführen imstande waren."

ALOIS PODHAJSKY,
aus „Die Klassische Reitkunst"

gleicher Höhe. Wird das äußere Ohr tiefer gehalten als das innere, ist das ein Zeichen, dass der innere Zügel zu stark und der äußere Zügel zu schwach angenommen wurde und das Pferd Hals und Kopf schief hält; es „verwirft sich im Genick".

Das Stellen des Pferdes bereitet zum Beispiel den Übergang von den „lateralen" zu den „diagonalen" Hilfen vor, also das Zusammenspiel von rechtem Schenkel und linkem Zügel oder umgekehrt. Verlangt wird es in Lektionen wie dem „Schenkelweichen" oder der „Vorhandwendung", um Pferd und Reiter mit dem seitwärts treibenden Schenkel vertraut zu machen. Überwiegend eingesetzt wird es jedoch beim „Reiten in Stellung". Das bedeutet, stark vereinfacht, dass der Reiter mit Gewicht und Schenkeln geradeaus vorwärts treibt, das Pferd auch geradeaus vorwärts geht, dabei aber leicht nach links oder rechts blickt. Bei dieser Vorstufe der Biegung wird das Pferd auf verwahrende Schenkel- und Zügelhilfen in biegenden Lektionen vorbereitet.

GEBOGEN ist das Pferd, wenn sich die Biegung nicht nur auf Kopf und Hals beschränkt, sondern vom Genick bis zum Schweif durch den ganzen Körper zieht. Man nennt das auch die „seitliche Biegung", bzw. in der fortgeschrittenen Dressurausbildung die „Biegung der Längsachse". Bei der seitlichen Biegung werden Hals und Rumpf der inneren Seite zusammengeschoben, während sich die äußere Seite entsprechend dehnen muss. Von oben sollte der Reiter, wie beim Reiten in Stellung, nur inneres Pferdeauge und inneren Nüsternrand schimmern sehen, während der Hals in einem weichen, harmonischen Bogen in die Rückenlinie übergeht. Zwar wird die Biegung nie ganz gleichmäßig sein, weil das Pferd nicht in allen Teilen der Wirbelsäule gleich beweglich ist, aber wichtig ist, dass der Hals nicht stärker als der Rumpf gebogen wird, also vor dem Widerrist nach innen abknickt, weil das Pferd sonst über die Schulter ausfällt und nach außen driftet.

Der Grad der Biegung richtet sich nach der Linie, auf der geritten wird: Auf weiten flachen Bögen ist sie gering, je enger eine Figur ist, um so mehr muss sich das Pferd biegen, desto stärker wird aber auch die äußere Körperseite gedehnt und um so mehr Kraft und Balance kostet sie. Das heißt, dass nur sehr weit ausgebildete Pferde imstande sind kleine Figuren, wie Volten von 8 oder gar 6 m Durchmesser geschmeidig auszuführen; die maximale Biegung, die man einem mittelgroßen Pferd abverlangen kann. Deshalb wird in der Grundausbildung nur auf großen Linien geritten; eine saubere Volte von 10 m Durchmesser ist der Überforderung von Pferd und Reiter allemal vorzuziehen.

Beides, Stellen und Biegen, sollen bewirken, dass sich das Pferd unter dem Reiter geschmeidiger und ausbalancierter bewegt. Schonend aufgebaut und richtig durchgeführt hilft diese Gymnastizierung dem Pferd die Muskeln zu entwickeln, die es als Reitpferd für seine tragende Rolle braucht und beugt dadurch einem vorzeitigen Verschleiß vor. Wenn man einmal verstanden hat, worum es geht, kann die Gymnastizierung später natürlich auch ins Gelände verlegt werden, aber vorbereitet und geübt wird zunächst in der Bahn. Und damit das Stellen und Biegen nicht in Stumpfsinn ausartet, werden die einzelnen Lektionen und Gangarten mit Hufschlagfiguren kombiniert. Viele dieser Figuren blieben seit Jahrhunderten unverändert, einige wurden modernisiert, wie die Schlangenlinie mit 3, 4 oder 5 Bögen, und andere gerieten in Vergessenheit. Unter diesen „Vergessenen" findet man die eine oder andere bei den Westernreitern wieder, wie die „Demi-volte renversée", die in etwa dem Rollback gegen die Einzäunung entspricht. Dass selbst die einfachsten Figuren nicht so leicht zu reiten sind, wie es scheint, erhöht nur den Reiz.

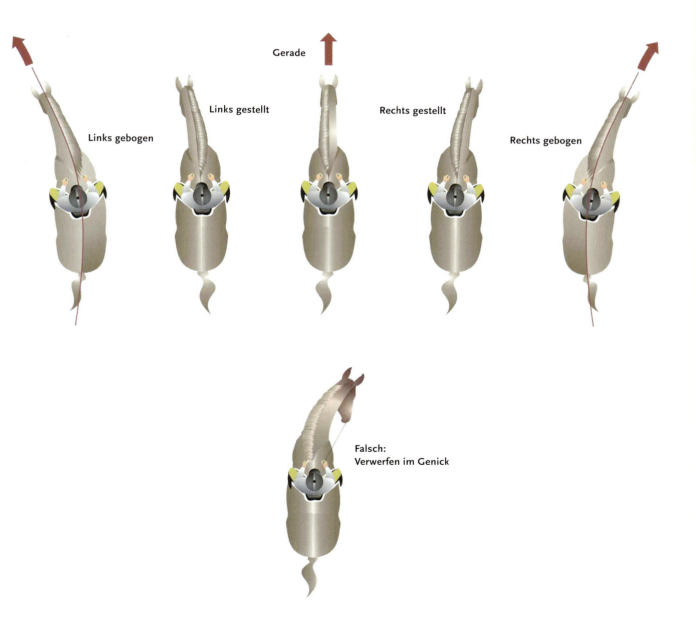

Das Durchreiten einer Ecke in vier Phasen.

Und gleichzeitig lernt der Reiter neben einer präzisen Einwirkung wie er über die „diagonale Hilfengebung" Schulter und Hinterhand des Pferdes kontrollieren kann, die beim Reiten auf allen gebogenen Linien verlangt wird.

Theoretisch hört sich der unterschiedliche Einsatz der inneren und äußeren Hilfen noch einfach ein: Will ein Reiter, zum Beispiel, sein Pferd nach rechts biegen, stellt er zuerst sein Pferd nach rechts, belastet den rechten Gesäßknochen und benutzt den rechten Schenkel als Widerlager, um das sich das Pferd biegen soll. Damit das funktioniert, braucht er auf der äußeren linken Seite verwahrende Hilfen, also den linken Zügel, der dafür sorgt, dass das Pferd die gewünschte Kopfstellung nach rechts beibehält und den verwahrend zurückgelegten Schenkel, der die Hinterhand auf der Kreislinie hält. Aber da diese Grundhilfen mit zeitlich exakt treibenden Gewichts- und Schenkelhilfen und halben Paraden kombiniert werden müssen, und da bei jedem Wechsel von einer Hand zur anderen das Pferd zuerst gerade gestellt, dann umgestellt und neu gebogen wird und die Hilfen spiegelverkehrt einsetzen, ist schnell Schluss mit lustig, wie die Abstimmung der Hilfen beim Durchreiten einer Ecke zeigt:

- Der Reiter reitet auf der „rechten Hand" des Hufschlags. Das Pferd ist nach rechts gestellt, während der Reiter mit Gesäß und Schenkeln beidseitig gegen den verwahrenden linken Zügel treibt.
- Zur Vorbereitung gibt der Reiter eine halbe Parade am äußeren Zügel, damit sich das Pferd zurücknimmt, ohne mit Kopf und Hals rechts abzuknicken.
- Zur Einleitung der Biegung wird der innere rechte Gesäßknochen vermehrt belastet und Oberkörper und Kopf in die Bewegungsrichtung gedreht.
- Der innere rechte Schenkel treibt am Gurt das gleichseitige Hinterbein zu einem vermehrten Untertreten vor.
- Der äußere linke Schenkel liegt verwahrend eine Handbreit hinter dem Gurt und verhindert das Ausfallen der Hinterhand.
- Der leicht angenommene innere rechte Zügel gibt die Stellung.
- Der leicht nachgegebende äußere linke Zügel dagegen hält die Stellung, wirkt verwahrend und führt das Pferd in die Biegung.
- Zum Ausgang der Kurve dreht der Reiter den Oberkörper zurück in die Grundstellung. Die Hilfen wirken wieder beidseitig vorwärtstreibend. Damit ist das Durchreiten der Ecke beendet. Falls Sie sich jetzt in links und rechts, innen und außen verheddert haben, ist das keine Schande. Es zeigt lediglich, dass der Einstieg in die Feinheiten der diagonalen Hilfengebung erst Sinn macht, sobald der Reiter diesen Prozess gefühlsmäßig nachvollziehen kann, weil die notwendige Körperkoordination vorhanden ist. Sie auszubilden beginnt damit, dass er imstande ist sein Pferd mit den simpelsten ihm zur Verfügung stehenden Mitteln an die Hilfen zu stellen.

EINIGE HUFSCHLAGFIGUREN IN DER BAHN

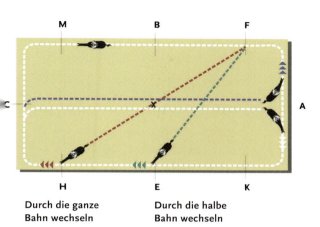

Durch die ganze Durch die halbe
Bahn wechseln Bahn wechseln

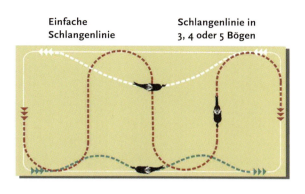

Einfache Schlangenlinie   Schlangenlinie in 3, 4 oder 5 Bögen

Doppelte Schlangenlinie

Zur besseren Orientierung werden die Wendepunkte der Hufschlagfiguren durch Buchstaben gekennzeichnet, die man allerdings nur schwer behält. Die bekannteste Eselsbrücke zum Dressurviereck von 20 x 40 m dürfte der Satz „Mein bester Freund Anton klaut eine halbe Citrone" sein. Ausgespart wurde dabei lediglich der Bahnmittelpunkt „X". Bei Bahnkommandos bezeichnet der Zusatz „wechseln" immer einen Richtungs- oder Handwechsel; z.B. „durch die Länge der Bahn wechseln" (blau). Lautet das Kommando dagegen „durch die Länge der Bahn reiten" (weiß), biegt der Reiter in der alten Richtung auf den Hufschlag ab.

Schlangenlinien, die an den Wechselpunkten der langen Seite beginnen, können einfach oder doppelt geritten werden. Die einfache Schlangenlinie wird 5 m in die Bahn geritten; bei der doppelten Schlangenlinie sind es je Bogen nur 2,5 m.

Schlangenlinien, die in 3, 4 oder 5 Bögen über die ganze Bahn verteilt werden, beginnen und enden dagegen Mitte der kurzen Seite bei „A" oder „C". Dabei wird jede Wendung wie eine Viertelvolte geritten; dann wird das Pferd erst gerade gestellt, bevor die nächste Biegung beginnt.

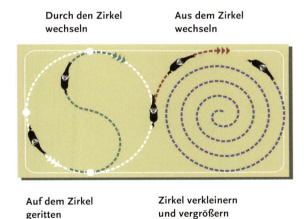

Durch den Zirkel   Aus dem Zirkel
wechseln   wechseln

Auf dem Zirkel   Zirkel verkleinern
geritten   und vergrößern

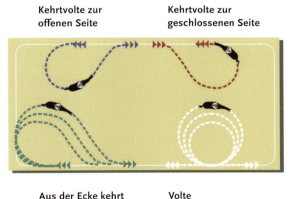

Kehrtvolte zur   Kehrtvolte zur
offenen Seite   geschlossenen Seite

Aus der Ecke kehrt   Volte

Damit Zirkel wirklich kreisrund ausfallen, werden die Zirkelpunkte durch einen Punkt markiert. Der einfachste Handwechsel ist „aus dem Zirkel wechseln". Hier wird das Pferd am Mittelpunkt der Bahn eine Pferdelänge geradeaus gestellt, bevor die neue Biegung eingeleitet wird. Lektionen wie „durch den Zirkel wechseln" oder „Zirkel verkleinern und vergrößern" werden erst ab einem höheren Ausbildungsstand von Pferd und Reiter verlangt.

Die Größe von Volten, Halb- oder Kehrtvolten richtet sich nach dem Ausbildungsstand von Reiter und Pferd; sie werden mit einem Durchmesser von 10, 8 oder 6 m geritten, die maximale Längsbiegung, die einem mittelgroßen Pferd abverlangt werden kann. Die Kehrt- oder Halbvolte zur geschlossenen Seite (Demi-volte renversée) wird heute fast nur noch beim Westernreiten zur Vorbereitung von Wendungen gegen die Einzäunung genutzt.

ANLEHNUNG IM DREI-STUFEN-PLAN

DAS HERANTRETEN DES PFERDES AN DIE HILFEN

„An die Hilfen stellen" bedeutet, dass das Pferd die treibenden und verhaltenden Hilfen des Reiters annimmt und ihnen folgt. Beim Reiten am losen Zügel soll ein gut ausgebildetes Pferd dem signalartigen Impuls von Gewicht, Schenkel und Zügel in jeder Richtung weichen und trotz „Aussetzen der Hilfe" Gangart und Tempo unverändert beibehalten. Beim Reiten mit anstehendem Zügel wird jedoch eine weiche, stetige Anlehnung vorausgesetzt. Dazu wird das Pferd mit Gewichts- und Schenkelhilfen von hinten nach vorne an die zwar begrenzende, aber nie starre Hand getrieben, bis es sich am Gebiss abstößt und im Genick nachgibt, so dass der Zügel zu einer weich federnden, elastischen Verbindung zwischen Pferdemaul und Reiterhand wird. Dabei senkt sich die Stirn-Nasenlinie des Pferdes allmählich, sie sollte aber, zumindest in der Grundausbildung, immer vor der Senkrechten bleiben, um den Bewegungsfluss aus der Hinterhand und die Streckung der Oberlinie nicht zu blockieren; das ist die „relative Aufrichtung". Relativ, weil die Haltung von Kopf und Hals in Relation zu Stellung und Beugung der Hinterhand beurteilt wird: Das heißt, dass die Hinterbeine, gut untersetzend, in etwa parallel zu den Vorderbeinen vorschwingen sollen. Bleiben die Hinterbeine zurück oder schlurfen die Hufspitzen gar durch den Sand, kann das auf eine verspannte oder „festgehaltene" Rückenmuskulatur hinweisen, auch wenn das Pferd noch so beeindruckend den Hals wölbt und mit den Vorderbeinen „strampelt".

Soviel zur allgemeinen Information, aber wie lernt man als ungeübter Reiter sein Pferd sauber an den Zügel zu reiten? Erprobt, weil sie dem Reiter einen großen individuellen Trainingsspielraum erlaubt, ist die Drei-Stufen-Taktik im Trab, weil der Schritt eine schwunglose Gangart ist:

ERSTER SCHRITT Zum Einstieg werden die Bügel verkürzt und das Pferd im bekannten Sicherheitssitz mit aufgestützten Händen leicht getrabt. Dabei wirken die aufgestützten Hände ähnlich wie Ausbinder und begrenzen den Bewegungsspielraum von Pferdehals und Kopf, halten aber durch ein weiches Spielen der Finger Kontakt zum Pferdemaul. Geritten wird in ruhigem Trabtempo auf großzügigen Linien, mit leicht abgerundeten Ecken und einfachen Handwechseln, bis sich das Pferd löst, den Hals fallen lässt und zu kauen beginnt. Sobald das klappt, pariert der Reiter zum Schritt durch, lässt sich die Zügel aus der Hand kauen und gönnt sich und dem Pferd eine halbe Runde Entspannung am längeren Zügel als Belohnung. Diese kurzen Trab- und Schrittphasen werden so oft wiederholt, bis das Pferd verstanden hat, was es soll.

ZWEITER SCHRITT Dann werden die Steigbügel ein bis zwei Loch verlängert, der Oberkörper entsprechend der Steigbügellänge etwas aufgerichtet

Tipp

Zur besseren Kontrolle der Hände gibt es beim Heranreiten des Pferdes an den Zügel verschiedene Tricks: Ist der „Angstriemen" am Vorderzwiesel des Sattels lang genug, um die Zügel-Hand-Unterarmlinie nicht zu brechen, kann er zusätzlich zum Zügel aufgenommen und in einer gleichmäßigen Spannung gehalten werden. Eine zweite Möglichkeit ist das senkrechte Aufstellen von zwei dünnen, ca. 50 cm langen Ruten in den Händen, deren Spitzen im Blickfeld des Reiters zeigen, ob beide Hände auf einer Höhe sind oder ob eine Hand verkantet, eingedreht oder über den Hals gezogen wird. Möglichkeit Nr. drei ist die Befestigung eines Spatels oder Eisstils über dem Handgelenk mit Hilfe von zwei Heftpflastern, um die Bewegungen der Hände bewusst zu registrieren.

und weiterhin leicht getrabt, aber diesmal mit freigetragenen Händen. Auf dieser Stufe ist verstärkt darauf zu achten, dass die Auf- und Abwärtsbewegung beim Leichttraben durch ein leichtes Öffnen und Schließen im Ellenbogenwinkel kompensiert wird, um eine gleichmäßige Anlehnung ohne Zügellöcher zu erhalten, und auch diese Stufe wird durch mehrere Schrittpausen am längeren Zügel gefestigt.

DRITTER SCHRITT Erst danach beginnt das Aussitzen im Trab mit freigetragenen Händen. Die Anforderungen bleiben wie gehabt gering; wichtig ist nur, dass das Pferd bei weicher, gleichmäßiger Anlehnung zufrieden vorwärts trabt. Je weniger Pferd und Reiter in Haltung gezwängt werden, je unbefangener der Reiter wie in der Grundausbildung aus dem Körper heraus die Wendungen einleitet, um so selbstverständlicher ergibt sich die leichte Innenstellung als Vorstufe der diagonalen Hilfengebung.

Wichtig für Ihre koordinativen Fähigkeiten: Sollte sich das Pferd in der dritten Stufe permanent auf den Zügel legen, über den Zügel gehen oder hinter dem Zügel verkriechen, bringt verbissenes Üben gar nichts. Hier hilft nur der Wechsel auf ein bequemeres Pferd mit weicheren Gängen und/oder erneut die Sitzschulung an der Longe, bis der Reiter „zügelunabhängig" sitzt. Außerdem hängt der Erfolg des Heranreitens an den Zügel davon ab, dass das Pferd physisch und psychisch entspannt ist. Deshalb wird jede Reitstunde grundsätzlich in drei Abschnitte unterteilt: Lösungsphase, Arbeitsphase und Erholungsphase. Schließlich käme auch kein Profisportler auf die Idee, einen Kaltstart hinzulegen, weil er weiß, wie schädlich das für den gesamten Organismus ist. Er wärmt sich erst auf, dann wird intensiv trainiert und zum Schluss wird der Körper wieder auf Normaltemperatur heruntergekühlt. Nur ein Reiter, der das berücksichtigt, wird ein willig mitarbeitendes Pferd haben

Eine simple Möglichkeit, um die Bewegungen der Hand beim Aussitzen im Trab zu überprüfen, ist ein über das Handgelenk geklebter Eisstil.

Zum Vertiefen

Mehr zur Zügelführung finden Sie auf den Seiten 132 bis 135 und den Seiten 184 ff.

AUS DER PRAXIS

„In unserem System lernen die Schüler im Trab das Pferd zuerst mit aufgestützten Händen an den Zügel zu reiten, bis es sich entspannt und kaut. Die aufgestützten Hände entsprechen dabei einem Ausbindezügel und geben dem Pferd den Radius vor, in dem es seinen Kopf bewegen kann, nur sind sie eben nicht starr und können weiterhin winzige Impulse geben. Dabei lernt das Pferd, wie unangenehm der Druck ist, wenn es den Kopf vorstreckt, und dass der Druck aufhört, wenn es mit der Nase nachgibt. So dumm sind Pferde nicht, dass sie das nicht sehr schnell spitz kriegen, aber dazu gehört natürlich, dass die Hand ruhig liegt, das heißt sich nicht auf- und ab- oder vor- und zurückbewegt. Wenn das Pferd mit aufgestützten Händen an den Zügel geht, kann ich in der nächsten Ausbildungsphase die Hände vom Mähnenkamm wegnehmen und versuchen, das Pferd mit frei getragenen Händen an den Zügel zu reiten. Und erst, wenn auch das klappt, üben die Schüler dieselbe Lektion im Aussitzen. Denn so lange sie nicht imstande sind das Pferd mit aufgestützten Händen an den Zügel zu reiten, schaffen sie es nach unserer Erfahrung mit freigetragenen Händen weder im Leichttraben noch im Aussitzen."

JOCHEN SCHUMACHER

ANREITEN, SCHRITT UND HALTEN

ÜBUNGEN IN DER LÖSUNGS-PHASE

Jede Trainingseinheit beginnt mit mindestens 10-15 Minuten im Schritt am durchhängenden oder längeren Zügel, bis Muskeln, Sehnen und Bänder vorgewärmt sind und sich die Gelenkschmiere verteilt hat. Optimal wäre eine kleine Schrittrunde im Gelände, in der Bahn ist es dagegen eine gute Gelegenheit alte Grundlektionen aufzufrischen und neue zu festigen:

▶ Zum Anreiten aus dem Halten gibt der Reiter jetzt einen beidseitigen, kurzen Schenkeldruck aus dem Vollsitz, gefolgt von einem kurzen, vorwärtstreibenden Beckenimpuls, während gleichzeitig der nachgebende Zügel die Vorwärtsbewegung freigibt.

▶ Zum Anhalten atmet der Reiter, wie gehabt, tief ein und senkt im Ausatmen die Schulterblätter rückwärts-abwärts, kippt jetzt aber das Becken ab wie bei der verhaltenden Gewichtshilfe. Die Hand wird weich geschlossen und schon im Anhalten entspannt, damit sich das Pferd ausbalancieren kann und nicht gegen die Hand drückt oder zurücktritt.

Beim Aufwärmen selbst wird zwar der Zügel lang gelassen, damit sich das Pferd dehnt, aber das heißt nicht unbedingt nur ganze Bahn reiten. Abwechslung bringen zum Beispiel Abwenden, Richtungswechsel und lange großzügige Schlangenlinien, die wie in der Sitzschulung möglichst nur über Gewichtshilfen und Körperdrehung geritten werden, kombiniert mit Anhalten und wieder Antreten auf geraden Strecken. Dabei gilt es sich vorsichtig in den Schritt einzufühlen und locker, aber ohne Übertreibung und mit ruhigem Oberkörper in der Hüfte mitzugehen. Sobald die Tritte länger und raumgreifender werden und die Konzentration des Pferdes auf die Gewichtshilfen des Reiters zunimmt, kann der Zügel allmählich zu einer weichen Anlehnung verkürzt werden, aber nur so viel, dass die Tritte weder schleppend noch matt werden. Das Pferd soll locker und flüssig, ohne zu eilen, in einem klaren Viertakt vorwärtsschreiten und möglichst mit den Hinterhufen über oder in die Spur der jeweiligen Vorderhufe treten. Damit keine Zügellöcher entstehen, darf der Reiter die ausgeprägte Nickbewegung des Pferdekopfes im Schritt bei anstehendem Zügel nicht aktiv unterstützen, sondern sollte die Hand passiv aus lockerem Schulter- und Ellenbogengelenk mitnehmen lassen. Macht die Hand die Bewegung aktiv mit, gibt der Reiter dem Pferd möglicherweise etwas vor, was es vielleicht gar nicht braucht und eher stört.

Das hört sich leicht an, erfordert aber sehr viel Konzentration, um das Pferd nicht aus dem Rhythmus zu bringen. Als nächstes kommt die Abstimmung der Schenkelhilfen hinzu. Man ermuntert das Pferd zwar mit einer beidseitigen Schenkelhilfe zum Antreten, aber getrieben wird im Schritt, wenn notwendig, wechselseitig; also immer dann, wenn das gleichseitige Hinterbein vorgeführt wird. Auch für dieses taktmäßige, wechselseitige

---

Komplizierter, als es aussieht

„Während der Grundausbildung kann man im Schritt eigentlich nur Fehler machen. Ich kann dies nur so erklären, daß durch den fehlenden Schwung der Schrittbewegung dem Reiter nicht genügend bewußt wird, wann die treibenden Hilfen im Verhältnis zur Handeinwirkung zurückbleiben."

DR. REINER KLIMKE,
aus „Grundausbildung des jungen Reitpferdes"

Anreiten, Schritt und Halten

Treiben braucht man sehr viel Einfühlungsvermögen, damit das Pferd nicht zu eilen beginnt oder passartig Vorder- und Hinterbeine gleichzeitig vorsetzt; der Kardinalfehler schlechthin. Einen raumgreifenden, taktmäßigen Schritt zu reiten ist viel komplizierter, als es scheint. Nicht umsonst wird der Schritt in Dressurprüfungen mit der doppelten Punktzahl gewertet (und gehört zu den Angstlektionen etlicher hochkarätiger Dressurreiter), und nicht umsonst wird in der Grundausbildung von Reiter und Pferd nur Mittelschritt am längeren Zügel verlangt. Ein unter Reitern geflügeltes Wort sagt, dass man schlechten Schritt kaum verbessern, aber guten Schritt sehr schnell ruinieren kann. Deshalb wird ein faules Pferd auch nicht durch übertriebenes Treiben im Schritt aus seiner Lethargie geweckt, sondern durch frisches Vorwärtsreiten im Trab.

Zum Vertiefen

Mehr zum Schritt finden Sie auf den Seiten 144 bis 147

Im Schritt wird wechselseitig getrieben, wenn das jeweilige Hinterbein vorsetzt. So lange der Huf am Boden ist, bewirkt eine treibende Hilfe lediglich ein schnelleres Abfußen des Beines – was nicht gleichbedeutend mit dem gewünscht weiten Ausgreifen ist.

IM VIERTAKT: DER SCHRITT

Der Schritt ist eine schreitende Gangart ohne Schwebephase im Viertakt, die jedoch in acht Phasen aufgeteilt wird, weil das Pferd jedes Bein einzeln aufhebt, vorführt und wieder absetzt. Das Pferd beginnt zum Beispiel mit dem rechten Vorderfuß, wechselt zum linken Hinterbein und führt es vor; das linke Vorderbein macht Platz; dann wird das rechte Hinterbein vorgeführt, das rechte Vorderbein macht Platz und so weiter. Geritten werden kann der Schritt in drei Tempi: Im Mittelschritt, im versammelten, also etwas verkürzten Schritt und im starken Schritt, mit maximalem Raumgriff. Kriterium für jedes Tempo ist ein ruhiges, taktmäßiges und raumgreifendes Ausschreiten, das sich nur in der Schrittlänge unterscheiden sollte. In der Grundausbildung wird nur der Mittelschritt verlangt, weil das Pferd bei zu starker Handeinwirkung oder übertriebenem, falsch verstandenem Treiben zu Taktfehlern neigt. Starker und versammelter Schritt gehören zu den schwierigeren Dressurlektionen und werden erst auf einer höheren Ausbildungsstufe geritten.

TRAB FÜR FORTGESCHRITTENE

DIE ABSTIMMUNG DER HILFEN IM TRAB

Im Gegensatz zum Schritt ist das Pferd im Trab sehr taktsicher und nicht so leicht aus der Balance zu bringen, deswegen gilt diese Gangart in der Grundausbildung als wichtigste überhaupt. Die Hilfe zum Antraben ist identisch mit der Hilfe zum Anreiten und wird nur etwas akzentuierter eingesetzt. In der Lösungsphase wird im Entlastungssitz leicht getrabt, um dem Pferd das Auf- und Abwölben des Rückens zu erleichtern. Zunächst, wie beschrieben, mit aufgestützten Händen, um dem Pferd bei ruhiger Anlehnung den gewünschten Takt vorgeben zu können und später ohne die Hände abzustützen.

Eine Frage, die im Zusammenhang mit dem Leichttraben oft kontrovers diskutiert wird, ist das Treiben. Die erste Möglichkeit, die Sie aus der Sitzschulung kennen, ist das Treiben in der Aufstehphase. Das heißt, man gibt durch ein kurzes Zudrücken mit Knie und Oberschenkel einen Impuls beim Herausschwingen aus dem Sattel und veranlasst dadurch das innere Hinterbein weiter vorzuschwingen, um vermehrt unter den Schwerpunkt zu treten – aber das funktioniert nur bei gehfreudigen Pferden.

Normalerweise wird beim Einsitzen getrieben, wenn der Absatz den tiefsten Punkt erreicht hat. Spätestens hier ist die Überlegung angebracht, auf welches Hinterbein das Treiben in dieser Phase einwirkt: Wird, wie im deutschsprachigen Raum üblich, eingesessen, wenn innerer Hinterfuß und äußerer Vorderfuß aufsetzen, wirkt der Schenkelimpuls auf den gerade vorschwingenden äußeren Hinterfuß. Denn so lange der innere Hinterfuß am Boden ist und durch das Gewicht des Reiters belastet wird, könnte das Bein lediglich zu einem schnelleren Abfußen, aber nicht zu einem weiteren Vor- oder Untertreten unter den Schwerpunkt des Reiters veranlasst werden. Das ist insofern sinnvoll, weil das äußere Hinterbein in Wendungen den weiteren Weg zurücklegen muss.

Um beim Einsitzen das innere Hinterbein zu einem vermehrten Untertreten zu bewegen, müsste der Reiter jedoch auf dem äußeren Hinterfuß leicht traben – ein Sakrileg, das von den meisten Reitlehrern prompt mit dem Verweis „Sie traben auf dem falschen Fuß" geahndet wird. Ungeachtet der Tatsache, wie es in anderen Ländern gehandhabt wird. So wird in England zum Beispiel überwiegend auf genau diesem „falschen" Fuß leicht getrabt – nur heißt es dort nicht, der Reiter trabt „falsch", sondern er trabt „deutsch". Ein feiner, aber gravierender Unterschied hinsichtlich der Toleranz.

Der 2002 verstorbene Rolf Becher, enfant terrible des Spring- und Vielseitigkeitssports und Gründer des Chiron-Springens, hat zeitlebens dafür gekämpft, das Einsitzen beim Leichttraben vom Pferdetyp abhängig zu machen. Aber auch Richard Hinrichs, ein durch die Spanische Reitschule Wien geprägter Klassiker, bestätigt, dass er das Treiben situationsabhängig

---

Leichttraben, Treiben und die Sache mit dem Pferdefuß

„Wenn ich aktiv reite, sitze ich aus; beim Leichttraben dagegen steht für mich die Entspannung im Vordergrund, sowohl die des Reiters wie die des Pferdes. Da ich das Pferd in erster Linie auf das ruhig hängende Bein abstimmen will, hat für mich ein rhythmisches Treiben beim Leichttraben keine wesentliche Bedeutung. Ich setze es situationsabhängig ein, weil für mich das Vorschwingen des äußeres Hinterfußes in Wendungen, das den weiteren Weg zurücklegen muss, eine ebenso große Bedeutung hat wie das Vorschwingen des inneren Hinterfußes. Denn bei Schwunglosigkeit des äußeren Hinterfußes stockt automatisch auch der Bewegungsfluss."

RICHARD HINRICHS

Trab für Fortgeschrittene

einsetzt, weil er das weite Ausgreifen des äußeren Hinterbeines in Wendungen für mindestens so wichtig hält wie das Untertreten des inneren Hinterbeines. Ob auf dem inneren oder äußeren Hinterfuß eingesessen wird und wann wie getrieben wird, ist also bestenfalls eine Frage des Standpunktes.

Unangefochten bleibt jedoch, dass das Aussitzen erst in Angriff genommen wird, sobald das Pferd entspannt und gelöst ist. Man merkt es am locker schwingenden Rücken, am ruhig in der Bewegung pendelnden Schweif, den gespitzten, lebhaft spielenden Ohren und am Abschnauben. Und wie bei der Longenschulung gilt es beim Heranreiten des Pferdes an den Zügel, das Pferd zur Mitarbeit zu überreden, nicht zu zwingen: Also nur so lange aussitzen, solange man in der Bewegung bleibt, ruhig treibt und den Schwung mit einer winzigen zeitlichen Verzögerung durch ein weiches Zudrücken der Hand abfängt, um die Dehnung des Halses nicht zu blockieren.

Sie spüren es in den Händen, wie sich der Pferdehals in Ihre Hand hinein dehnt und das Maul eine ganz weiche Anlehnung an die Hand sucht, ohne den geringsten Versuch, den Zügel aus der Hand zu ziehen. Bei diesen Übungen kann es passieren, dass Sie selbst die Uhr am Handgelenk stört. Nehmen Sie alles ab, was Ihre Konzentration auf die Beweglichkeit der Handgelenke beeinträchtigen könnte. Und erst wenn diese Kommunikation zwischen Ihnen und dem Pferd im Aussitzen klappt, sollten Sie an das Reiten in Stellung herangehen und sich intensiver mit dem Reiten auf gebogenen Linien beschäftigen.

Zum Vertiefen

Mehr zum Trab finden Sie auf den Seiten 160 bis 173.

IM ZWEITAKT: DER TRAB

Der Trab ist eine Gangart im Zweitakt mit einer Schwebephase, bei der das Pferd diagonal jeweils ein Beinpaar bewegt: Hinten links und vorne rechts bzw. hinten rechts und vorne links. Aufgeteilt wird der Trab in vier Phasen und geritten wird er in vier Tempi: Im versammelten Trab, im Arbeitstrab, im Mitteltrab und im starken Trab. In der Grundausbildung kommt fast ausschließlich der Arbeitstrab zum Einsatz, eventuell erweitert durch das Verlängern oder Verkürzen weniger Schritte als Vorbereitung auf die anderen Tempi, die eine weiter fortgeschrittene dressurmäßige Ausbildung des Pferdes voraussetzen.

GALOPP FÜR FORTGESCHRITTENE

DIE HILFENGEBUNG IM GALOPP

Erheblich komplizierter als in Schritt und Trab ist die Hilfengebung im Galopp. Erstens aufgrund der komplizierten Fußfolge und zweitens, weil die Hilfengebung nicht in jeder Reitweise gleich ist. So werden nach klassischer Auffassung junge Pferde erst gründlich auf gebogenen Linien oder sogar in Seitengängen geschult, ehe der Galopp unter dem Sattel hinzu genommen wird; solche Pferde werden mit Innenstellung und Druck des inneren Schenkels angaloppiert, weil sie beides aus Ihrer Ausbildung kennen:

- ▶ Zur Vorbereitung wird das Pferd mit einer oder mehreren halben Paraden aufmerksam gemacht und die Hinterbeine zu einem vermehrten Untertreten veranlasst, um ihm das Anspringen zu erleichtern.
- ▶ Dann wird der innere rechte Gesäßknochen belastet.
- ▶ Der rechte Schenkel liegt vorwärtstreibend unmittelbar am Gurt.
- ▶ Durch ein leichtes Annehmen des inneren rechten Zügels wird das Pferd nach rechts gestellt, während der äußere linke Zügel die Stellung begrenzt und ein Ausfallen über die linke Schulter verhindert.
- ▶ Der linke äußere Schenkel des Reiters liegt verwahrend etwa eine Handbreit hinter dem Sattelgurt. Er verhindert ein Seitwärtstreten des gleichseitigen Hinterfußes, der beim Angaloppieren einen Moment das ganze Gewicht tragen und deshalb gut unter den Schwerpunkt setzen muss.
- ▶ Einseitig belastende Gewichtshilfe, Innenstellung, äußerer verwahrender Schenkel und Druck des inneren, am Gurt treibenden Schenkels sind für solche Pferde das Zeichen zum Angaloppieren.

Wichtig für Ihre koordinativen Fähigkeiten: Wenn das Pferd zum Angaloppieren ansetzt, muss der innere Zügel im Sekundenbruchteil nachgeben, damit das Pferd mit der inneren Schulter vorgreifen und in die richtige Fußfolge springen kann. Außerdem ist es mit dem Angaloppieren allein oft nicht getan, weil viele Pferde von Sprung zu Sprung eine etwas schwächere Wiederholung als Galopphilfe erwarten, um im Galopp zu bleiben. In Kombination mit weichen halben Paraden wird daraus ein Wechselspiel: Treiben, „Schwammausdrücken", Treiben etc. Geschickt und mit entsprechender Routine ausgeführt, wird daraus der begehrte, nach oben heraus gesprungene Bergauf-Galopp mit aktiver Hinterhand.

Beim Westernreiten dagegen sieht die Galopphilfe komplett anders aus, weil ursprünglich auf Biegung oder Seitengänge wenig Wert gelegt wurde. Hier wird das Pferd zu Beginn seiner Ausbildung gerade oder sogar in leichter Außenstellung angaloppiert, also so, wie sich freilaufende Pferde im Galopp ausbalancieren. Auch kommt der Impuls nicht über den inneren am Gurt liegenden, sondern über den äußeren zurückgelegten Schenkel, weil das Pferd auf dem äußeren Hinterfuß angaloppiert. Und damit es dieses Bein

Tipp

Bei Schwierigkeiten in der Hilfengebung könnte erneut der Einsatz eines Hilfszügels zur Sprache kommen. Um einen geeigneten zu finden, sollten Sie unbedingt einen Fachmann um Rat fragen. Das ist nicht der Reitsporthändler und muss nicht zwangsläufig der Reitlehrer sein, sondern ein Reiter, der Ihnen aufgrund seiner feingerittenen Pferde besonders imponiert. Die Standardfrage dazu lautet: Wie wirkt der Hilfszügel und was kann ich falsch machen? Greifen Sie bei Ihren Ansprechpartnern ruhig nach den Sternen: Je besser die Reiter sind, je mehr sie können, umso bereitwilliger und ausführlicher werden Sie Ihnen gerade auf diese Frage Rede und Antwort stehen und auf mögliche Gefahren verweisen; nebenbei eine probate Möglichkeit, bei der Wahl seiner Idole die Spreu vom Weizen zu trennen.

weit unter den Schwerpunkt des Reiters setzt, wird zum Angaloppieren selbst das Gewicht auf die äußere Seite verlagert. Auch die Logik dieser Hilfengebung ist für einen bestimmten Nutzungszweck des Pferdes absolut schlüssig. Erst bei weiter ausgebildeten und in Seitengängen geschulten Pferden wird auch beim Westernreiten mit Innenstellung angaloppiert.

Und dann gibt es noch die dritte Variante der Galopphilfe, nämlich Pferde, die auf den Druck beider Schenkel trainiert sind. Einsteiger kommen mit dieser Kombination erfahrungsgemäß am besten zurecht, weil einseitige Gewichtsbelastung und treibender Schenkel am Anfang nur schwer zu koordinieren sind. Wenn es Missverständnisse zwischen Reiter und Pferd gibt und das Angaloppieren bei einem sonst gut ausgebildeten Pferd nicht klappt, sollte man vorsichtshalber nachfragen, auf welche Hilfe es ausgebildet ist. Und wenn es dann immer noch nicht klappt und bevor es Streit zwischen Ross und Reiter gibt, benutzen Sie ruhig weiterhin eine leise Stimmhilfe. Rom wurde auch nicht an einem Tag gebaut.

Zum Vertiefen

Mehr zum Galopp finden Sie auf den Seiten 176 bis 183

Bei klassisch geschulten Pferden sitzt der Reiter von Sprung zu Sprung so, als ob er immer wieder angaloppieren wollte.

IM DREITAKT: DER GALOPP

Im Galopp bewegt sich das Pferd in einer Folge von Sprüngen im Dreitakt, der in Rechts- oder Linksgalopp unterschieden wird. Die Tempi sind Arbeitsgalopp, Mittelgalopp, versammelter Galopp und starker Galopp; geritten wird in der Grundausbildung hauptsächlich der Arbeitsgalopp. Die Fußfolge beginnt mit dem äußeren Hinterfuß; dann wird gleichzeitig inneres Hinter- und äußeres Vorderbein vorgeführt, zum Schluss setzt der innere Vorderhuf auf, gefolgt von einer Schwebephase, in der sich alle vier Hufe in der Luft befinden. In der Grundausbildung wird zuerst nur Innengalopp geritten, bei dem das innere Beinpaar führt, in der fortgeschrittenen Dressurausbildung dagegen auch Außen- oder Kontergalopp. Neben der normalen Fußfolge vermischt das Pferd jedoch manchmal die Fußfolge von Links- und Rechtsgalopp und fällt in den unangenehm schaukelnden, falschen Kreuzgalopp. Die Ursache liegt meist in Balanceproblemen, wenn noch schlecht ausbalancierte Pferde in Stellung angaloppiert oder in zu engen Wendungen geritten werden.

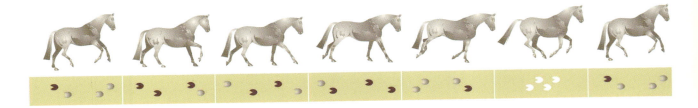

ZWISCHEN FREIZEITVERGNÜGEN UND LEISTUNGSSPORT

Physisch und psychisch intakt

„Nur losgelassene Pferde, die sich unter dem Reiter wohl fühlen und nicht pausenlos gefordert oder sogar überfordert werden, arbeiten gerne mit ihrem Reiter zusammen und können ihre volle Leistungsfähigkeit entfalten. Dieses Einfühlen in die Psyche des Pferdes müssen die Reitschüler schon bei der Hilfengebung in der Grundausbildung lernen."

JOCHEN SCHUMACHER

WIE GEHT ES WEITER MIT DEM REITEN?

Mit dieser Kurzeinweisung zur Hilfengebung im Galopp endet das Buch. Etwas enttäuschend vielleicht, weil sich zur Hilfengebung in den Gangarten noch etliche Seiten füllen ließen, andererseits wissen Sie für einen Einsteiger schon sehr viel; jetzt ist zunächst Praxis angesagt. Bleiben Sie in Ihrer Ausbildung dem Gelände treu, aber vernachlässigen Sie das Bahnreiten nicht. Suchen Sie sich gute Ausbilder mit guten Lehrpferden und nehmen Sie, wenn irgend möglich, neben dem Abteilungsreiten Einzelunterricht. Er ist teurer, aber es rechnet sich selbst beim dreifachen Preis einer normalen Reitstunde, besonders, wenn man den einen oder anderen Sonderwunsch einbringen kann: Dass der Reitlehrer zum Beispiel das Pferd löst, ehe man sich selbst drauf setzt, um Unterschiede in dessen Reaktion zu spüren, oder dass man sich nach der Lösungsphase erst für zehn Minuten an die Longe nehmen und seinen Sitz optimieren lässt, ehe es erneut an die Feinabstimmung geht.

Doch davon abgesehen: Technik allein ist beim Reiten nicht alles. Wenn Sie auf ein motiviert mitarbeitendes Pferd Wert legen, sollten Sie sich mit der Ausbildungsskala des Pferdes beschäftigen, der Quintessenz pferdegerechter Ausbildung schlechthin. Oder mit Lob und Strafe, die Abfolge von Pausen und Trainingseinheiten oder warum die „Selbstständigkeit in der Arbeit" auch unter modernen motivationspsychologischen Gesichtspunkten so immens wichtig ist und etliche Themen mehr, die alle zur erweiterten Grundausbildung des Reiters gehören. Lernen Sie von wem und wo es etwas zu lernen gibt, unabhängig von Ihren persönlichen Präferenzen. Bei Künstlern im Sattel ist alles schön, egal, ob sie nun Freizeitreiter sind oder olympisches Gold in der Tasche haben, in einem Western- oder Dressursattel, auf einem Gang- oder Springpferd sitzen. Nur gut, wirklich gut, sollten alle Vorbilder sein.

Und noch ein letzter Hinweis zum Schluss: Egal, wie die Reitstunde verläuft, ob Sie mit Ihrer oder der Leistung des Pferdes zufrieden waren oder nicht, sie endet immer nach einer gut ausgeführten Lektion. Das heißt, wenn etwas partout nicht klappen will, werden die Anforderungen heruntergeschraubt und eine leichtere Lektion abgefragt, die das Pferd sicher beherrscht, damit man es loben kann. Dann wird Schluss gemacht. Und es wird immer rechtzeitig aufgehört! Jedes Training endet so, wie es angefangen hat, mit einer ausgiebigen Schrittphase. Einerseits, um ein eventuell verschwitztes Pferd trocken zu reiten, andererseits, damit es die Zusammenarbeit mit dem Reiter ruhig und ausgeglichen beendet und diese Zufriedenheit als „Bonus" in die nächste Stunde einbringt.

SERVICE

▶ 236 ZUM WEITERLESEN

▶ 236 QUELLEN

▶ 237 EMPFEHLENSWERTE VIDEOS

▶ 237 NÜTZLICHE ADRESSEN

▶ 238 REGISTER

Zum Weiterlesen

Binder, Sibylle | Kärcher, Gabriele
Horse Feelings; die Welt der Pferde frei, geheimnisvoll, faszinierend, Stuttgart 2001

Borelle, Bea | Braun, Gudrun
Bea Borelles Pferdetraining; bewusst, befähigt, begeistert, Stuttgart 2002

Gohl, Christiane
Pferde verstehen; Im Umgang und beim Reiten: Körpersprache richtig deuten, Stuttgart 2001

Gohl, Christiane
Pferdekunde; Basiswissen rund ums Pferd, Stuttgart 1999

Hoffmann, Marlit
Marlit Hoffmanns Trickkiste; Profi-Tipps zum besseren Reiten, Stuttgart 2000

Hölzel, Petra
Basis-Pass Pferdekunde; Vorbereitung auf die praktische und theoretische Prüfung, Stuttgart 2000

Hölzel, Petra u. Wolgang
Das Reitabzeichen; Vorbereitung auf die praktische und theoretische Prüfung, Stuttgart 2000

Hölzel, Petra u. Wolgang
Der Reitpass; Vorbereitung auf die praktische und theoretische Prüfung, Stuttgart 2000

Hölzel, Petra u. Wolgang
Mentales Training für Reiter; Der neue Weg um erfolgreichen Reiten, Stuttgart 2001

Krämer, Monika
Pferde erfolgreich motivieren; das 8-Punkte Programm, Stuttgart 1998

Kreinberg, Peter
Grundkurs Westernreiten; Horsemanship Training, Stuttgart 2002

Lind, Carola | Müller, Karin
Der sechste Sinn; Zwiesprache mit Pferden, Stuttgart 2001

Meier, Reinhard
Selbständig reiten; Ziel und Aufbau des Trainings, Stuttgart 1996

Neumann-Cosel, Isabelle von
Pferde verstehen leicht gemacht; Stuttgart 2002

Neumann-Cosel, Isabelle von
Reitersitz und Reiterhilfen; korrekt sitzen, gefühlvoll einwirken, Stuttgart 2001

Penquitt, Claus
Die neue Freizeitreiter-Akademie; Reiten nach altklassischen, altkalifornischen und iberischen Vorbildern, Stuttgart 2001

Podhajsky, Alois
Die klassische Reitkunst; Reitlehre von den Anfängen bis zur Vollendung, Stuttgart 1998

Podhajsky, Alois
Meine Lehrmeister die Pferde; Erinnerungen an ein großes Reiterleben, Stuttgart 2001

Single, Karl | Raue, Thomas
Reiten lernen; Vertraut mit dem Pferd von Anfang an, Stuttgart 1999

Schumacher, Jochen | Krämer, Monika
Reiten lernen mit allen Sinnen; Reken - Reiten, Pferdehaltung, Horsemanship, Stuttgart 1999

Schwaiger, Susanne E.
Der Weg mit Pferden - Ein Weg zu mir; Das Pferd als Persönlichkeitstrainer, Stuttgart 2000

Tellington-Jones, Linda
Die Linda Tellington-Jones Reitschule; Mehr Spaß und Erfolg mit TTEAM und TTOUCH, Stuttgart 1996

Quellen

Albrecht, Kurt, **Reiterwissen**; Erlesen und erfahren, Stuttgart 1996

Baucher, François, **Methode der Reitkunst**; Nachdruck von 1884, Hildesheim 1998

Becher, Rolf, **Rolf Bechers Springschule**; Stuttgart 1995

Deutsche Reiterliche Vereinigung, **Richtlinien für Fahren und Reiten, Bd. 1**; Warendorf 1994

Deutsche Reiterliche Vereinigung, **Richtlinien für Fahren und Reiten, Bd. 2**; Warendorf 1990 u. 1997

Deutsche Reiterliche Vereinigung, **Die Deutsche Reitlehre, Bd. 2**; Warendorf 2000

Guérinière, de la, François Robichon, **Die Reitschule**, Nachdruck der Originalausgabe der „Ecole de Cavalerie" von 1733, Stratmann

Hinrichs, Richard, **Pferde - Tänzer an leichter Hand**, Reiten mit unsichtbaren Hilfen; Keno, Wedemark 1994

Holm, Ute, **Westernreiten, aber bitte klassisch**, Cham 1999

Holtappel, Antje, **Go West**;
Westernreiten, Stuttgart 1996, 2002
Hözel, Petra und Wolfgang | Plewa, Martin,
Profitips für Reiter; Stuttgart 1992
Jung, Hildegard, **Reiten auf Gangpferden**;
Niedernhausen 1994
Klimke, Reiner, **Grundausbildung des jungen
Reitpferdes**; Stuttgart 1990
Loch, Sylvia, **Reitkunst im Wandel**,
Von der Klassischen Lehre zum Dressursport,
Stuttgart 1995
Mossdorf, Carl Friedrich, **Kavallerieschule Hannover**;
Warendorf 1989
Müller, B. Hermann | Diem, Carl | Kabus, Sultan,
Goethe und die Reitkunst, Hildesheim 1982
Müseler, Wilhelm, **Reitlehre**,
Nachdruck von 1933, Paul Parey, Berlin 1981
Oliveira, Nuno, **Klassische Grundsätze der Kunst Pferde
auszubilden**, Hildesheim 1996
Overesch, Bettina | Wumkes, Cornelia, **Buschreiten**;
Stuttgart 1999
Paalman, Anthony, **Springreiten**,
Stuttgart 1989
Pourtavaf, Ariane | Meyer, Herbert, **Die Brücke
zwischen Mensch und Pferd**; Verständigung,
Auseinandersetzung, Zusammenarbeit, FN, Waren-
dorf 1998
Saurel, Etienne, **Le Cheval, équitation et sports
hippiques**, Librairie Larousse, Paris 1966
Schirg, Bertold, **Die Reitkunst im Spiegel ihrer Meister**,
Bd. I; Hildesheim 1987
Schwörer-Haag, Anke | Haag, Thomas, **Reiten auf
Islandpferden**; Stuttgart 2000
Stern, Horst, **So verdient man sich die Sporen**;
Stuttgart 1976
Strübel, Susanne, **Springen lernen**;
Stuttgart 2000
Swift, Sally, **Reiten aus der Körpermitte**;
Cham, 1985
Tietje, Ute, **Westernreiten**,
Praxiswissen für Ein- und Umsteiger;
Stuttgart 1999
von Dietze, Susanne, **Balance in der Bewegung**;
Der Sitz des Reiters, Warendorf 1993
Von Einem Alten Reiter, **Die Bearbeitung junger
Pferde mit der Trense**; Nachdruck des Originals
von ca. 1890 nach Siegfried v. Haugk,
Wiesbaden, 1944
von Haugk, Siegfried, **Das Reiter-ABC**;
Hannover 1971
Zoller, Kirstin, **Probleme mit dem Pferd**;
Stuttgart 2000

Empfehlenswerte Videos

Gawani Pony Boy
Horse, Follow closely; indianisches Pferdetraining in 14
Übungen, Stuttgart 2001
Hinrichs, Richard
Reiten mit feinen Hilfen, Sitz und Einwirkung,
Stuttgart 2000
Kreinberg, Peter
Grundkurs Westernreiten; Horsemanship Training, Stutt-
gart 2001
Penquitt, Claus
Die Freizeitreiter-Akademie Teil 1-3,
Stuttgart 1994, 1995, 1996
Tellington-Jones, Linda
Reiten nach der TTEAM-Methode,
Stuttgart 1999

Nützliche Adressen

Vereinigung der Freizeitreiter in Deutschland e.V. (VFD)
Am Bauernwald 5b
81739 München
Tel. 0171-420 15 21
Fax 089-60 60 81 23
e-mail: bundesvorstand@vfdnet.de
Internet: www.vfdnet.de

Deutsche Reiterliche Vereinigung (FN)
Freiherr-von-Langen-Str. 13
48231 Warendorf
Tel. 0 25 81-6 36 20
Fax 0 25 81-6 21 44
e-mail: fn@fn-dokr.de
Internet: www.pferd-aktuell.de

Bundesfachverband für Reiten und Fahren in Österreich (BFV)
Geiselbergstr. 26-35/512
A - 110 Wien
Tel. 01-749 92 61
Fax 01-749 92 61/91 oder 90
e-mail: office@fena.at
Internet: www.fena.at

FS Reit-Zentrum Reken
Frankenstr. 37
48734 Reken
Tel. 0 28 64-24 34
Fax 0 28 64-58 60
e-mail: fs.reitzentrum@t-online.de
Internet: www.fs-reitzentrum.de

Service

Schweizerischer Verband für Pferdesport (SVPS)
Papiermühlestr. 40 H
Postfach 726
CH-3000 Bern 22
Tel. 031-335 43 43
Fax 031-335 43 58
e-mail: info@svps-fsse.ch
Internet: www.svp.fsse.ch

TTEAM Deutschland
Bibi Degn
Hassel 4
57589 Pracht
Tel. 0 26 82-88 86
Fax 0 26 82-66 83
e-mail: bibi@TTEAM.de

TTEAM Österreich
Ruth & Martin Lasser
Anningerstr. 18
A-2353 Guntramsdorf
Tel. 0 22 36-47 000
Fax 0 22 36-47 070
e-mail: tteam.office@aon.at

TTEAM Schweiz
Doris Süess-Schröttle
Mascot Ausbildungszentrum AG
CH-8566 Neuwilen
Tel. 071-69 91 825
Fax 071-69 91 827
e-mail: learn@mascot-ausbildung.ch

Reitinstitut Egon von Neindorff
Nancy-Straße 1
76 187 Karlsruhe
Tel.: 0721/74770

IGV Internationale Gangpferdevereinigung
Geschäftsstelle
Peter Staffel Str. 13
53604 Bad Honnef
Tel.: 0 22 24-8 96 37 Fax: 0 22 24-8 95 48
Internet: www.igv-online.de

DGH Deutsche Gruppe für Hippotherapie
Frau Sabine Lamprecht
Einsteinstr. 10
73230 Kirchheim Teck
Tel.: 0 70 21-5 95 84

IPZV Islandpferde Reiter u. Züchterverband E.V.
Geschäftsstelle
Tränkepforte 3
34117 Kassel
Fax 05 61-7 39 51 14
E-Mail: geschäftsstelle@ipzv.de

EWU Erste Westernreiter Union
Deutschland E.V.
Wallenbrücker Str. 24
49328 Melle
Tel.: 0 52 26/ 98 96 96

VDD Verein Deutscher Distanzreiter- und fahrer E.V.
Geschäftsstelle
Habichtstr. 77
45 527 Hattingen
Tel.: 0 23 24/ 2 38 41 Fax: 5 41 91

Deutsches Kuratorium für Therapeutisches Reiten
Freiherr von Langen Str. 13
48 231 Warendorf
Tel.: 02581/ 63 62 194 Fax: 02581/ 62 144
e-mail: DKThR@fn-dokr.de
Internet: www.pferd-aktuell-de

Register

Absitzen 90
Abwenden 152, 155
Alter, Reiteinstieg 37
Anfänger 44, 62
Angaloppieren 180
Angst 174
Angstriemen 187, 226
Anhalten 140
Anlehnung 226
Annehmen 221
Anreiten 138, 228
Antraben 164
Arbeitsgalopp 180, 233
Arbeitssattel 51

Arbeitstrab 231
Aufsitzen 86, 88
Ausbildung 76, 80
Ausbinder 149, 151
Ausreiten 174, 190
Ausrüstung 48, 52, 82
Außengalopp 233
Aussitzen 172, 204, 210

Bahn wechseln 225
Bahnreiten 223
Balance 95, 144, 160, 176
Bandagen 48
Basispass 42

Basisunterricht 62
Becken 98, 100, 146, 216
Beine stabilisieren 166
Benimmregeln 43
Biegen 221
Bodenarbeit 58
Bügellänge 84

Chambon 151
Chiron-Programm 66
Chironsitz 110
Courbette 16, 18
Cutten 26

Damensitz 16
Distanzreiten 22, 24
Drehsitz 152, 157
Dreieckszügel 150
Dreitakt 176, 233
Dressur 19, 190, 197
Dressursattel 49
Dressursitz 96
Durchparieren 164, 180

Einrahmen 203
Einstiegskurse 76
Englische Reitweise 67
Englischtraben 169

Nützliche Adressen | Register

Entlastungssitz 108, 110, 112, 114, 165, 177

Fahrradlenker-Prinzip 158
Fluchttiere 47
Fühlbild, inneres 122
Führen 54
Fußfolge 170
Fußwechsel beim Leichttraben 170

Galopp 176, 180, 232
Galopphilfen 178
Galopptraining 183
Gamaschen 48
Gangarten 120
Gangpferde 28, 31, 36
Gebiss 52, 185
Gebogenes Pferd 222
Gebrauchsreiten 23
Geduld 217
Gehorsamsübungen 57
Geländereiten 174, 190, 192
Gelöstheit 207
Genick verwerfen 223
Gerade richten 221
Gerte 83, 136, 202
Gewichtshilfen 126, 152, 198, 199
Gleichgewicht 63
Grundausbildung 40, 60, 112, 114, 134, 136
Grundgangarten 118
Grundkurse 76
Grundpositionen im Sattel 106
Grundsitz 96

Halfter 48, 52
Halten 220, 228
Haltung 44
Hände 104, 226
Hightech-Rösser 119
Hilfen 128, 148, 178, 196, 202, 217, 222, 224, 226, 230
Hilfen, diagonal 222, 224
Hilfen, echte 128
Hilfen, Herantreten des Pferdes 226
Hilfen, künstliche 128
Hilfen, lateral 222
Hilfen, natürlich 128
Hilfen, treibende 217
Hilfen, unsichtbar 196
Hilfen, unterstützende 128, 202
Hilfen, verhaltende 217
Hilfenabstimmung 217
Hilfengebung für Einsteiger 126
Hilfengebung für Fortgeschrittene 196, 232

Hilfengebung, kombiniert 172, 196
Hilfszügel 48, 148, 151
Hufschlagfiguren 225
Hüfte 98

Impulsreiten 67
Innenseite 158
Intensivkurse 74

Kapriole 16, 18
Klassische Reitkunst 16, 67
Knieschluss 167, 168
Kommandos 192
Kommunikation 126
Konsequenz 58
Kontergalopp 233
Kontrolle vor dem Reiten 84
Konventionelles Reiten 67
Koordination 156, 185
Kopfschutz 82
Körpergefühl 92
Kreuzanspannen 211, 212
Kreuzgalopp 233
Kruppade 18
Kurventechnik 152

Laufschneisen 72
Lehrpferde 68, 70
Leichte Reitweise 67
Leichter Sitz 108
Leichttraben 161, 166, 169, 230
Leistungssport 234
Lernen 79, 174
Levade 16, 18
Linksgalopp 179

Martingal 49, 150
Mittelgalopp 233
Mittelposition 96, 98, 207, 212
Mittelschritt 229
Mitteltrab 231
Muskelkater 173

Nachgeben 221
Nachgurten 84

Oberkörper stabilisieren 102
Okzipitalgelenk 102
Olympische Disziplinen 20
Ovalbahn 72, 122

Paraden 219
Pass 29
Passage 18
Pferdeflüsterer 58
Pferdehaltung 44, 47
Pferdemaul 184
Pferdewechsel 190
Pflege 48
Pflichtprogramm 59

Piaffe 18
Pirouette 18
Präzision 58
Pritschensattel 49, 67
Probleme beim Anhalten 143
Probleme, Aussitzen 209
Probleme, Fuchswechsel 170
Probleme, Leichttraben 171
Putzutensilien 50

Rangordnung 54
Rechtsgalopp 179
Reitanlage 73
Reiten aus der Körpermitte 67
Reiten mit Gebiss, Trense 185, 187
Reiten, akademisch 16, 36, 67
Reiten, englisch 67
Reiten, klassisch 16, 67
Reiten, konventionell 67
Reitersitz 92
Reitgesetze 192
Reitschule 39, 74
Reitsimulatoren 119
Reitstunde 64
Reitunfälle 42
Reitunterricht 36, 66
Remontesitz 108, 111
Rennsitz 110
Riegeln 187
Rotation des Beckens 212
Rotation des Rumpfes 152

Sättel 49, 51
Satteldecke 48, 52
Sattelgurt 52
Schenkelhilfen 144, 200
Schlangenlinie 225
Schlaufzügel 150
Schritt 144, 228
Schulbetrieb 68
Schule auf der Erde 18
Schule über der Erde 16
Schultergürtel 103
Schwammausdrücken 186
Schwebesitz 162
Seitengänge 221
Selbstsicherheit 58
Sicherheit 193
Sicherheitssitz 112, 114, 164, 180
Sidepull 187
Signalreiten 67
Sitz 92, 97, 108, 110, 117, 211
Sitzbalken 157
Sitzfehler 97, 116
Sitzkontrolle 152
Sitzschulung 80, 122, 160
Skelett 94
Spaltsitz 97, 117
Spanischer Schritt 18
Spanischer Trab 18

Sporen 83, 202
Sportreiten 67
Springen 21, 60
Springsattel 49
Stabilisieren beim Leichttraben 166
Stangenparcours 188
Stellen 221
Stimme 202
Straßenverkehr 193
Streckenreiten 24, 36
Stress 174
Stuhlsitz 97, 117
Stürze 175

Takt 118
Tempo 118
Theorie 80
Tölt 28, 118
Trab 160, 230
Trailreiten 26
Traversale 221
Treiben 230
Trekkingreiten 23
Trense 49, 187
Trittbalken 163
Turniersport 19, 21, 36

Übungen für Fortgeschrittene 228
Umgang mit Pferden 43
Unterwegs zu Pferd 22

Vertrauensbildung 57
Vielseitigkeitssattel 49
Viertakt 229
Vollsitz 96, 111, 172, 182, 204
Volte 222, 225

Wanderreiten 22, 24
Wendungen 222
Westerndisziplinen 27
Westernfarben 27
Westernreiten 25, 27, 36, 130
Westernreitsprache 27
Westernsattel 51, 116
Wirbelsäulenbeschwerden 15

Zaumzeug 48
Zeitaufwand 37
Zirkel 225
Zügelhilfen 132, 135, 144, 201, 220
Zügelbrücke 134
Zügelfehler 135, 186
Zügelführung, sensibel 184
Zweitakt 231

KOSMOS Reiterwissen

Kompaktes Wissen aus der Praxis für die Praxis

Christiane Gohl
Pferdekunde
128 S., 185 Abb., Klappenbroschur
ISBN 3-440-07811-6

Christiane Gohl
Pferde verstehen
128 S., 125 Abb., Klappenbroschur
ISBN 3-440-08494-9

Christiane Gohl
Was der Stallmeister noch wusste
128 S., 135 Abb., Klappenbroschur
ISBN 3-440-09043-4

Isabelle von Neumann-Cosel
Reitersitz und Reiterhilfen
128 Seiten, 147 Abbildungen, Klappenbroschur
ISBN 3-440-08500-7

Auf den richtigen Sitz kommt es an – ohne Sitz keine Hilfen. Die Verständigung mit dem Pferd, sei es im Gelände, in der Dressur oder im Parcours, hat immer die gleiche Basis: den fehlerfreien Reitersitz und die passenden Reiterhilfen. Dieses Buch erklärt Schritt für Schritt, wie der Reiter zu einem sicheren und ausbalanciertem Sitz findet und wie Sitz und Hilfe zusammenspielen.

▸ Körpersprache zwischen Mensch und Pferd
▸ Gefühl vor Technik

www.kosmos.de